新编21世纪财务管理系列教材

中级财务管理学

Intermediate Financial Management

主　编　孙茂竹　张志强
　　　　刘东明　张玉周

中国人民大学出版社
·北京·

前　言

财务管理学是理解企业管理问题的专业基础。本书在初级财务管理学的基础上，进一步深入探讨财务的学科本质和基本特征以及核心财务概念、原理，有助于读者把握财务理论的脉络主线，掌握财务的定量决策技术，具备分析和解决现实财务问题的思路与技能。

基于投资、融资、运营、分配四大类财务决策的需要，财务学研究的本质问题是资产价值问题，而资产价值又取决于风险与收益两方面。因此，如何通过风险与收益的定量与综合分析得出价值，进而应用于投资、融资、运营、分配等决策，就成为财务学研究的永恒主题。

在初级财务管理学有关概念和理论的基础上，本书各章将在如下方面做进一步的阐述和探讨：

- 结合公司战略谈财务管理，从更宏观的角度探讨财务管理的地位、作用和意义（第 1 章）。
- 在基本折现计算技术的基础上，补充介绍期权定价技术，这是解决许多财务问题不可或缺的定量技术（第 2 章）。
- 债券和股票是我国较为常见的证券种类，第 3 章和第 4 章对其价值做了更为深入的探讨，包括讨论现有价值模型的不足以及应用技巧。
- 项目投资是公司获得价值增值的主要途径，本书第 5 章和第 6 章对项目投资的评估做了更为深入的探讨，包括各种传统方法如何应用于具体场景，也包括如何考虑和评估投资中的实物期权问题。
- 贴现率问题事关绝大多数财务定量和计算，第 7 章和第 8 章对涉及风险收益关系以及贴现率计算的相关概念和原理与方法做了更为深入的探讨，包括各种具体融资场景下加权平均资本成本（WACC）的计算，也包括如何全面考虑风险确定贴现率。
- 最优资本结构问题是财务学至今没有解决的难题，事关企业融资决策，也关乎企业的偿债能力和风险控制，第 9 章对这个问题做了多角度且富有创新性的探索，对传统的资本结构决策方法也做了应用探讨。

● 企业的日常财务管理有较强的事务性和细节性，但处理不好同样影响企业的运营和战略的实现。本书单辟第 10 章对有关问题做了系统全面的探讨，包括现金、应收账款（信用）和存货三大流动资产的常规管理问题，也包括短期融资的管理以及流动资产与流动负债的通盘考虑即营运资本周转的管理等。

● 税收是现代企业运营中不可忽略的因素，近年来企业税收筹划成为国内外商学院的热点，第 11 章对有关问题做了系统务实的探讨，包括国家税收优惠和具体纳税筹划策略等。

● 公司股利政策的制定需要综合考虑国家政策、公司盈利情况和未来机会以及股利分配向资本市场传达的信号，第 12 章对这些问题做了系统务实的探讨。

● 公司在追求增值和发展中不可不防范风险，许多公司就是在太平无事、形势大好的情况下失去优势的。第 13 章对公司财务失败和财务预警问题做了系统务实的探讨，包括公司财务失败的常见原因及其预防。

本书由中国人民大学商学院四位老师集多年财务教学经验及众多企业管理者的实践总结，在深入研究财务管理理论的基础上，听取中国人民大学出版社等多方面的建议，经过多次讨论、反复修改成稿。

全书的体系和内容充分吸收了《初级财务管理学》的优点，以现实重要性为选择内容和主题的依据，以解决问题为阐述和探讨的目的。注重但不限于体系上系统、完整、合理，章节顺序上符合逻辑且循序渐进、简练实用。有关理论和方法通过不同案例的综合运用阐述得更加透彻，有助于读者在初级财务管理学习的基础上加深理论理解，提升应用能力。

本书共 13 章，第 1 章、第 8 章、第 10 章由孙茂竹教授编写，第 2 章、第 3 章、第 4 章、第 7 章、第 9 章由张志强副教授编写，第 5 章、第 6 章、第 11 章由刘东明副教授编写，第 12 章、第 13 章由张玉周副教授编写，孙茂竹教授负责全书的总纂和定稿。

本书可以作为高等院校财务专业和会计专业（包括会计学、财务管理学、注册会计师、会计电算化、MPAcc 等专业或方向）的核心课程教材，也可以作为财经类各专业（包括工商管理、金融等经济和管理学科）的专业基础课程教材。本书的编写强调系统性和实用性，对非财务会计专业的企业管理者而言，也是一本简单实用、便于系统掌握财务管理理论和方法的读物。

《中级财务管理学》的编写是一个伴随理论探索和实践总结而不断完善的过程。对于本书存在的不足之处，敬请广大读者批评指正，提出宝贵意见，以便后续做进一步的修改、补充和完善。

孙茂竹　张志强　刘东明　张玉周

目　录

第1章

企业财务战略

[引导案例]

受全球经济不景气的影响，大量企业陷入经营困境。然而，华为却逆势而上，保持很高的年销售收入和年利润增长率。这样骄人的成绩很大程度上得益于华为集中管理的财务战略。

华为当初布局海外市场时，一方面由于自身尚处于成长阶段，资金技术等缺乏优势，另一方面由于海外市场的员工及生产等方面的差异和阻碍，导致成本大幅上升、利润不佳。但通过长达8年的财务战略变革，华为成功地将财务流程植入运营流程，使会计核算、财务管理、审计监控形成集中协调的有机整体，为华为的全球扩张奠定了基础。

如今，得益于科学的财务战略，华为在成本管理、投融资管理等方面游刃有余，在不利的宏观环境中取得了骄人的成绩。

思考：华为的财务战略受到哪些因素的影响？华为采取了什么应对策略？

1.1 影响企业财务战略的重要因素

企业的经营环境复杂多变，一些影响因素对企业的财务管理起到重要的作用并成为企业财务战略制定的基础，其中最重要的因素是经济周期、企业生命周期和企业战略。

1.1.1 经济周期对企业财务管理的影响

经济周期是指经济运动沿着繁荣、衰退、萧条、复苏四个阶段周而复始的循环过程，这种变化是顺序且反复出现的，持续时间在10年或12年左右。

经济周期的不同阶段具有不同的经济状况，给企业的经营活动带来不同程度的影响。企业的财务管理活动也会在不同的阶段遇到不同的问题。

1. 繁荣阶段

在繁荣阶段，市场需求量逐渐增大，企业蓬勃发展，处于高速成长阶段；企业利润上升，为扩大规模和增加产量，一般会进行大量的筹资和投资活动。因此，企业财务管理的重点在于筹措资金，谁能筹到资金，谁就能发展。

2. 衰退阶段

虽然在繁荣阶段企业产品毛利率水平较高从而导致投资旺盛，但在繁荣阶段的后期，由于银行利率逐渐接近企业产品毛利率，企业盈利逐渐减少，甚至消失，社会经济处于低速成长和调整阶段。因此，在衰退阶段，企业财务管理的重点在于投资分析，判断方案优劣并控制投资规模。

3. 萧条阶段

在萧条阶段，整个宏观经济不景气，供大于求造成产能极度过剩和需求极度萎靡，社会经济处于深度调整阶段；由于企业产品毛利率快速下降，即使银行利率下调，社会整体也会表现为零利率或负利率，企业的财务状况继续恶化。因此，企业财务管理的重点在于有效控制付现成本和保留现金。

4. 复苏阶段

在复苏阶段，社会经济在深度调整中逐渐恢复活力；企业产品毛利率逐渐提升，带动投资增加。企业财务管理的重点在于发现市场和储备资源。

经济运行的周期性要求企业的财务人员应对经济周期有全面的认识和了解，并对其变动状况和趋势进行预测，根据所处经济周期阶段和企业自身实际，预先采取相应的政策措施，并根据预测适时调整财务战略，争取主动，以免某一阶段真正来临时措手不及，导致财务管理工作被动。同时，企业财务人员应居安思危，认识到经济周期的渐变性和共生性，不要在衰退将至时还进行大规模固定资产和存货等投资，以免造成设备闲置、存货积压、资金短缺的局面。

1.1.2 企业生命周期对企业财务管理的影响

企业生命周期分为初创期、成长期、成熟期和衰退期，企业在不同的生命周期阶段具有不同的财务特征和经营重点，对企业财务管理工作的要求也就不同，企业财务管理人员应根据企业所处的生命周期阶段选择不同的财务管理重点，做好财务管理工作。

1. 企业生命周期对财务管理目标的影响

企业在初创期面临的不确定性很大，极易发生倒闭事件，所以企业财务管理的目标主要是生存，通过增收节支等方法尽量做到以收抵支；成长期的企业已跨过了失败的高发期，开始高速成长，此时的财务管理目标应是如何发展壮大；成熟期的企业已发展到一定规模，具有较强的盈利能力，产品的质量和市场销路趋于稳定，此时企业的财务管理目标是如何延长企业的巅峰时期，实现企业价值的最大化；处于衰退期的企业，其发展方向是维持现状或者蜕变，两种情况下均需要大量的现金流作为支撑，所以该阶段的企业往往以稳定的现金流为财务管理目标。

2. 企业生命周期对资金筹集的影响

企业生命周期各阶段的不同特征决定了其对资金的需求及筹资方式也不同。在初创期，企业急需生产经营资金，对筹资工作的要求较迫切，但往往筹资渠道较少，主要通过权益资金筹资；到成长期，企业的规模不断扩大，对资金的需求依然旺盛，资金的筹集渠道也比初创期多，除权益资金外，企业可以通过银行借款等方式筹资，如果企业已经上市，还可以发行股票和债券等筹资；在成熟期，企业往往有稳定的现金流入，此时，尽管企业的筹资渠道很多，但企业对外部资金的需求一般会趋于减少，而倾向于使用内部的资金盈余；在衰退期，由于市场萎缩以及对产品技术改造动力不足等，企业的资金需求下降，除非有大的资本运作，几乎不需要从外部筹集资金，通过经营活动或盘活现金存量，或转让、变卖不需用的生产设备即可满足企业的需要。

3. 企业生命周期对投资的影响

在初创期，企业可以实施集中战略，主攻某个特定市场，以更高的效率为某一狭窄的战略对象服务，最大限度地发挥企业的能力，使企业获得稳定发展；在成长期，企业宜采取一体化投资战略，在现有业务的基础上进行横向或纵向扩张，以实现规模经济效益或价值链的延长；在成熟期，宜进行多元化投资，获得协同效应，分散投资风险；在衰退期，投资管理更多地表现为以往资本投资的收回或业务转型过程中的大量支出，应尽量减少对非核心业务的投资，而将一切资源集中在有发展前途的核心业务上，增强核心业务的竞争力。

4. 企业生命周期对利润形成和分配的影响

在初创期，企业各方面开支较大，应争取从内部挖潜增效，加强成本管理，提高经济效益，并采用低股利政策和非现金股利政策，将生产经营过程中产生的利润和现金流留存下来，满足企业发展需要；在成长期，企业应加强对固定性成本的管理，进一步提高资源的利用效率，以增加利润，并通过送红股或转增股本的方式进行利润分配，既让投资者分享经营业绩，又不减少企业的现金流；在成熟期，应采用较高的现金股利政策，使投资者充分享有企业的经营成果；在衰退期，由于发展前景不明、缺少好的投资项目等，一般会把利润更多地分配给投资者，增加对投资者的回报。

1.1.3　企业战略对企业财务管理的影响

从获得竞争优势的角度看，企业战略分为低成本战略、差异化战略和目标集中战略，不同战略的侧重点不同，对企业财务管理的影响也不同。

1. 低成本战略

低成本战略是企业为赢得价格竞争而追求行业内成本领先地位的竞争战略。这一战略追求最大限度的成本降低，无论是绝对成本降低还是相对成本降低，无论是通过价值链整合实现的成本降低还是通过控制某项成本动因实现的成本降低，都必须最终使得企业内部资金消耗绝对降低，否则就是失败。

这一战略要求企业积极配备达到有效规模的生产设施，在经验的基础上全力以赴降低成本，实现成本与费用的控制，最大限度地减少研发、服务、推销、广告等方面的成本费用。

为了达到上述目标，有必要在管理方面对成本控制给予高度重视。尽管质量、服务以及其他方面也不容忽视，但贯穿整个战略的主题是使成本低于竞争对手。虽然可能存在激烈的竞争，但处于低成本地位的企业可以获得高于行业平均水平的收益。其成本优势有利于企业在强大的买方威胁中保护自己，因为买方最多只能将价格压到效率居于其次的竞争对手的水平；低成本也构成对强大供方威胁的防卫，在应对供方产品涨价中具有较高的灵活性。导致低成本战略的诸因素通常以规模经济或成本优势的形式建立起进入壁垒。最后，低成本通常使企业在与生产替代品的企业竞争时处于有利地位。

赢得总成本最低的地位通常要求企业有较高的相对市场份额或其他优势，诸如良好的原材料供应等。也可能要求产品的设计便于制造生产，保持一个较宽的相关产品系列以分散成本，以及为形成批量而对所有主要顾客群进行服务。因此，实行低成本战略可能要有很高的购买先进设备的前期投资、激进的定价和承受初始亏损的能力以获取市场份额。高市场份额又引起采购经济性而使成本进一步降低。一旦赢得低成本地位，所获得的较高利润又可对先进设备进行再投资以维护成本上的领先地位，这种再投资就是保持低成本地位的先决条件。

低成本战略适用于发展比较成熟的行业，这种行业市场一般供大于求，竞争比较激烈，市场竞争较多地表现为价格竞争，如钢铁业、家电业等。

2. 差异化战略

差异化战略是企业通过追求产品或服务的独特性而赢得市场竞争的竞争战略。这一战略要求企业在全行业范围内，在产品设计、产品品牌、生产技术、顾客服务、销售渠道等一个或几个方面创造独特性，即通过所提供产品或服务的“歧异性”，形成一些独特的、其他企业的产品或服务无法替代的东西，从而取得一定的竞争优势。

如果产品的差异化战略可以实现，它就是在行业中赢得超常收益的可行战略，因为它能建立起应对五种竞争作用力[①]的防御地位。差异化战略利用顾客

① 这五种竞争作用力包括：既有竞争者之间的竞争力、新进入者的威胁力、客户的议价能力、供应商的议价能力及替代品或服务的威胁力。

对品牌的忠诚，以及由此产生的对价格的敏感性下降，使企业得以避开竞争。顾客的忠诚以及某一竞争对手要战胜这种独特性需付出的努力就构成了进入壁垒。产品差异带来的较高收益可以用来应对供方压力，也可以缓解买方压力——当顾客缺乏选择余地时，其价格敏感性就不高。最后，在面对替代品威胁时，采取差异化战略赢得顾客忠诚的企业所处的地位比其他竞争对手更为有利。

但是，差异化战略有时会与争取更大的市场份额相矛盾。它往往要求企业对该战略的排他性有思想准备，即该战略与提高市场份额两者不可兼顾。通常的情况是，如果以高成本投入建立高差异，如广泛的研究、精良的产品设计、高质量的材料或周到的顾客服务等，那么实现产品高差异将意味着以牺牲低成本地位为代价。于是，即便所有顾客都了解企业的独特优点，也并不是所有顾客都愿意或有能力支付企业所要求的较高价格。

因此，差异化战略并不是单纯地建立高差异，而是通过成本控制使产品同时具有独特性和成本优势，从而赢得市场竞争。该战略通常着重于对产品全生命周期成本和新产品目标成本的管理。对包括研发成本、生产成本和消费成本在内的产品全生命周期成本的控制，往往需要考虑成本在行业价值链的分配情况，并通过行业价值链的整合达到总成本最低的目的。对新产品目标成本的控制，则是利用价值工程法进行的，保证了新产品能够满足市场需求，并具有最低的成本。

差异化战略适用于发展尚未成熟、企业在市场中的地位还没有完全确立的行业，这种行业中企业的竞争手段多样，竞争的目标是在产品、服务等方面形成不同于其他企业的独特性。此外，差异化战略还适用于产品技术更新速度很快的行业，如电脑业，市场的竞争更多地表现为技术的竞争和新产品上市速度的竞争。

3. 目标集中战略

该战略主要针对特定的顾客群、产品系列的一个细分区段或细分市场，采用前两种战略中的一种。

低成本战略与差异化战略都是要在全行业范围内实现其目标，但目标集中战略是围绕着很好地为特定目标服务这一中心建立的，它所制定的每一项职能性方针都要考虑这一特定目标。该战略的前提是：企业能够以更高的效率、更好的效果为某一细分的战略对象服务，从而超过为更广范围对象服务的竞争对手。结果是企业或者通过较好地满足特定对象的需要实现了标新立异，或者在为这一对象服务中实现了低成本，或者两者兼得。尽管从整个市场角度看，目标集中战略未能取得低成本或高差异优势，但它在细分的目标市场中获得了一种或两种优势地位。

采用目标集中战略的企业往往具有超过行业平均收益水平的潜力。它的目标集中，意味着企业对其战略实施对象或者处于低成本地位，或者具有高差异优势，或者两者兼有。正如在低成本战略与差异化战略中讨论过的那样，这些优势可以保护企业不受各种竞争作用力的威胁。

就实质而言，目标集中也是一种差异，因而企业竞争优势的取得主要有两个来源：低成本和差异化。

1.2 财务战略及其分类

[案例思考]

2015 年 10 月 18 日，美团和大众点评正式合并，合并之后有了一个响亮的名字“新美大”。新美大的发展代表了中国 O2O 平台的成长历程，被外界戏谑为“烧钱”的融资方式，反映了当代互联网创业公司的独特生长方式。

2010—2015 年美团共完成 5 轮融资：2010 年 3 月成立之初获得天使投资人王江的种子投资，当年 A 轮融资中获得红杉中国 1 200 万美元投资；2011 年 7 月，完成 5 000 万美元的 B 轮融资，由阿里巴巴领投，红杉中国、北极光创投、华登国际跟投；2014 年 5 月，完成 3 亿美元的 C 轮投资，由泛大西洋资本领投，红杉中国跟投；2015 年 1 月获得 7 亿美元的 D 轮融资；2015 年 9 月，美团获得 E 轮融资 15 亿～20 亿美元。粗略计算，5 轮融资总额在 30 亿美元以上。

与之类似，2003—2015 年大众点评共完成 6 轮融资。2006 年由红杉中国进行首轮 100 万美元投资；2007 年，得到谷歌 400 万美元投资；2011 年 4 月，获得挚信资本等 1 亿美元的联合投资；2012 年，完成第四轮融资 6 000 万美元；2014 年，获得腾讯 4 亿美元战略投资；2015 年，完成新一轮 8.5 亿美元融资，投资方包括小米、腾讯、新加坡政府投资公司淡马锡控股等。粗略计算，6 轮融资总额在 14 亿美元以上。

2016 年 1 月，合并后的新美大宣布完成 33 亿美元融资。7 月 18 日，新美大获得华润创业联和基金战略投资，前后融资规模高达 120 亿美元。

然而，网络上曝光的融资文件显示，美团 2015 年亏损高达 105.37 亿元人民币，2016 年和 2017 年将会继续亏损 98.2 亿元和 69.29 亿元人民币。截至 2016 年 9 月，美团点评的估值从一年前的 180 亿美元缩水到 125 亿美元，下降了 1/3 左右。这让人不禁感叹“融资上瘾”的互联网公司究竟该何去何从。

思考：上述案例反映了何种类型的财务战略？融资战略、经营业绩和企业价值之间是否存在必然联系？

财务战略是为实现企业竞争战略和财务目标，根据内外部经营环境的需要，对企业财务活动制定的指导思想和管理原则。财务战略是随企业竞争战略的确立和财务活动的日趋复杂而产生的，对企业竞争战略的实现起到支持和保障作用。

1. 按财务管理的内容划分

财务战略按财务管理的内容可划分为筹资战略、投资战略、成本管理战略、利润管理战略。

筹资战略是企业筹资决策者在特定环境下，以企业的生产经营战略思想为指导，以实现企业战略期整体战略目标为目的，在对所处筹资环境进行科学分析的基础上所制定的战略期企业最佳筹资目标、财务结构、筹资渠道和方式选择的总体方略。筹资战略主要明确企业在战略期的筹资指导思想、合理的筹资总规模目标、优化的财务结构、所采用的筹资主渠道与方式以及实现筹资战略目标的主要对策。

投资战略是企业投资决策者在特定环境下，以企业的生产经营战略思想为指导，以实现企业战略期整体战略目标为目的，在对所处投资环境进行科学分析的基础上所制定的战略期企业经济资源的最佳组合和运用的总体方略。投资战略主要明确企业在战略期的投资总方向、各种投资总规模、各种资源优化配置的目标要求、投资效益的评价标准以及实现投资战略目标的主要途径。

成本管理战略是企业战略主体以预先制定的降低成本战略和成本补偿战略来指导企业整个战略期的成本管理活动，并使成本战略目标得以实现的全过程。成本管理战略的目的在于从企业的长远利益出发，不断寻求有效降低成本的途径和使企业再生产不断扩大的措施，为提高企业的经济效益服务。

利润管理战略是企业战略主体以预先制定的利润战略来指导企业整个战略期的生产经营管理活动，并使企业的利润战略目标得以实现的全过程。利润管理战略的目的在于从企业的长远利益出发，不断寻求增加企业利润的途径，千方百计扩大企业利润，以满足社会和企业自身发展等各方面的需要。

2. 从应对环境变化的角度划分

财务战略从应对环境变化的角度可划分为扩张型财务战略、稳健型财务战略、防御型财务战略、收缩型财务战略。

扩张型财务战略是指企业预期未来的外部环境和内部经营条件会发生有利变化，以实现企业资产规模迅速扩张为目的的财务战略。采用这种财务战略时，企业往往一方面留存大量利润，另一方面积极利用外部资金，以满足快速扩张的需要。

稳健型财务战略是指企业预期未来的外部环境和内部经营条件不会发生太大变化，以实现企业财务绩效的稳定增长和资产规模的平稳扩张为目的的财务战略。采用这种财务战略时，企业一般会把优化资源配置、提高资源使用效率作为首要任务。

防御型财务战略是指企业预期未来的外部环境和内部经营条件会发生不利变化，以预防出现财务危机并寻求新的发展为目的的财务战略。采用这种财务战略时，企业往往会尽可能减少现金流出，增加现金流入，集中一切力量用于增强企业核心竞争力。

收缩型财务战略一般表现为维持或缩小现有规模，分发大量股利，减少对外筹资，甚至通过偿债和股份回购归还投资。

3. 按财务管理的目标划分

财务战略按财务管理的目标可划分为成本领先战略、利润领先战略和风险报酬战略。

成本领先战略的核心是使企业的产品保持低成本，通过降低成本提高企业的经济效益，企业各项生产经营活动均要为实现此目标服务。采用成本领先战略，可通过加强成本管理进行成本控制，并采用先进的技术设备和有效措施，保证实现成本降低的目标。

利润领先战略把利润在长期的适度增长放在第一位，是一种以市场为导向的战略。在战略期企业的首要任务是实现利润增长，核心是市场营销，企业的一切经营活动均应面向市场、适应市场，千方百计开拓市场。

风险报酬战略是利用风险机制，敢于冒高风险实现较高收益的财务战略。高新技术企业和高负债企业一般采用该战略。企业要善于抓住机遇，适时采用该战略，但不宜长期采用高风险报酬战略。

4. 按战略的时间跨度划分

财务战略按战略的时间跨度可划分为长期财务战略、中期财务战略、短期财务战略。

长期财务战略主要确定涉及企业财务的长远发展目标和方向，时间一般在10年以上，属于企业的远景蓝图规划，具有方向性和趋势性，一般不涉及具体细节问题。

中期财务战略是长期财务战略目标的阶段性分解，通常在对长期战略进行阶段划分的基础上，依据长期财务战略和各阶段财务环境的特点来拟定。一般以3～5年作为中期财务战略阶段。中期财务战略是长期财务战略的阶段具体化，是长期财务战略执行的阶段保证。

短期财务战略是中长期财务战略目标的具体落实，一般不超过3年。短期财务战略不仅要明确最近一个中期的财务战略目标，而且要明确实现这一目标的近3年的方案措施。它是执行中期战略的最近行动纲领。

5. 按企业的生命周期划分

财务战略按企业的生命周期可划分为新兴企业财务战略、成长企业财务战略、成熟企业财务战略以及衰退企业财务战略。

企业的生命周期分为初创期、成长期、成熟期和衰退期，企业在不同生命周期阶段应采用不同的财务战略。

1.3 新兴企业的财务战略

新兴企业一般现金需求量大且不稳定，市场份额较低，财务环境生疏，财务风险较高，资金筹集困难。所以，新兴企业宜采用稳健型财务战略，重点解决资金筹集和产品销售问题。

1.3.1 新兴企业主要的财务特征

新兴企业资本实力弱，产品品种少，生产规模小，盈利水平低，企业形象尚未树立，企业也没有建立完整的信用体系，总体价值较低。此时企业有较少的经营现金流入，但有较多的资本投入和经营现金流出。由于对企业发展前景的担忧以及初期的投入巨大，投资者不愿追加投入。另外，除了抵押，企业很难从银行取得贷款。新兴企业的主要财务特征表现在以下几个方面。

1. 资金筹集困难

由于种种原因，新兴企业的资金筹集困难。投资者不愿追加投入，尤其是在企业前途不太明了的情况下；由于企业的财务风险过大、财务核算机制不健全、可用于抵押的资产较少、缺乏信用资料等原因，银行非常惜贷，从而使企业最常用也是最重要的筹资渠道无法为新兴企业带来发展所需的资金。另外，新兴企业规模较小，一般不符合上市筹资的条件，导致企业缺乏直接的融资渠道，无法通过发行债券或股票筹集资金。再加上新兴企业市场状况不太乐观，盈利能力较低，企业生产经营过程中创造现金的能力较弱等，使得通过内部积累筹集资金的途径不畅通。

2. 成本管理不力

企业创立初期，产品大量开发，企业因缺乏相应的资料而难以对新产品的研发支出进行控制；企业刚刚进入市场，对市场开拓的投入成本因没有参照物而不好把握；企业的财务管理制度和内部控制机制尚未建立或完善，无法很好地对各种支出进行控制和评价；加上初期的固定资产投入较多，项目投资的评价和决策程序尚不规范等，导致资本预算不准确，资本投资支出管理不力。

3. 销售不畅，利润和现金流入均较少

新兴企业刚刚进入市场，缺乏既定的销售渠道。如果是新研发的产品，可能不为顾客所接受，若是老产品，又可能竞争不过先进入的企业，从而导致企业销售不畅，市场占有率较低。再加上成本管理不力，导致企业利润较少。较小的销量和相对缺乏信用管理经验使得企业的现金流入较少。

4. 利润分配较少

新兴企业处于业务飞速发展的时期，固定资产和研发投资较多，经营中的现金流入较少，加上新兴企业资金筹集相对困难，使新兴企业将资金筹集的渠道集中于企业内部，将生产经营中产生的利润大量留存，满足企业发展所需。所以，新兴企业一般较少分配利润或基本上不分配利润。

5. 多采用财务集权治理模式

新兴企业一般规模较小，创业者集投资者、生产经营者、管理者于一身，对筹资、投资以及日常财务管理工作都要过问。企业财务大权完全操控在创业者手中，财务管理方式是典型的创业者财务集权治理模式。

1.3.2 新兴企业财务战略的重点

新兴企业的财务特征决定了其财务战略的重点是资金筹集、产品销售、财务制度和内部控制制度建设等方面。

1. 合理筹集资金

合理筹集资金包括正确地预测资金需求、尽快熟悉各种筹资渠道、努力降低资金成本等。新兴企业应正确预测资金需求量，如上所述，新兴企业在固定资产投资、产品研发等方面均需要大量资金投入，企业只有正确地预测投资所需资金数量才能及时制定筹资方案；同样，企业只有对可能使用的筹资渠道非常熟悉，才能确定合理的筹资渠道与筹资方式及其组合。新兴企业利润率较低的特点也要求企业尽力降低资金筹集成本，减少利息等的现金流出。

2. 加大销售管理

销售环节的管理包括正确编制销售预算、扩大市场占有率、加速款项回收等。新兴企业销售不畅、市场占有率低的特点要求其合理进行销售预测，正确编制销售预算，以便以销定产，编制企业的生产和费用预算。另外，企业应努力扩大市场占有率，通过销量的增加扩大利润。最后，在销售的过程中应加强货款回收管理，减少应收账款资金的占用量，减少机会成本，降低坏账发生的风险。

3. 完善财务制度

企业财务制度包括财务管理制度、财务控制制度、财务分析制度等。财务管理制度包括财产物资的保管制度、报销制度和票据的管理制度等；财务控制制度主要指内部控制制度；财务分析制度主要指对企业财务状况的分析和评价制度。财务制度是保证企业财务管理和财务战略正确实施的关键，但往往是新兴企业容易忽视的管理方面。因此，新兴企业应尽快完善财务制度，使企业的财务管理工作有法可依，企业的内部控制得以顺利实施，财务分析工作经常化、科学化，使企业决策者对企业状况做到心中有数，减少失误，提高决策的效率和效益。

4. 加强内部控制制度建设

内部控制是由企业董事会、监事会、经理层和全体员工实施的旨在合理保证企业经营管理合法合规、资产安全、财务报告及相关信息真实完整，提高经营效率和效果，促进企业发展战略等基本目标实现的一系列控制活动。新兴企业处于创建初期，为使企业各方面管理步入正轨，实行科学的管理和决策，应加强内部控制制度的建设和完善。比如，为保障企业财产和资源不受侵害，应对货币资金、财产物资的管理制定内部会计制度；为提高经营业务的工作效率，促使各部门协调工作，确保企业经营目标和经营方针得到贯彻执行，应实行行政业务控制；为检查内部控制的严密和完善程度及运用情况，应制定内部审计制度；等等。

1.3.3　新兴企业财务战略的实施

新兴企业以生存为财务管理目标，以稳健型财务战略为财务战略定位，以权益资本为主要资金来源，通过采取集中投资战略不断提高利润水平，并将大部分利润留存以满足企业发展之需。

1. 财务管理目标

一般来说，新创办的企业失败率很高。根据调查，在 2 年之内，有 24%的新兴企业倒闭；在 6 年之内，有 63%的新兴企业彻底失败。因此，新兴企业的财务管理目标是生存。企业只有生存下来，才有可能发展壮大，进而过渡到成长期和成熟期。

2. 财务战略定位

为了生存，新兴企业应采取稳健型财务战略，以实现企业财务绩效的稳定增长和资产规模的平稳扩张为战略重点，把优化资源配置、提高资源使用效率作为首要任务。

3. 财务战略实施

对新兴企业来说，财务战略实施就是其稳健型财务战略的具体落实，包括资金筹集和使用、利润管理和分配、业绩评价与考核等。

(1) 资金筹集。由于经营不稳定和财务制度不健全，新兴企业筹集债务资金往往较为困难，从而不得不较多地使用权益资本，依靠投资者追加投入、新投资者加入或企业利润留存等方式增加可供使用的资金；新兴企业也可以合理使用风险资本，通过改变企业的产品或服务方向，选择有利的盈利方式等吸引风险投资者的投资，合理使用风险资本。另外，新兴企业可在投资政策支持的行业或领域争取使用政策性资金，解决初期发展资金需求较大的问题。

(2) 资金使用。从投资战略看，新兴企业适宜采取集中投资战略，通过内部获得发展来开辟自己的根据地市场，争取获得优势地位。

通过实施集中投资战略，主攻特定的顾客群、某产品系列的一个细分市场或某一地区市场，重点投资于特定目标，以更高的效率为某一狭窄的战略对象服务，最大限度发掘企业潜力，发挥学习效益，使企业获得稳定发展。新兴企业最好能选择合适的投资项目，以独特的产品独领风骚，加大技术投入，改进产品工艺，提高产品质量；加大销售投入，开发销售市场，开拓销售渠道，扩大产品影响，树立产品形象；确定合理的投资规模，适量扩大设备投入，争取获得规模效益。

(3) 利润管理和分配。新兴企业各方面开支较大，应通过健全的财务制度和完善的内部控制制度合理控制成本费用支出，从企业内部挖潜增效，提高经济效益；尤其是酌量性成本支出，要在保证企业健康发展的基础上适当控制，从小处着眼加强成本管理；利润分配方面，宜采用低股利政策和非现金股利政策，将生产经营过程中产生的利润和现金流留存，满足企业发展需要。

(4) 业绩评价与考核。新兴企业应以内部业务流程的规范合理为考核标准，以各项规章制度的完善和贯彻执行为尺度，使企业尽快走上正规化道路，保障日后的健康快速发展；同时尽量做到以收抵支，使企业得以生存。

1.4 成长企业的财务战略

成长企业一般有稳定的产品和市场销售体系，自有资本不断增加，企业规模快速扩张，宜采用扩张型财务战略，其财务战略的重点应是加强成本管理，积极利用经营杠杆和财务杠杆，不断增加企业利润。

1.4.1 成长企业面临的主要财务问题

企业在成长阶段，销售量快速增长，实力逐步增强，组织活力、创造性和凝聚力大大增强，比较注重发展有前途的产品，虽然盈利不多但增长迅速。由于市场扩张，生产能力相应提高，生产投资急剧增加，利润大多用于扩大生产规模，有可能出现严重的“资金饥渴症”，融资是主要问题。成长企业面临的主要财务问题表现在以下几个方面。

1. 企业的盈利水平较低

成长企业往往把重点放在扩大市场上，为增强竞争能力、提高市场占有率而不惜降低售价。成长企业的规模可能不大，无法享有规模经济效益，加上企业研发等开支较大，导致企业在成长期盈利水平较低。

2. 发展资金依然紧张

销售的快速增长增加了存货和应收款项占用的资金数量，新产品的开发需要较大的资金投入，加上生产能力相应提高、生产规模扩大等都需要大量资金，成长期的企业仍然处于“资金饥渴”时期，发展资金依然紧张，要求企业加大资金的筹集力度。

3. 资产负债率高

成长企业一般有稳定的产品和市场销售体系，自有资本不断增加，企业实力不断增强。稳定的产品和市场销售体系使企业具有一定的盈利能力，盈利能力的提高增强了债权人收回债权的信心。另外，随着企业的成长，可用于抵押的资产增加，加上自有资本，企业实力不断增强，为债权人的债权提供了保障。最后，成长企业的财务制度日渐健全，为债权人分析企业的偿债能力、信用状况等提供了一定的数据支持，增加了企业获得贷款的概率。此时只要企业的资产获利能力超过贷款利率，就会更多地利用债务资金，以“借鸡生蛋”的方式为股东创造更多财富。

债务资金较易取得，以及我国对发行股票等直接筹资渠道的限制，往往会使成长企业的资产负债率偏高。

4. 多采用财务分权的治理模式

随着企业不断成长和规模日渐壮大，企业组织结构逐渐由单层变为多层，由简单变为复杂，企业内部控制制度逐步完善。创业者财务集权治理模式不再适应成长企业发展的需要。所以，成长企业对分公司或子公司多采取分权管理、预算控制的财务治理模式，创业者将经营权授予具有经营管理专长的职业经理人，自己只对企业的发展战略、业务规划、重大财务事件进行决策管理，由职业经理人负责具体实施战略、规划和计划，所有权与经营权逐渐分离。

1.4.2　成长企业财务战略的重点

成长企业面临的主要财务问题决定了其财务战略的重点是加强成本管理，编制合理的资本和现金预算，同时建立有效的营运资金管理途径，提高风险管理水平。

1. 加强成本管理

成本管理是节能降耗的关键，是增加利润的有力保障。成本管理既包括对产品生产或服务提供成本的管理，也包括对研发成本、质量成本的管理。成长企业应采用作业成本法进行成本管理。首先将从产品设计到物料供应，从生产工艺流程（各车间）的各个环节、质量检验、组装，到发运销售全过程所发生的成本归集于作业中心；其次将作业中心归集的成本分配至最终产品或提供的劳务上。作业成本管理可促使企业增加高效作业和增值作业，减少低效作业，消除不增值作业，从而有效控制成本，提高企业盈利能力，使企业健康快速地发展。

2. 建立有效的营运资金管理途径

成长企业因为销售量大幅增加，往往会在存货和应收款项上占用大量流动资金，从而加剧企业资金紧张的局面。为有效缓解资金压力，要求企业加强营运资金的管理力度，以科学的方法准确计算企业的存货数量，尽量减少存货资产对资金的占用；同时加强信用管理，合理确定客户的信用额度，采用有效的方法加强款项回收，减少应收款项资金的占用。

3. 编制合理的资本和现金预算

成长企业的规模快速扩张，所需资本投入量较大，要求企业不但要对项目有科学的筛选和决策机制，还应编制合理的资本预算和现金预算。资本预算使固定资产投资有据可依，使企业正确确定筹资数量，合理选择筹资方式；现金预算有利于企业及时了解现金收支，对现金的使用心中有数，既不会使现金存量过多增加机会成本，也不会由于现金短缺带来不必要的损失。

4. 提高风险管理水平

成长企业较大的固定资产投资规模导致其较高的经营风险，而较高的资产负债率又意味着较高的财务风险。当产品市场或消费者需求发生变化，导致生产量或销售量下降时，资产折旧等固定的生产成本短期内不会发生变化，巨大的固定资产投资也无法及时得到处置，企业的生产经营风险较高；由于债务利息的固定性使得产品销售利润下降时，税后利润以更快的速度降低，因此成长企业的财务风险也较高。这就要求成长企业加强风险管理，不断提高风险管理水平，保持适度的经营风险和财务风险，更好地实现财务目标。

1.4.3 成长企业财务战略的实施

成长企业以发展壮大为财务管理目标，以扩张型财务战略为战略定位，开始更多地使用负债资金和混合权益证券，通过采取一体化投资战略不断扩大企业规模，并通过送红股或转增的方式将大部分现金留存于企业。

1. 财务管理目标

成长企业基本上过了失败的高发期，进入高速成长期，企业的主要财务管理目标是发展壮大，具体表现为盈利水平和风险管理水平提高、企业规模不断扩大等。

2. 财务战略定位

成长企业规模的快速扩张要求其采用扩张型财务战略，以企业资产规模的迅速扩张为目的，一方面留存大量利润，另一方面积极利用外部资金，满足企业急速扩张的需要。

3. 财务战略实施

财务战略实施对成长企业来说就是其扩张型财务战略的具体落实，包括资金筹集和使用、利润管理和分配、业绩评价与考核等。

（1）资金筹集。成长企业的财务制度和内部控制制度日渐健全，自有资本不断扩充，盈利能力不断提高，企业容易借入资金，所以，成长企业应更多地使用负债资金，以利用负债利息的固定特性获得更高的税后收益；同时，成长企业还可以适当使用可转换企业债券等混合权益证券，一方面加大财务灵活性，另一方面扩大资金的筹集渠道。由于企业规模不断扩大，企业信用度提高，成长企业还可以充分利用商业信用，通过赊购等方式筹集资金，缓解资金压力，扩大资金来源。

（2）资金使用。从投资战略看，成长企业适宜采取一体化投资战略，在现有业务的基础上横向扩张，实现规模的扩大；或是纵向扩张，进入目前经营的供应阶段或使用阶段，实现企业价值链的延长。

成长企业应重点加大品牌投资建设。品牌是产品和企业核心价值的体现，具有一定附加价值，是质量、信誉的象征，可提高企业的核心竞争力。企业在成长期应加大品牌的投资建设，增加投资力度，为日后的长远发展奠定基础。

企业竞争的实质是人才竞争，处于快速发展期的企业需要大量人才，成长企业应将人力资本投资纳入投资战略，一方面加强对中高层管理人员的培训，另一方面制定相应的稳定人才和吸引人才战略，在人才引进和培养上增加投入。

同时，企业还应按预定规模和进度追加资本投资，以达到设计规模，并继续追加销售投入，开拓市场，为进入成熟期奠定市场基础。

（3）利润管理和分配。在成本控制方面，成长企业应在节约固定费用的前提下，把降低产品的材料成本、燃料动力等变动成本作为成本管理重点，通过作业成本法的推行实施，不断消除低效和不增值的作业，降低高效和增值作业的成本，以提高企业盈利能力，增加利润；通过强化风险管理，降低经营中的风险以及因利用成本固定的资金所带来的财务风险。

在利润分配方面多采用送红股或转增的方式。为使投资者分享企业经营收益，成长企业需将一部分经营利润分配给投资者，但因为企业仍处于严重的“资金饥渴”状态，所以利润分配往往采用送红股或转增的方式，既让投资者分享经营业绩，又不减少企业的现金流量。

（4）业绩评价与考核。成长企业应以学习和成长能力的提高为考核标准，以员工技术的更新和员工满意度、员工流动率为尺度，不断提高员工处理和解决问题的能力，加强企业信息系统的建设和完善，并进行恰当激励、授权与协作，为企业长期的财务增长打下坚实基础。

1.5 成熟企业的财务战略

成熟企业的市场较稳定，但增长较慢，企业有多元化投资倾向，并有大量现金流入，宜采用维持型财务战略，充分利用资金管理，使企业价值最大化。

1.5.1 成熟企业面临的主要财务问题

成熟企业的生产规模得以扩大，盈利水平达到高峰，增长速度开始放慢；企业原有产品的市场趋于饱和，业务增长率大大下降，出现大量闲置资金，缺乏新的利润增长点，资金利用效率和资产负债率都较低。尽管融资渠道通畅，但企业不愿过多负债。企业财务状况虽较好，但缺乏长期盈利能力。具体表现为：

1. 市场占有率和利润率较高

成熟企业形成了稳定的销售网络，主打产品成功地占据了市场甚至获得优势地位，市场占有率较高，但原有的产品市场可能趋于饱和，销售增长减缓；企业的组织体系比较完善，盈利水平处于高峰期。

2. 现金流充裕，抗风险能力较强

成熟企业较高的市场占有率为其提供了稳定的销售收入，成熟的生产技术、管理技术保证了企业稳定的盈利水平，这些都为成熟企业带来稳定的现金流；稳定的现金流入和较高的盈利水平大大提高了企业抵御财务风险的能力。

3. 负债比率较低

成熟企业各个方面都较好，但也存在市场萎缩、行业生命周期进入萧条期的可能，所以，企业存在潜在的经营风险。为了控制总体风险，企业往往选择稳健的资本结构，即采用较低的负债水平，以避免因外界环境或企业内部的不利变化而无法及时偿还债务或破产清算。

4. 职业经理人财务治理模式形成

成熟企业所在市场的进入者增多，市场趋于饱和，销售毛利率开始下降，成熟企业为保持其竞争优势和可持续发展，往往选择技术转让、海外扩张以及建立分公司、子公司等规模扩张战略。这种跨区域、跨文化的规模扩张伴随着较大的风险，包括市场风险、利率风险、政治风险和信用风险等，同时业务的复杂化给企业管理带来了很大困难，客观上需要职业经理人进行运作和管理。各种风险的管理、项目的分析论证需要有专业知识和实际经验的职业经理人，所以，成熟企业逐渐形成了以职业经理人为主的财务治理模式。

1.5.2 成熟企业财务战略的重点

成熟企业的财务特征决定了其财务战略的重点是加强资金的运营和管理、合理进行成本优化以及开展多种形式的资本运作。

1. 加强资金的运营和管理

根据詹森（Jenson）的自由现金流假说，企业的自由现金流越多，管理者出现不合理行为的可能性越大，企业所有者利益受损的可能性也越大。因此，为最大限度减少代理冲突，成熟企业应加强资金管理能力，减少管理者可自由支配的现金数量，如进行多元化投资以分散经营风险，进行证券投资以减少闲置资金并增加收益等；同时企业应编制有效的全面预算，通过对各种现金收支的严格控制充分发挥资金效用，提高资金使用效益。

2. 进行成本优化管理

成熟企业的管理技术比较成熟，成本费用的控制力较强。企业应提倡产品生命周期成本的概念，将产品从研发、生产直至报废的全部成本考虑在内，站在客户的立场，努力提高客户满意度，为客户创造价值，以吸引忠实客户，避免由于竞争加剧造成客户流失。另外，成熟企业应进行合理的纳税筹划，通过投资税收优惠项目降低税收成本，合理避税。

3. 采用多元化投资战略，开展多种形式的资本运作

成熟企业的市场需求增速减缓，新产品开发难度加大，盈利能力开始下降，但抵御财务风险的能力增强，有足够的实力进行负债融资，宜采用多元化投资战略，在现有业务领域的基础上增加新的产品或业务，包括相关多元化经营和非相关多元化经营。

同时，充裕的现金流入和日渐成熟的市场要求成熟企业通过兼并收购等资本运作方式进行资本扩张，分散投资风险，寻求新的利润增长点，优化企业资源配置，提高资本的运营效率。

1.5.3　成熟企业财务战略的实施

成熟企业以企业价值最大化为财务管理目标，以维持型财务战略为财务战略定位，以内部资金为主要的资金来源，通过采取多元化投资战略不断分散企业风险，并通过发放较高的现金股利让股东分享企业的经营成果。

1. 财务管理目标

成熟企业已发展到一定规模，具有较强的盈利能力，产品质量和市场销路趋于稳定。企业并不看重短期利润的多少，重点也不再是扩大销售额，而是如何延长企业的巅峰时期。成熟企业的财务管理目标是企业价值最大化，同时兼顾社会责任。

2. 财务战略定位

成熟企业的市场地位较稳定，市场占有率较高；企业发展到一定规模，抵御风险能力较强，各种筹资渠道畅通。企业应采取维持型财务战略，通过多元投资或并购等方法，抓住产品和市场上的多种机遇，开发新的利润增长点，维持企业一定的规模和盈利水平，保持长期增长态势，力求延长企业的巅峰时期，追求企业可持续盈利能力的最大化。

3. 财务战略实施

(1) 资金筹集。成熟企业有较强的盈利能力和充裕的现金流，其投资所需

资金往往以内部资金为主，可通过利润留存、盘活资金存量等方式，挖掘内部潜力筹集经营和投资所需资金。例如，采用资产证券化方式筹集资金，将变现能力较弱的资产证券化，既可盘活企业资产，又可增加资金供应。

（2）资金使用。成熟企业宜进行多元化投资，获得协同效应，分散投资风险。尤其是可进行相关多元化投资，挖掘现有资源潜力，节约成本，增加利润，分散风险，同时还能把企业原有的经验用到新的领域，通过资源共享和经营匹配进行价值链整合，迅速建立起比单一经营企业更强的竞争优势，提高协同效应，获得更高利润。成熟企业可通过资本运作，如兼并、收购、上市等，促使企业规模扩大、资本结构优化，同时开发新市场，进行组织、制度和管理创新，形成核心竞争力。

（3）利润管理和分配。成熟企业产品的均衡价格已经形成，市场竞争不再是企业间的价格战，而是内部成本管理效率战。因此，成熟企业利润管理的重点是通过价值链分析，包括横向价值链、纵向价值链、内部价值链等的分析，以及战略性成本信息的提供与分析利用，制定科学的成本费用预算，并加以有效控制，使整个价值链的成本耗费降到最低，以加强企业竞争优势和建立成本持续降低环境。

在利润分配上，成熟企业应采用较高的现金股利政策。如上所述，依照自由现金流假说，企业应将生产经营中产生的自由现金流量尽量分配给投资者，使投资者充分享有企业的经营成果，同时减少管理者对投资者利益的侵犯。

（4）业绩评价与考核。成熟企业应以市场份额和客户满意度等非财务指标为考核标准，以客户保持率、获得率、满意度、获利率等为尺度，不断提高为客户创造价值的能力，加强客户关系管理。通过市场份额增加、客户保持率增长，以及客户获得率和获利率提高，不断增加企业价值，为企业投资者创造更多财富。

1.6 衰退企业的财务战略

衰退企业的销售收入和利润明显下降，现金需求急速减少，如果管理不善易走向破产清算的境地，所以企业应采用防御收缩型财务战略，重点是加强财务预警管理，积极寻找出路做好转型准备。

1.6.1 衰退企业面临的主要财务问题

处于衰退期的企业，随着市场竞争日趋激烈，现金流入量和现金流出量都减少，企业市场份额逐渐下降。如果企业不及时调整原有核心业务，其盈利能力和自我资金积累能力都将逐渐降低，偿还债务的能力也将面临问题。衰退企业面临的主要财务问题包括市场逐渐萎缩、现金流日趋下降、盈利能力下降、企业被接管或兼并等。

1. 市场逐渐萎缩

由于新产品和替代品大量出现，以及新竞争者大量加入，衰退企业原有产品的市场逐渐萎缩，销售增长率开始下降，市场占有率逐渐降低，企业的市场份额以及在市场中的竞争力开始下降。

2. 现金流日趋下降

由于销售增长率下降，投资活动减少，衰退企业的现金流日趋下降。首先，销售增长率的下降直接导致生产经营活动中产生的现金流减少。由于市场占有率降低，销量开始下降，销售产品形成的现金流入减少；销量的下降导致存货减少，经营活动的现金流出也相应减少。其次，投资活动中的现金流也大幅减少。衰退企业总是力图从那些难以获利、竞争激烈的行业或产品中退出，其项目投资和对外投资更加慎重，产品技术改进的动力不足，投资活动的现金流出大幅减少，投资产生的现金流入也相应下降。最后，衰退企业筹资活动中的现金流日趋下降。投资活动现金流出减少，以及为防止财务危机导致破产清算的可能性增加，衰退企业从外界筹资的金额明显减少；筹资活动的现金流入下降，使得企业需要偿还的债务本息下降，盈利能力的降低又使企业支付给投资者的利润下降，使筹资活动的现金流出减少。

3. 企业盈利能力下降，财务状况趋于恶化

衰退企业的产品往往供大于求，这时有实力的企业会选择价格下调和更为宽松的信用政策。价格大战会造成企业的盈利下降，商业信用的放宽又会导致企业应收款项余额和坏账损失的可能性增加。而这一切可能会使企业的股票价格开始下跌，通过发行股票和债券融资十分困难，加上银行信用贷款收紧，企业筹资能力下降。在企业现金流转不畅、融资困难的条件下，企业的财务状况开始恶化。

4. 企业被接管或兼并

衰退企业通过业务收缩、资产重组或被接管、兼并等形式可以延缓衰退，或者蜕变为另外一个产业的企业。另外，受业绩压力和证券市场股票价格压力的影响，衰退企业的管理层迫切需要扭转企业财务恶化的局面，实施有效的重组计划和兼并计划成为其必然选择。

1.6.2 衰退企业财务战略的重点

衰退企业财务战略的重点是对未来市场的产业状况进行正确预测，有效整合企业的业务流程，通过并购等方式寻求协同效应，寻找新的利润增长点，实

现战略上的转移，进而实现企业的良性蜕变。

1. 保持现金流转正常

衰退企业应通过资产变现、压缩开支等方式保持正常的现金流转。由于企业的生产经营周期进入衰退阶段，销售量开始明显下降，给企业现金流造成很大压力。此时，企业应将闲置不用的固定资产进行变现处理，收缩企业的业务单元；精简机构，降低人工费用和管理费用；处置闲置资产、回收应收账款，以使企业的现金流转正常。

2. 实施资产重组

衰退企业应通过实施资产重组优化长期资产组合，提高资产收益率。在衰退期，企业的财务资源必须通过资产重组的方式重新配置，提高核心或优势业务的资源配置比例，维持衰退业务必要的资源，以优化企业的长期资产结构。一方面，通过进入新的业务领域获得生机；另一方面，等待原有业务的复苏以渡过困难时期。

3. 加强风险预警管理

衰退企业的现金流转困难使得其极易被接管或因财务困难进行破产清算。因此，衰退企业应高度重视财务预警系统的建立和执行。衰退企业应建立一套完善的、适合本企业特色的财务预警指标体系，并经常进行财务预警分析，有条件的企业还可以建立自动化的财务预警系统，适时进行分析和监督，以防止财务危机发生，使企业避免被清算或被接管。

4. 财务制度创新和业务流程再造

衰退企业的财务特点决定了其必须及时进行财务制度创新和业务流程再造。衰退企业应从财务组织、财务控制和财务报告等方面进行制度创新，从法人治理结构、管理监控机制、财务部门设置、财务人员委派、岗位职务分工等角度着手改革财务组织，加强对货币资金、工资、存货等资产以及采购、生产和销售、投资、筹资等业务的财务控制，强调财务报告的重要性。

企业可通过系统化改造和全新设计等方法对业务流程进行再造。业务流程再造是衰退企业根据环境变化对业务流程的重新设计，彻底摒弃不提供价值的环节，力争改进流程中每一环节的工作绩效，通过战略设计和组织管理模式变革，将企业运行中被割裂的过程重新联结起来，使其成为一个连续的流程并更加通畅。通过对业务流程的集成与优化，创造更多的“消费者剩余”，实现成本和效率的整体优化，增强企业的竞争力。

1.6.3 衰退企业财务战略的实施

衰退企业以稳定的现金流为财务管理目标，以防御收缩型财务战略为财务战略定位，以内部资金的盘活为主要资金来源，通过减少非核心业务的投资寻求新的利润增长点，并通过发放较高的现金股利增加对投资者的回报。

1. 财务管理目标

处于衰退期的企业，财务管理重点应该放在财务战略的整合、财务组织制度的创新与调整、新产品开发的资金投入、人员合理分流与素质的提高等方面，力图从那些难以获利、竞争激烈的行业或产品中退出，根据市场变化寻找新的投资方向，获得新的突破，使企业进入新一轮的发展时期。

企业处于衰退期时，战略目标是维持及蜕变，财务战略更强调投资者利益，以稳定的现金流为财务管理目标。

2. 财务战略定位

新产品和大量替代品的出现使衰退企业占领的市场份额逐渐萎缩，销售增长率出现负数，利润率增长停滞或不断下降，进一步改进技术的动力不足，产业重构、组织再造与管理变革显得非常迫切。衰退企业应采用防御收缩型财务战略，以防范财务危机、求得生存及发展为目的，通过减少现金流出的方式，积累内部力量，寻找新的机会，以在环境有利的条件下谋求新的更大规模的发展。

3. 财务战略实施

(1) 资金筹集。衰退企业生产经营中的现金流入减少，但数量依然很大，加上市场萎缩以及产品技术改造动力不足造成的现金需求下降，使得经营活动中产生的现金基本可以满足企业正常生产所需，甚至会出现现金富余的现象，因此，衰退企业除非有大的资本运作，如开发新产品或行业转型，几乎不需要从外部筹集资金，通过经营活动或盘活现金存量，或转让、变卖不需要的生产设备即可满足企业发展需要。

(2) 资金使用。衰退企业应在认真分析内外部环境的基础上，减少对非核心业务的投资，直至出售或变卖非核心业务，将资源集中用于有发展前途的核心业务，增强核心业务的竞争力。如果企业的核心业务已是夕阳产业，则应积极寻求业务转型，从衰退行业尽可能多地收回投资，并停止新的投资，精简机构，盘活资产存量，将增加的资金用于寻找新的利润增长点，实现战略转型。衰退企业的投资管理更多地表现为以往资本投资的收回或业务转型过程中的大量支出。

(3) 利润管理和分配。衰退企业的财务特征决定了其会尽可能多地减少甚至取消科研投入，采用削减广告支出、压缩促销费用、减少产品品种等方式不断降低成本和经常性支出，在销量下降的情况下争取获得较高利润。

衰退企业的利润分配多采用高现金股利政策，以增加对投资者的回报。由于发展前景暗淡、缺少好的投资项目，衰退企业一般会把利润更多地分配给投资者，增加对投资者的回报。

(4) 业绩评价与考核。衰退企业应以财务指标作为评价标准，以利润的增长和维持为尺度，以资金回收和债务清偿能力的提高为目标，以财务制度创新和业务流程再造为手段，实施战略转移，谋求新的发展。

思考题

1. 请结合具体企业分析企业战略和企业财务战略的关系。

2. 一些中国企业总想做大，成为中国最大、亚洲最大乃至世界最大，其思维的根本缺陷是什么？

3. 影响高新技术企业战略制定的因素有哪些？这些因素是如何影响财务战略制定的？

4. 对小微企业而言，其财务战略应如何制定？

5. 周期变化是财务管理必须考虑的重要影响因素，除企业生命周期外，国家经济周期、产品生命周期、技术发展周期等也是重要的影响因素。上述周期因素是如何影响财务管理的？

案例分析

格力电器收购珠海银隆遇阻

2016 年 10 月 31 日，格力电器宣布其于 10 月 28 日召开了临时股东大会，对收购珠海银隆的 26 项收购议案进行表决。其中，募集 96.94 亿元配套资金等 15 项与增发募资相关的议案被否决。

外界认为，是中小股东合力反对了他们曾经力挺的董明珠。公告显示，此次通过网络和现场投票的股东有 5 141 人，占格力总股份的 54%。其中，中小股东有 5 139 位，占到上市公司总股份的 27%。

事实上，强大的反对声中，不仅有中小股东，也有证券机构。格力发布的公告显示，到场股东中，被排除在中小股东外的只有两家机构，但它们持有的股份占上市公司总股份超过 20%。

在表决前，董明珠已为成功收购珠海银隆做了诸多准备，如联合珠海银隆董事长魏银仓花了将近半年时间向外界讲解钛酸锂电池的优势，同时对珠海银隆的业绩许下了高回报承诺。从 2015 年格力电器股东大会上董明珠的发言来看，收购珠海银隆的真实意图在于获得其电池技术。珠海银隆方面还承诺，其 2016—2018 年 3 年的净利润将分别不低于 7.2 亿元、10 亿元和 14 亿元。

那么，中小股东为何不买董明珠的账？理由之一是，其自身的利益被增发摊薄。另一种观点认为，格力手中握有雄厚的现金，完全可以使用自有资金而无须增发。

中小股东的反对力量再度引起外界对格力是否面临如万科一般遭遇“野蛮人入侵”危险的质疑。

事实上，在主营业务遭遇天花板的当下，格力需要吸纳更多的资本进入，以加快自己的多元化进程。董明珠在2016年10月28日的股东大会上说，格力在空调领域的市场份额已经超过40%，增长空间不大。她同时表示，格力将利润率从2011年6%提升至目前的13%已尽力了。

多年试水多元化的格力在2016年正式对外表态要进行多元化。在2016年5月19日的股东大会上，董明珠强调，“格力将继续以空调产业为支柱，大力开发新能源、生活电器、工业制品、模具和手机、自动化装备等新兴产业，格力将从单纯的家电制造企业向装备制造企业和新能源企业转型，实现多元化稳健发展”。

资料来源：卢晓．董小姐的对手棋：收购银隆遇阻，格力会是万科第二?．华夏时报，2016-11-05.

思考：请从企业战略和企业财务战略的角度思考格力电器收购珠海银隆议案被否决的理由及其对格力发展的影响。

第2章

价值决定与评估

[引导案例]

国家助学贷款是由政府主导、财政贴息，银行、教育行政部门与高校共同操作的专门帮助高校贫困家庭学生的银行贷款。借款学生不需要办理贷款担保或抵押，但需要承诺按期还款，并承担相关法律责任。借款学生通过学校向银行申请贷款，用于弥补在校学习期间学费、住宿费和生活费的不足，毕业后分期偿还。

小李家庭贫困，考上大学后，为减轻家庭负担申请了国家助学贷款。考虑小李所在学校的学费、住宿费和生活费标准以及学生的困难程度后，银行决定每年贷给小李7 500元，年利率为6%，按半年计息。毕业后有2年宽限期，宽限期内只偿还贷款利息，2年后开始偿还贷款本金。

思考：小李4年后毕业时需还款的总额为多少？若小李毕业2年后每月的净收入预计为6 000元，每月月末按等额本息还款，还款额按净收入的50%计，几年后可还清贷款？

财务管理的本质在于价值评估，因为财务决策离不开对相应资产的价值分析与计量。本章探讨财务管理学的重要计算技术，即价值评估的技术。

2.1 财务决策与资产价值

2.1.1 财务决策

财务决策涉及公司经营活动的各个方面，按决策的内容分为四大类，即投资决策、融资决策、运营决策与分配决策。

1. 投资决策

投资是企业资金的投放过程，其目的在于形成盈利的资产。在公司成立之初，投资是公司开展经营的前提；在公司存续期间，投资往往涉及收缩、扩张等公司重大战略活动的实施。因此，与融资和运营方面的决策相比，投资决策是公司最重要的决策，具有长远和全局性的影响。

公司的投资分为证券投资和实业投资两种方式。

(1) 证券投资。是指以购买证券的方式进行的投资，既用于短期投机，也可以满足长期战略的需要。如果公司有暂时闲置的资金，可以在市场上买进价值被低估的股票或债券等，这样可以获得比现金或银行存款更理想的收益。如果公司打算进入有潜力的新领域，也可购买相应公司的股票并长期持有以分享其增值潜力。证券投资速度快、风险小而且投资规模灵活。

(2) 实业投资。是指为特定项目以购置实体资产（包括固定资产、流动资产、无形资产）的方式进行的投资。公司在成立之初和业务扩张期间都会进行大量的实业投资。实业投资往往数额巨大、回收期较长，而且具有不可逆性，在现金变为投资资产后，很难在没有损失或代价的情况下再将资产变回现金。这就要求公司在考虑投资决策时科学谨慎，尽可能避免决策失误。

2. 融资决策

融资决策旨在解决公司的资金来源问题。公司的投资活动和经营活动都需要资金做保障，需要融资决策来支持。

公司可以通过吸收股权资本和债务资本两种方式融资。一般而言，股权资本可以长期占用，没有固定的还本付息义务，是一种较为安全的资本，但往往成本较高。债务资本则相反，公司承担定期还本付息的责任，一旦不能按期还本付息就会发生破产，风险较大。但由于债务资本的利息作为费用处理，往往成本较低。

3. 运营决策

运营决策涉及公司开展业务时日常事务的处理和安排，是公司实现投资预想的过程。运营决策涉及的项目和种类繁多，事关公司运营的各个方面和环节以及各个单项的经营决策。运营决策是投资决策的落实，没有有效的经营决策和运营，企业是无法成功的。在运营决策中，财务关注流动资产的规模、质量和结构，短期资本的供应，流动资产与流动负债的匹配等，决策目标是以尽可能少的资本占用保证公司资金安全有效地运转。

4. 分配决策

分配决策关注公司每年经营获得的收益在各类相关利益主体之间的分配。公司经营获得的息税前收益要拿出一部分用于支付债务的利息。支付利息后的收益属于税前收益，要拿出部分用于支付所得税。支付所得税后的收益属于企业的净收益，一般划分为留存收益和股票红利。留存收益用于企业未来发展的投资，发放股票红利则是企业以现金形式回报股东投资的一种方式。

企业分配决策的基本原则是公平和效率、兼顾当前和长远。应该说明的是，企业的分配决策不仅会影响企业相关人员的公平分配，也会影响企业的投资和资本结构决策，涉及企业的未来发展。

2.1.2 资产价值

财务管理的直接目的是尽可能低成本、高效率地获得各个时期（年份）的经营收益，实现公司的价值增值。

实际上，价值增值是公司长期和根本的目标，公司的投资和融资决策直接为这个目标服务。简单地说，投资是购买资产的行为，融资是为购买资产而获得相应资金的行为。在这一过程中，资产的购买和使用成为企业管理的关键。资产价值评估是财务决策的核心依据（如图 2-1 所示），也是财务研究的核心问题，代表财务问题的本质。

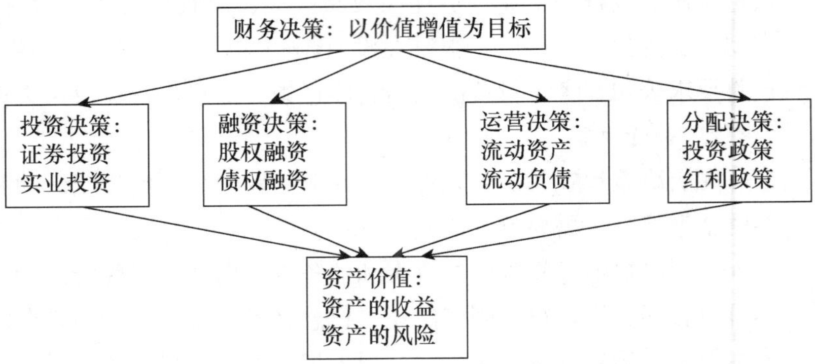

图 2-1 财务学科的本质是资产价值

注意，财务学科的本质是资产价值，不同于一般物品或商品的价值；资产特指企业运营中的投资资产或运营资产，是能够带来经济利益的资源，其价值取决于未来的收益。

2.1.3 价值决定公理

价值增值是财务决策的本质追求，而资产的价值确定是财务决策的核心依据和财务研究的核心问题。在讨论计量或评估资产价值的具体方法之前，首先要了解资产的价值是如何决定的。

人们之所以对资产感兴趣，是因为资产能够直接带来收益或增值。但资产的收益并不固定或稳定，这是人们所不喜欢的。资产收益的这种不稳定性（不确定性）在财务上称为风险。人们往往基于对收益和风险的权衡进行决策，权衡风险和收益的态度简称为风险态度。人们的风险态度决定其交易行为，进而决定资产的价值或合理价格。在进行财务决策时，资产的价值确定起到了决定性的作用。所以，风险态度成为财务理论的基础假设。

但是，在金融市场上真正决定资产价值或价格的不是某个投资者的个人意愿或态度，而是投资大众的平均意愿或态度，又称市场态度。

由此得出两条基本公理：一是风险与收益决定价值；二是风险与收益同向相关。它们是财务理论建立的基础。

1. 风险与收益决定价值

风险与收益决定价值是价值决定中最基本、最核心的公理。影响资产价值的各种因素都可归结为风险因素与收益因素。风险、收益与价值的基本关系可以表述为：当风险一定时，价值与收益正相关；当收益一定时，价值与风险负相关。

风险与收益是如何影响价值的呢？

现有证券 A 和 B，假定初始状态下它们的价格和一年后的期望价格均相同。显然，两种证券的当前收益相同。如果证券 A 的风险小于证券 B，根据常识，在没有足够补偿的情况下人们不愿意冒风险，会有更多的人购买证券 A。由于市场上对证券 A 的需求增加，其价格或价值将上升；同样，由于对证券 B 的需求下降，其价格或价值将下降。可见，收益一定时，价值与风险呈负相关关系。值得注意的是，由于金融市场的效率远高于产品市场，由供求差异导致的证券 A 和 B 的价格调整会迅速完成。在价格变化后再买入证券，由于两种证券一年后的期望价格相同，投资证券 B 的预期收益会大于证券 A，超额的收益即对证券 B 额外风险的补偿。

再假定初始状态下证券 A 和 B 风险相同，当前价格也相同。如果证券 B 一年后的期望价格高于证券 A，意味着证券 A 的收益将低于证券 B。根据常识，在风险相同、收益不同的情况下，会有更多的人购买高收益的证券 B 或出售低收益的证券 A。市场上表现为证券 A 的供给增加，证券 B 的需求增加，从而证券 A 的价格下降，证券 B 的价格上升。可见，风险一定时，价值与收益呈正相关关系。最终，在价格变化后再购买证券，证券 A 的收益将等于证券 B 的收益。

2. 风险与收益同向相关

理性的风险态度是风险回避，随着风险的增大，需要有更高的期望收益作为补偿，这可以说是投资者的合理愿望。那么，这种愿望是否能够成为现实呢？在有效的证券市场上，一旦出现高收益低风险的证券，或者低收益高风险的证券，证券的价格都会在风险回避态度下通过理性交易迅速调整，高收益低风险的证券价格上升，低收益高风险的证券价格下跌，直至收益调整到与风险相匹配。因此在证券市场上，高收益通常伴随着高风险，低收益通常伴随着低风险，上述投资者的愿望迅速得以实现。

由此可知，风险与收益存在正相关关系，即高风险对应高收益或低风险对应低收益，这是与“风险和收益决定价值”相关的又一个财务公理。

考虑两种证券 A 和 B，一年后的期望价格都为 50 元，其中证券 A 没有风险，一年后的价格为 50 元；证券 B 有风险，一年后价格有 50%的可能性上升到 70 元，也有 50%的可能性下降到 30 元，那么一年后证券 B 的期望价格同样为 50 元。

假设证券 A 与 B 的初始价格均为 40 元。由于证券 A 与 B 的期望收益相同但证券 B 存在更大的风险，根据理性的风险态度，会有更多的人愿意购买证券 A 或出售证券 B。与上述分析类似，在这种情况下，最终证券 A 的价格要高于证券 B。假设调整至稳定状态后证券 A 和 B 的价格分别为 45 元和 35 元，则证券 A 和 B 的期望收益率会出现差异。即

证券 A 的期望收益率为：50/45－1＝11.11%

证券 B 的期望收益率为：(30/35－1)×50%＋(70/35－1)×50%
＝42.86%

可见，在风险回避假设下，证券 B 的投资人所承受的“额外”风险通过更高的收益得到了补偿。具体的风险补偿率为：42.86%－11.11%＝31.75%。

可见，高风险高收益的规律或风险补偿的原理可以由市场机制自发实现。

3. 价值决定公理的意义

财务管理作为一门管理学科，其知识框架和理论体系是从基本概念和公理出发推演出来的。公理是显而易见、无须证明就被普遍接受的基础性判断，一般是定性的或方向性的常识。各门学科都有自己独有的公理或公理体系，学科的理论发展正是以公理为基础逐步延伸的。

一个合理的财务模型应该符合上述两条价值决定公理。具体而言，任何价值评估方法和财务决策模型都必须综合考虑资产的风险和收益，模型的评估结果要能体现出风险与价值负相关以及收益与价值正相关的基本关系。只有符合客观公理的方法与模型才是正确的，也才能起到指导实践的作用。

2.2 货币的时间价值

财务决策形成的货币收支往往发生于不同的时点，由于货币作为生产或经营要素有增值的本性或要求，这些不同时点的货币额不能直接相加或相减。财务、金融计算中通常通过计算终值（future value，FV）或现值（present value，PV），将不同时点的货币额换算为同一时点的价值，然后进行比较或运算。

货币的时间价值是财务、金融理论的计算基础，也是初级财务管理学的核心内容，读者对此已经有了一定的了解。本节在简要梳理的基础上，补充介绍初级财务管理学中没有涉及的考虑计息周期以及连续复利下现值或终值的计算方法，以利于读者更深入地学习和掌握货币的时间价值。

2.2.1 现值与终值

现值是指当前时点上的价值，终值是指未来某个时点上的价值，现值和终

值可以按照单利和复利两种方式进行计算。

单利是指在计算货币时间价值时，只有本金计算利息，利息不计算利息，因此，各年利息保持不变。复利是指在各期期末将所获的利息并入本金，在下期中按照增大的本金（即本利和）计算利息。因此，在复利方式下，本金和利息逐期增大，也就是俗称的“利滚利”。显然，在本金和利率相同时，如果时间超过一期，按照复利计算的本息和会大于按照单利计算的本息和。

在财务金融领域中通常使用复利计算现值和终值，这是因为复利换算更符合逻辑，在实际应用上也更为普遍。现实中有时使用单利计算，其实只是表面现象。银行对不同存期的存款规定不同的利率，相当于考虑了复利因素。所以财务、金融领域一般采用复利的方式计算货币的时间价值。如无特别说明，本书中的现值与终值均按复利计算。

用 FV 表示终值，PV 表示现值，r 表示贴现率①，n 表示经过的年数，则按复利计算的终值和现值的计算公式分别为：

$$FV=PV(1+r)^n \tag{2-1}$$

$$PV=FV/(1+r)^n \tag{2-2}$$

式中，$(1+r)^n$ 和 $1/(1+r)^n$ 分别称为复利终值系数和复利现值系数。通常用 $FVIF_{i,n}$ 和 $PVIF_{i,n}$ 表示。

[例 2-1]

某人 30 岁时投入 10 000 元用于投资，按复利计算，假设每年有 10%的投资回报，10 年、20 年、30 年后这笔款项将变为多少？

$$10\,000\times(1+10\%)^{10}=10\,000\times FVIF_{10\%,10}=25\,937.42(\text{元})$$

$$10\,000\times(1+10\%)^{20}=10\,000\times FVIF_{10\%,20}=67\,275.00(\text{元})$$

$$10\,000\times(1+10\%)^{30}=10\,000\times FVIF_{10\%,30}=174\,494.02(\text{元})$$

保持 10%的年收益率，30 年就可以将本金扩大为原来的 17 倍。通过这个例子，可以看出复利的巨大力量。由此也可以理解中国经过 30 年近 10%的年均增长所创造的“世界奇迹”。

2.2.2　年金的现值与终值

年金（annuities）是指一定期间内每年（或每期）相等数额的系列货币收支。折旧、租金、利息、保险金、养老金等许多现实中的系列收支都符合年金

① 在本系列教材《初级财务管理学》中，为方便读者最简单快速地理解贴现率及其计算，我们用 i 统一表示贴现率。在本书中，我们要对贴现率进行更深入的探讨和更具体的应用，在解答不同的问题时可能采用不同的符号表示相应问题的适用贴现率，这一方面有助于读者区别贴现率与利率以及针对各种风险补偿的贴现率，另一方面也可以照顾到在进行有关具体问题的探讨时财务领域约定俗成的习惯。

的概念。

如果现金流量发生在每期期末，这种年金称为后付年金；如果现金流量发生在每期期初，则称为先付年金。按照稳健性原则，如果不确定现金流量究竟发生在期初还是期末，为计算方便，通常会按后付年金计算。因此，一般不特别说明，年金都指后付年金。

1. 有限期限的年金

在期限有限的情况下，年金的货币收支笔数有限，可以计算年金的现值和终值。

年金终值是每期相等金额收付款项的复利终值之和，类似于零存整取的本息和。以 FVA 表示年金终值，当年贴现率为 r，每年金额为 A 时，为期 n 年的年金终值为：

$$FVA = A\sum_{t=0}^{n-1}(1+r)^t = A\frac{(1+r)^n - 1}{r} \tag{2-3}$$

式中，$\sum_{t=0}^{n-1}(1+r)^t$ 即$\frac{(1+r)^n - 1}{r}$称为年金终值系数，通常用 $FVIFA_{i,n}$表示。

年金现值是每年相等货币额的复利现值总和，可以理解为整存零取的初始存款额。以 PVA 表示年金现值，当年贴现率为 r，每年金额为 A 时，为期 n 年的年金现值为：

$$PVA = A\sum_{t=1}^{n}\frac{1}{(1+r)^t} = A\frac{1-1/(1+r)^n}{r} \tag{2-4}$$

式中，$\sum_{t=1}^{n}\frac{1}{(1+r)^t}$ 即$\frac{1-1/(1+r)^n}{r}$称为年金现值系数，通常用 $PVIFA_{i,n}$表示。

上述年金终值和年金现值公式是按照收支发生在每期期末推导的，也就是前文所说的后付年金。先付年金的现金流量发生在每年期初，比后付年金多获得一年的价值增值，即先付年金的现值和终值分别等于后付年金的现值和终值乘以 $(1+r)$。

[例 2-2]

小王打算在市中心购买一间商铺出租。备选商铺 A 位于繁华地段，目前价格为 110 万元，估计每月平均可获得租金 5 500 元，可以出租 40 年，40 年后商铺还有价值 100 万元；备选商铺 B 位于繁华地段边缘，目前价格 90 万元，估计每月平均可获得租金 4 800 元，可以出租 50 年，50 年后还有价值 70 万元。该投资者要求收益率达到 6%。两处商铺买下并装修好都需要一年时间，按常规每年年初可以收取全年的租金，应该购买哪处商铺？

查表得：贴现率为 6%的为期 50 年的年金现值系数为 15.762，复利现值系数为 0.054，为期 40 年的年金现值系数为 15.046，复利现值系数为 0.097。

虽然每年年初收取全年的租金，但因为需要准备一年才出租，可看作租金是从第 1 年开始，在每年年末收取。因此，可以按照后付年金计算。

商铺 A 每年租金为：5 500×12＝66 000(元)

商铺 B 每年租金为：4 800×12＝57 600(元)

商铺 A：

每年 6.6 万元连续 40 年的年金现值：6.6×15.046＝99.30(万元)

40 年后残值 100 万元的现值：100×0.097＝9.7(万元)

目前总价值：99.30＋9.7＝109(万元)

商铺 B：

每年 5.76 万元连续 50 年的年金现值：5.76×15.762＝90.79(万元)

50 年后残值 70 万元的现值：70×0.054＝3.78(万元)

目前总价值：90.79＋3.78＝94.57(万元)

商铺 A 的目前价格为 110 万元，实际价值只有 109 万元，不应该购买；商铺 B 的目前价格为 90 万元，实际价值有 94.57 万元，可以购买。

2. 永续年金

永续年金（perpetuities）指无限期等额收付的特种年金，它是普通年金的特殊形式，即期限趋于无穷远的普通年金。由于永续年金持续期无限，没有终止时间，因此没有终值，只有现值。根据公式（2－4），当 $n\rightarrow\infty$ 时，可得到永续年金的总现值公式：

$$PVA=A\lim_{n\to\infty}\left[\frac{1-1/(1+r)^n}{r}\right]=\frac{A}{r} \tag{2-5}$$

在现实中很难找到严格符合永续年金定义的实例，通常将延续时间很长的年金近似看作永续年金。例如，地位稳定的大公司优先股票的红利，较远期的红利经贴现后对当前价值的影响很小，可近似看作永续年金，此时应用永续年金现值公式可以简化计算。

2.2.3　计息周期的影响

在上述关于现值和终值的讨论中，采用的计息周期为一年，即一年计算一次复利利息。但在实际中，有时借贷合约中会规定一年计若干次利息。在这种情况下，每年将有部分利息提前发放，相当于每年获得的利息会有所增加。

1. 有效利率

首先要区分名义利率、实际利率和有效利率这三个相关概念。名义利率是指央行或其他提供资金借贷的机构所公布的未调整通货膨胀因素的利率，一般不特别说明，利率、收益率和资本成本等都是指名义年利率，例如银行的存款利率。实际利率是指物价水平不变，从而货币购买力不变条件下的利息率。当通货膨胀率较低时，利率近似于扣除了通货膨胀率的实际利率。有效利率是指考虑每年付息次数的影响而得到的真实利率，可以说，有效利率最为准确地反映了货币的时间价值。

财务金融中默认每次计息的利率为名义年利率与一年内计息次数的比值。当一年多次计息时，这种不同于名义利率的真实的年利率称为有效利率（effective rate），且复利终值和有效利率随计息频率的增加而变大。考虑计息周期或频率的年终值的计算公式如下：

$$FV_1=PV_0\left(1+\frac{r}{m}\right)^m \tag{2-6}$$

式中，m 为一年中复利计息次数。其他符号的含义与前面相同。

因此，1 年的终值系数为：

$$FV_1/PV_0=\left(1+\frac{r}{m}\right)^m \tag{2-7}$$

所以，有效年利率为：

$$r_e=\left(1+\frac{r}{m}\right)^m-1 \tag{2-8}$$

式中，r_e为有效年利率；r 为名义年利率。

例如，名义利率为 10%，随着计息频率的增加，当计息周期为每年、每半年、每季度、每月、每日时，根据公式（2－8）计算，有效利率分别为 10.000%，10.250%，10.381%，10.471%，10.516%，如图 2－2 所示。

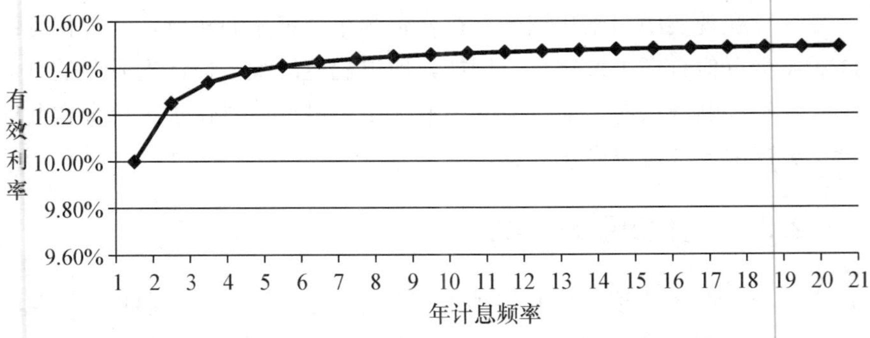

图 2－2　名义利率为 10%时，随着计息频率的增加，有效利率的变化

注意，随着计息次数增多，有效利率不断上升，但上升的幅度逐渐递减。

2. 连续复利

连续复利（continuously compounding）是指计息周期无限短，即计息次数无限多（$m\to\infty$）时的极限情况。此时，有效年利率为：

$$r_e = \lim_{m\to\infty}\left[\left(1+\frac{r}{m}\right)^m - 1\right] = e^r - 1 \qquad (2-9)$$

式中，r_e为连续复利下的有效年利率，其中无理数 e＝2.718 281 828…。例如，上述年名义利率为 10％的情况下，如果采用连续复利计息，则有效年利率达到最大，为 $e^{10\%}-1=10.517\%$。请注意，与计息次数为一次或有限次数的情况相比，连续计息情况下有效利率（10.517％）上升的幅度是有限的，这一点从图 2-2 中也可以看出来。

由公式（2-9）可进一步推知连续复利下为期 t 年的终值和现值系数。在连续复利的情况下每年的有效年利率为 e^r-1，1 年的终值系数为：$FV_1/PV_0=e^r$。同理易知，1 年的现值系数为 e^{-r}。将上述结论推广至 t 年，则为期 t 年的连续复利终值和现值系数分别为 e^{rt} 和 e^{-rt}。

财务金融研究中通常采用连续复利假设简化模型表达和计算过程，有两方面原因。一方面，如图 2-2 所示，计息次数是否趋于无穷，对于有效年利率的影响是有限的，进而连续复利下的现值系数与终值系数近似于有限计息次数下的现值系数与终值系数，且形式上更为简单。所以即使现实中不需要计算连续复利，基于财务金融理论面向决策应用的特性，采取连续复利的表达也有合理性。另一方面，在现代证券金融市场上，供求可以随时变化，金融产品的买进卖出可以在瞬间完成，连续复利假设并非完全不符合实际。

2.3　价值评估的基本方法

目前主流的评估资产价值的方法有三种，即绝对价值评估、相对价值评估和期权定价方法。其中，绝对价值评估和相对价值评估属于传统的价值评估方法；期权定价方法是 20 世纪 70 年代期权定价技术取得突破之后，新增加的一个绝对价值评估工具。

2.3.1　绝对价值评估

绝对价值评估基于资产未来的风险和收益情况评估资产的价值，是目前主流财务计算技术中经常采用的收益贴现方法，即利用考虑风险确定的贴现率贴现资产的未来收益，计算其价值。

1. 评估思路及其合理性

绝对价值评估是根据资产的基本特征，即未来的风险和收益情况，评估资产的价值。基本思路是通过将资产未来收益或现金流量贴现加总，得到资产的价值。在具体计算过程中，如果未来各年的收益或现金流量相等，则可利用年金现值计算方法得出资产的价值；如果未来各年的收益或现金流量不相等，可以将未来收益或现金流量逐年贴现并加总得出资产价值。

根据价值决定基本公理，正确的价值评估方法和财务决策模型需要综合考虑资产的风险和收益，要能体现出风险、收益与价值的基本关系以及风险与收益的正相关关系。在绝对价值评估中，通过未来收益或现金流量考虑资产收益，通过贴现考虑资产风险，风险、收益与价值的基本关系以及风险与收益正相关关系都可以在公式中具体体现。因此，绝对价值评估在理论上有充分的合理性。

下面应用绝对价值评估方法考虑引导案例中的问题。

（1）年利率为 6%，按半年计息，那么年有效利率 r_1 为：

$$r_1=(1+6\%/2)^2-1=6.09\%$$

小李 4 年后应偿还：

$$FVA=A\frac{(1+r_1)^n-1}{r_1}=7\,500\times\frac{(1+6.09\%)^4-1}{6.09\%}=32\,853.46(\text{元})$$

（2）宽限期内，每年偿还：

$$32\,853.46\times6.09\%=2\,000.78(\text{元})$$

毕业两年后，月还款额为：

$$6\,000\times50\%=3\,000(\text{元})$$

月利率为 r_2，年有效利率为 6.09%，$(1+r_2)^{12}-1=6.09\%$，则 $r_2=0.493\,9\%$。

根据公式 $PVA=A\dfrac{1-1/(1+r)^n}{r}$ 有

$$32\,853.46=3\,000\times\frac{1-1/(1+0.493\,9\%)^{n\times12}}{0.493\,9\%}$$

则 $$n=0.94(\text{年})$$

2. 收益与风险的计量

收益贴现方法或贴现现金流量方法作为绝对价值评估的基本方法或主流方法，而要综合考虑资产的基本特征评估其价值，首先应该合理地计量资产的收益和风险。

（1）收益的计量。在财务管理中，收益是指经营和投资的所得，一般以年为单位进行计量。利润和现金流量是收益的两种具体指标。由于现实中赊销、赊购以及投资收支时间上的差异，两者的数值在短期或各年中通常不相等。一般而言，现金流量有更确切的收支时间，能更准确地衡量企业的现金获利或支付能力，且在计量上避免受到会计政策的扭曲，所以在评估资产和股票价值时更多地使用现金流量作为收益指标。

在投资中，每年的收益一般包括两部分：一部分为持有资产期间的现金流量；另一部分为资本增值，即持有资产期间资产价值的变动，也称为资本利得。资本增值和现金流量既可以用绝对量表示，也可以用相对量表示。相应地，收益也有相对量与绝对量两种表示形式。收益的绝对量即为收益的数额，相对量表示的收益也称为回报率或收益率，指投资或经营所得与初始投资额的比率，常以百分数表示。

$$收益(率)=现金流量(率)+资本增值(率) \tag{2-10}$$

比如债券投资，每年的现金收益为利息以及资本增值收益。股票投资与之类似，每年的现金收益为红利以及资本增值收益。实业投资同样如此，每年除了有当年的盈利，项目或企业本身也会有价值增值。值得注意的是，现金流量为正不能保证最终收益为正，因为资本增值可能为负。

(2) 可能收益与期望收益。财务不同于会计。财务研究决策问题，决策总是面向未来而不是过去。因此，财务中的收益往往指投资或经营的预测收益。虽然财务使用了与会计一样的收益指标，但对财务而言，更有意义的是这些指标在未来的预测值。

预测值在统计中就是未来的期望值，即未来各种可能收益的加权平均值。这样的收益也称为期望收益（expected return）。用公式表示为：

$$E(R)=\sum_{i=1}^{n}P_iR_i \tag{2-11}$$

式中，$E(R)$表示期望收益；R_i表示第i种可能出现的收益值；P_i表示第i种收益值出现的概率；n表示可能出现的收益值的数目。

[例2-3]

考虑根据表2-1中的数据计算股票S和债券V的期望收益。

表2-1　股票S和债券V的年收益率

股票S	年收益率（%）	−30	−15	0	15	30	45	60	75	90
	概率（%）	5	8	12	15	20	15	12	8	5
债券V	年收益率（%）	−10	−5	0	5	10	15	20	25	30
	概率（%）	5	8	12	15	20	15	12	8	5

根据期望收益的公式，股票S的期望收益：

$$\begin{aligned}R_S &= -30\%\times5\%+(-15\%)\times8\%+0\%\times12\%+15\%\times15\% \\ &\quad +30\%\times20\%+45\%\times15\%+60\%\times12\%+75\%\times8\%+90\%\times5\% \\ &=30\%\end{aligned}$$

债券V的期望收益：

$$\begin{aligned}R_V &= -10\%\times5\%+(-5\%)\times8\%+0\%\times12\%+5\%\times15\% \\ &\quad +10\%\times20\%+15\%\times15\%+20\%\times12\%+25\%\times8\%+30\%\times5\% \\ &=10\%\end{aligned}$$

注意，在表 2－1 中，股票 S 和债券 V 各种可能收益发生的概率总和为 100%。也就是说，在计算期望收益时应该考虑所有可能的收益情况及其概率。无论以什么方式估计期望收益，一定要明白，期望收益是未来各种可能收益的加权平均值；过去的“客观数据”不代表未来的“客观预期”。估计期望收益必须充分考虑未来各种可能。

（3）风险的计量。风险通常定义为不确定性，在财务中特指未来收益的不确定性。计量风险就是描述未来收益的不确定性。期望收益是未来各种可能收益值的均值，其他各种可能的收益值分布在均值两侧。可以想象，未来各种可能收益差异越大即越分散，说明风险越大。

统计上运用均值（mean）和标准差（standard deviation）来描述变量的基本特征。在财务中，期望收益是未来各种可能收益的加权平均值，相当于统计上的均值。各种可能收益取值的平均分散程度即风险则可以用标准差来计量，标准差（σ）作为风险指标可以代表未来各种可能收益之间的平均差异，如公式（2－12）所示。

$$\sigma=\sqrt{\sum_{i=1}^{n}P_i\left[R_i-E(R)\right]^2} \tag{2-12}$$

式中，$E(R)$表示期望收益；σ表示未来可能收益的标准差。

标准差越大，说明风险越大。标准差的平方σ^2称为方差（variance）。显然方差也可以计量风险的大小，且在衡量风险时它的功能与标准差完全相同。

［例 2－4］

计算前面表 2－1 中股票 S 和债券 V 收益的标准差并比较它们的风险。

根据公式（2－12），计算收益的标准差首先要求得期望收益（计算过程略）。

根据上面的计算，股票 S 的期望收益为 30%，债券 V 的期望收益为 10%。将表 2－1 中的可能收益和概率数据代入公式（2－12），股票 S 和债券 V 期望收益的标准差分别为：

$$\sigma_S=\sqrt{\sum_{i=1}^{9}P_i\,(R_i-30\%)^2}=31.1\%$$

$$\sigma_V=\sqrt{\sum_{i=1}^{9}P_i\,(R_i-10\%)^2}=8.8\%$$

股票 S 的收益标准差大于债券 V，说明股票 S 的风险大于债券 V。

（4）正态分布与标准正态分布。现实中大部分变量取值都符合或近似符合正态分布（normal distribution）。正态分布即变量的可能值以均值（期望值）为中心分布，在均值两侧取值的概率呈现逐渐递减的对称分布。如图 2－3 所示，横轴表示变量的取值，纵轴表示各个取值的概率，正态分布变量各种可能值对应的概率点连接形成一条钟形曲线。

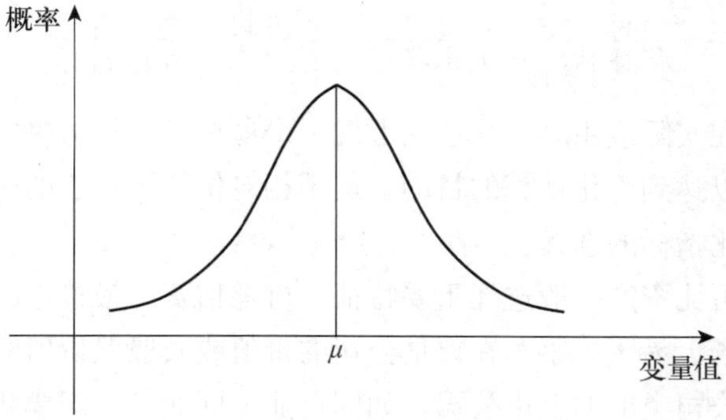

图 2-3　正态分布的均值和标准差

对于连续变量而言，每一具体取值的概率都趋近零。所以，有实际意义的是某一取值范围的概率。在图 2-3 中，取值范围的概率对应的是钟形曲线下该部分的面积。钟形曲线下的面积总和表示变量所有取值的概率和，等于 100%；变量取值大于和小于期望值（μ）的概率各为 50%。正态分布的取值在其期望值左右各 1 个标准差（σ）范围内的概率约为 68.27%；在其期望值左右各 2 个标准差范围内的概率约为 95.45%；在其期望值左右各 3 个标准差范围内的概率约为 99.73%。

当均值为 0、标准差为 1 时，为标准正态分布（normal standard distribution）。现实中大部分服从正态分布的变量有各不相同的均值和标准差，但可以通过标准化来简化概率计算，将自变量值 x 减去均值 μ 后再除以其标准差 σ，得到新变量 z，其分布符合标准正态分布，如此可比照标准正态分布得出变量取值在某一范围的概率。

正态分布中的钟形曲线也称为概率密度函数；自变量某个取值 x 的累积概率是指在 x 以左的钟形曲线下的面积，对应的函数称为累积分布函数，即 $F(x)$。由标准正态分布的基本特征可知，$F(0)=0.5$；$F(x)+F(-x)=1$；当 $x<0$ 时，$0<F(0)<0.5$；当 $x>0$ 时，$0.5<F(0)<1$。

2.3.2　相对价值评估

与绝对价值评估不同，相对价值评估的思路是根据类似或可比资产的市场价格确定目标资产的价值。按照目前主流的方法，相对价值评估基本等同于基于经验比率评估的方法。

1. 评估基本思路

相对价值评估的依据是资产之间应该保持合理的比价关系。其评估基本思路为，在资产之间比价关系合理的情况下，不同资产价值或价格与其重要影响因素的衡量指标之间应该有大致相当的比例。其中，重要因素的衡量指标称为可比指标，最接近的资产则称为可比资产。假设资产之间比价关系合理，则有

$$\frac{\text{待评估资产价值}}{\text{待评估资产可比指标}}=\frac{\text{可比资产价格}}{\text{可比资产可比指标}} \tag{2-13}$$

在实际应用时，往往只考虑一个最重要的价值决定因素和一个最接近的资产，以达到简化计算的目的。运用相对价值评估法的一个关键问题是可比资产与可比指标的选择。

可比资产一般选择重要特征与待评估资产最接近的资产，同时资产的价格在市场上易于观察。在评估公司的价值或其股票价值时，通常选择各方面与待评估公司类似的上市公司，如同行业、同业务、规模相近、性质相同、前景相似的公司。

可比指标往往是除了价值指标外最重要的指标，或者说是有价值决定作用的指标，常用的可比指标包括收益（利润）、资产规模等。行业不同，指标的选取可能不同。

评估比率或评估乘数（multiple）是将“可比资产价格/可比资产可比指标”作为一个比率（ratio）进行估计。相对价值评估中最常见的三个比率或乘数是：市盈率（price earnings ratio，P/E）、市净率（price to book ratio，P/B）和市销率（price to sales ratio，P/S）。在估计这些乘数时，既可以使用总额计算，对应总收益、总净资产和总销售收入，也可使用单位数值，对应每股收益、每股净资产和每股销售收入，如公式（2－14）到公式（2－16）所示。

$$\text{市盈率}=\frac{\text{股票总价值}}{\text{净利润}}=\frac{\text{每股价格}}{\text{每股收益}} \tag{2-14}$$

$$\text{市净率}=\frac{\text{股票总价值}}{\text{净资产}}=\frac{\text{每股价格}}{\text{每股净资产}} \tag{2-15}$$

$$\text{市销率}=\frac{\text{股票总价值}}{\text{销售收入}}=\frac{\text{每股价格}}{\text{每股销售收入}} \tag{2-16}$$

常用 P 代表目前股票价格，E，B，S 分别代表该股票的每股收益、每股净资产（账面价值）和每股销售收入，从而可以用 P/E，P/B，P/S 分别表示市盈率、市净率和市销率。一般情况下，E，B，S 来源于上一年度会计报告的数据。如果 E，B，S 代表预测的下一年度数据，则相应的 P/E，P/B，P/S 分别称为动态市盈率、动态市净率和动态市销率。

2. 常用的比率方法

比率方法简单易懂且计算方便，在公司及其股票价值评估中得到广泛应用，对于不同行业或处于不同周期的公司，应该根据其特点灵活选择最能反映企业价值的比率。市盈率、市净率和市销率是评估股票价值时最常采用的三大比率。

$$P=\text{每股收益}\times\text{市盈率}=E(P/E) \tag{2-17}$$

$$P=\text{每股净资产}\times\text{市净率}=B(P/B) \tag{2-18}$$

$$P=\text{每股销售收入}\times\text{市销率}=S(P/S) \tag{2-19}$$

市盈率在三种比率中的应用最为普遍。其优势在于符合价值决定基本公理，每股收益衡量了股票的收益，市盈率则衡量了股票的收益增长潜力和风险，在理论上具有合理性。市盈率的缺点在于无法应用于波动性较大的行业，因为有些年份的每股收益可能没有代表性，甚至为负值。如果需要在这样的行业中应用，可以用合理化（normalized）每股收益替代实际的每股收益。

市净率能够避免市盈率的缺陷，这是因为与每股收益相比，公司净资产或每股净资产数值更加稳定，不存在出现负值的问题。因此，市净率适用于固定资产规模较大的传统行业的公司股票价值评估。市净率的缺陷在于理论上欠缺合理性，公司的每股账面净资产反映的是公司投资的历史成本，其大小与资产或股票价值之间没有必然联系。

市销率适用于新兴的高科技或网络公司的股票价值评估。这类公司难以应用市盈率和市净率，因为公司资产规模往往很小，而且创业初期以至很长时期都难以实现盈利。在这种情况下退而求其次，通过销售收入来推算公司价值，因为销售收入的大小决定了企业市场份额的大小，也就在某种程度上决定了企业未来发展的潜力，同时销售收入不可能为负值。因此可用销售收入作为可比指标，通过市销率进行评估。

2.3.3 绝对价值评估与相对价值评估的比较

对于价值与价格的不同认知，令两种方法的评估目标、评估思路和评估方法产生差异，最终致使评估结果不同。绝对价值评估认为市场定价存在整体性偏差，因而强调资产定价的正确性，通过在市场之外从资产本质特征上寻找定价依据的方法，得到无泡沫的资产绝对价值；相对价值评估认为市场定价存在正确性，因而强调资产的比价关系要协调，通过从市场上寻找资产定价依据的方法，得到资产相对价值，但难以消除市场泡沫。

绝对价值评估在理论上优于相对价值评估。绝对价值评估符合价值决定公理，能够得出无泡沫的资产绝对价值，是评估资产价值的合理方式。而相对价值评估不深究资产价值决定的根本原因，试图从现象（价格）中寻找价值决定与计量的依据，这种理念和思路不可能揭示作为本质的价值，也不可能找到评估价值的合理方法。相对价值评估只不过是一种简便的操作方法，根据目前或过去的价格评估资产的目前价值，意味着假设市场价格或某种平均价格就是合理的。可是，市场价格本身就是变动不居、多种多样的，在没有新信息的情况下，这意味着市场价格本身就是自相矛盾的；同样，各种平均价格也是相互不同的，从而是自相矛盾的。因此，评估乘数的确定受市场波动的影响，难免主观随意，这就意味着评估过程缺乏科学性，评估结果缺乏精确性。

但是在实践中，相对价值评估简便易行，与绝对价值评估各适用于不同的情况，相互不可替代，各自也没有全面超越对方的绝对优势。

2.4 期权与实物期权

期权是一种衍生金融产品。这种产品的特征较为复杂，直到 20 世纪 70 年代人们才推导建立了其价值计算模型，基本解决了期权价值评估问题。在现实中，某些资产的未来收益具有期权的特征，因而可以并且需要按照期权来评估其价值。

2.4.1 期权的基本概念

早在古希腊时期就有类似期权合约的应用。随着人类历史的发展，期权的应用越来越多。1973 年 4 月，美国芝加哥期权交易所成立并推出标准股票期权，这标志着交易所内挂牌交易的标准化期权的产生。期权交易从此获得飞速发展。

1. 期权与期权头寸

与其他衍生金融产品一样，期权（options）可以看作一种合约，合约买方（又称持有人或受让人）在向卖方（又称义务人）支付一定费用后，就拥有了在规定的时间内按约定的价格向卖方购买或出售一定数量某项资产或商品的权利，但不负有必须执行的义务。在期权合约中，将待购买或出售的资产或商品称为期权的标的物或基础资产。

期权按权利不同分为两种类型：买方期权（call option），即持有人有按约定价格购买的权利，也称为看涨期权，简称买权（call）；卖方期权（put option），即持有人有按约定的价格出售的权利，也称为看跌期权，简称卖权（put）。

买权和卖权本质上是交易形成的权利，投资者既可以买进期权，也可以卖出期权。在持有头寸为零的情况下，买进或持有期权就成为期权的多头方，持有多头头寸；卖出期权就成为期权的空头方，持有空头头寸。由此形成四种基本的期权头寸：多头买权（long call）、多头卖权（long put）、空头买权（short call）、空头卖权（short put）。

就同一种期权而言，多头方和空头方是期权交易的对手方。期权是一种权利与义务绝对不对称的合约。期权的多头方只有权利而没有相应的义务，期权的空头方则只有相应的义务而没有权利。也就是说，无论执行与否，都由多头方根据对自己是否有利做出决定，空头方只有义务被动配合，执行或不执行都是对自己不利的选择。

不过，期权交易仍然是公平交易。为什么空头方会甘愿放弃权利而只承担义务，处于被动地位呢？其实，期权交易不是权利与义务的对等，而是权利与期权费的对等。具体来说，期权多头方通过支付期权费给空头方而获得主动地位；空头方则因为拿到期权费而需要承担义务，处于被动地位。但如果多头方最终不能执行期权，空头方就可以“白赚”期权费。所以，期权是一种各取所需、平等公开的“权钱交易”。

2. 期权的执行与平仓

在有效期内，期权可以执行或平仓。所谓执行，是指在对多头方有利的情况下，按照约定价格买卖相应标的资产，从而与市场价相比可以获得价差收益。所谓平仓，是指持有期权的多头或空头头寸一方做相反的操作，分别卖空和买进相应的期权头寸，将原来持有的期权头寸部分或全部抵消。

从期权执行所受限制的角度看，有两种不同的期权，分别是美式期权和欧式期权。美式期权可以在有效期内任何一天（营业日）执行；欧式期权只能在到期日（最后一个营业日）执行。换句话说，在到期前，美式期权可以执行和平仓，但欧式期权不能执行，如果不想继续持有，只能选择平仓。

3. 期权的内在价值

期权的内在价值是指执行期权可以获得的价值，所以也称为期权的执行价值。在到期之前，如果多头买权的标的资产市场价格（S）低于或等于期权的约定价格（X），则不必执行期权，此时多头买权的内在价值为零；如果标的资产的市场价格（S）高于期权的约定价格（X），则执行期权有利，此时多头买权的内在价值为 $S-X$，即等于标的资产的市场价格与约定价格之差，见图 2-4（a）。

同理，对于多头卖权来说，在到期之前，如果标的资产的市场价格（S）高于或等于约定价格（X），则不必执行期权，此时多头卖权的内在价值为零；如果标的资产的市场价格（S）低于约定价格（X），则执行期权有利，此时多头卖权的内在价值为 $X-S$，即等于市场价格低于约定价格的部分，见图 2-4（b）。

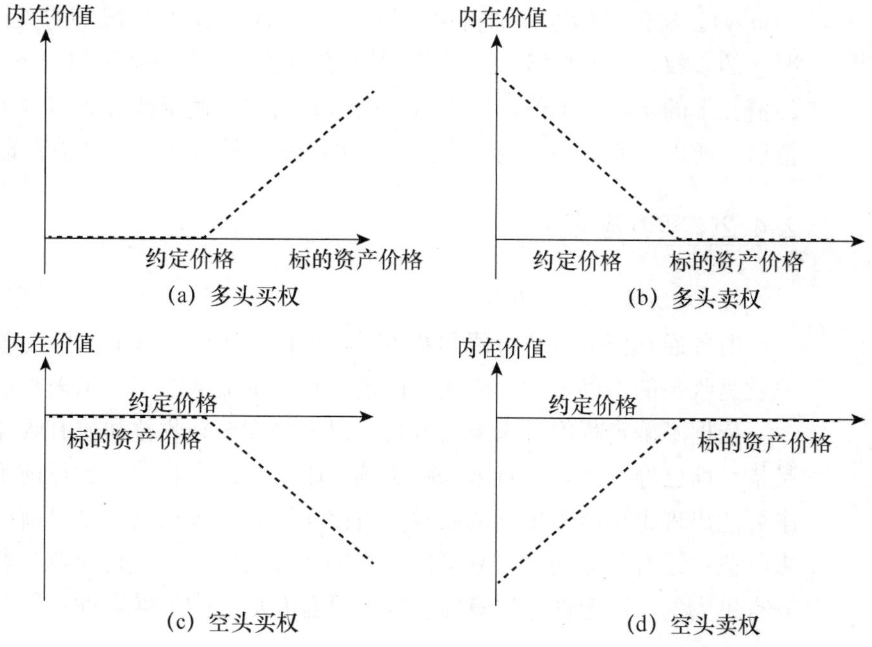

图 2-4　期权内在价值线

买权和卖权的内在价值线与横轴和纵轴的夹角都为45度。不考虑交易费用，证券市场交易不创造价值，是零和游戏，期权交易当然也是如此。[①] 期权交易的多头和空头双方的收益之和为零。换句话说，期权交易的作用是重新划分了交易双方的权利和义务，最终一方所赚就是另一方所赔。所以，根据多头买权和卖权的内在价值线，可以推断和画出对应的空头买权和卖权的内在价值线，如图2-4（c）和（d）所示。

用 c 表示买权，p 表示卖权。多头买权和卖权的内在价值为：

$$c=\max(S-X,0) \tag{2-20}$$

$$p=\max(X-S,0) \tag{2-21}$$

同理，对应的空头买权和卖权的内在价值为：

$$-c=\min(X-S,0) \tag{2-22}$$

$$-p=\min(S-X,0) \tag{2-23}$$

应该注意的是，在通常的理解中，内在价值往往指资产的理论价值，但期权的内在价值含义与此不同。期权的价值不仅包含其内在价值，还包含其时间价值。关于期权的时间价值和期权的价值，读者可结合后面关于期权价值的讲解来理解。

在期权的约定价格 X 一定的情况下，随着标的资产市场价值 S 的变化，期权有时值得执行，有时不值得执行。按照是否值得执行，期权可以分为三种状态，即实值（in the money）、虚值（out of the money）与平值（at the money）。实值是指期权值得执行的状态，对应 $S>X$ 情况下的买权和 $S<X$ 情况下的卖权；虚值是指期权不值得执行的状态，对应 $S<X$ 情况下的买权和 $S>X$ 情况下的卖权；平值则是实值与虚值之间的转换点或分界点，即 $S=X$ 时的情形。所以，实值期权内在价值大于0，虚值和平值期权内在价值等于0。

2.4.2 实物期权

1. *波动收益与或有收益*

财务通常依据资产价值判断盈亏，价值取决于未来的风险与收益，而风险也就是收益的不确定性。因此可以说，资产价值来源于其未来收益。

依据不确定程度，未来的收益可以划分为波动收益和或有收益。波动收益是指目前已经存在，并且未来将延续的收益；或有收益是指目前不存在，在未来可能出现也可能不出现的收益。就公司而言，波动收益是目前已有业务的未来收益；或有收益则是未来可能建立的业务的收益。与目前业务相比，未来业务有更大的不确定性，这意味着或有收益有更大的不确定性；但与此同时，公

① 若考虑交易费用，证券市场交易是负和游戏。

司在是否建立以及开展相应业务方面也有更大的灵活性，这意味着就获得相应收益而言，公司有更多的趋利避害的自由。

评估一项资产或一家企业的价值，不仅要考虑其未来的波动收益，还要考虑其未来的或有收益。以股票价值为例，之所以朝阳行业（如互联网行业）股票的价格会显著高于夕阳行业股票的价格，是因为除了其目前业务收益增长迅速，朝阳行业的企业面临更多拓展新业务的机会，即有更多的或有收益。由此可见，要完整计算一项资产或一家企业的价值，就既要能够计算其目前业务收益的价值，也要能够计算其未来可能业务收益的价值，这两部分价值之和才是相应资产或企业的完整价值。

计算目前业务收益的价值，通常按照未来各年期望收益贴现并加总得到的现值即可，也就是说可以应用上面介绍的贴现计算来完成。但计算未来可能业务收益的价值，却不能简单按照未来各年期望收益贴现加总来完成，因为这些未来收益是或有收益，可能有也可能没有，不能按照“有”来评估其价值。从概念上讲，评估这些未来或有收益的价值，只能应用期权定价方法，按照其“或有”的性质进行计算。

2. 实物期权

期权持有人“可以但不是必须”运用期权合约规定的权利。在现实中，人们会面临各种灵活性、选择余地以及发展机会，类似于处于持有期权情况下“可以但不是必须”的“地位”。借用期权的概念，可以将这些“可以但不是必须”的现实情形也都称为“期权”。为区别于人为设计的期权，通常称这些“天然”存在的期权为实物期权（real option）。这种实物期权在现实中几乎无处不在。除了上面举例的公司未来的业务，现实中许多事物（如公司股权、债务担保等）经过分析都可以发现实际上是某种实物期权。

1977 年，迈尔斯（Stewart Myers）首次提出了实物期权的概念。虽然是一个新词，但作为一种客观事物，实物期权在现实中长期而普遍地存在。在许多财务和金融大师（如默顿等）的研究中，往往没有实物期权这个概念，而直接用期权来指代。过去的文献中有多种实物期权的定义，实物期权的本质就是灵活性（flexibility）。现实中存在的“可以但不是必须”的灵活性以及决策者拥有的选择余地都可以称为实物期权。

在现实生活中，可以按照灵活性来识别实物期权。比如，租赁了店面，可以有开门（营业）或不开门的灵活性；承包了矿山，可以有开采或不开采的灵活性。已经付出的成本可以视作期权费，而选择的灵活性是以期权费为代价获得的权利。按照灵活性理解，证券投资、实业投资、公司融资、日常运营以及商业谈判中都存在多种多样的实物期权。其中，公司实业投资领域的实物期权尤其重要，这也是实物期权研究最为集中的领域。

在金融交易中，权利意味着收益，义务意味着风险。既然期权和实物期权有相同的权利和义务特征，那么必然有相同的收益和风险特征，也就可以按照相同的方法或模型评估、分析它们的价值。所以，学习了期权理论与方法之后，就多了一种"解题"思路与方法。严格地讲，这不是一种可有可无的方法，而是一种不可或缺的方法。虽然我国至今没有大范围推出正式的期权产品，但我国企业决策中同样面临多种多样的实物期权，这正是本章介绍期权定价方法的原因。

传统财务管理遗留下许多问题。比如，如何根据项目风险确定贴现率，如何根据企业风险确定贷款利率，如何根据企业有关情况确定最优债务比率（资本结构）等。为什么这些问题得不到有效的解答和解决呢？一个可能的原因是传统财务管理所依赖的定量方法只有贴现，而贴现方法只能计算资产或企业的部分价值，无法完整地认识和评估资产的价值。这意味着传统财务管理不能有效地发挥其核心功能——价值评估，而许多重要的财务理论和实践问题都与资产价值有关，所以传统财务管理也就不能解答和解决这些问题。沿着这个思路，本书后续章节将尝试应用期权定价方法解答和解决有关财务管理难题。

2.5 期权定价方法

1973 年布莱克-斯科尔斯模型的发表标志着期权定价问题得到基本解决；到 1979 年，又有一种期权定价方法问世，即二项树模型。到现在为止，布莱克-斯科尔斯模型和二项树模型成为计算期权价值的最重要的两种方法。

2.5.1 期权的价值

按照一般的概念，一种资产的内在价值即其合理价值或理论价值。但对期权而言，情况并非如此。期权的价值不同于其内在价值。

只要想一下平值期权的情形就不难理解这个问题。比如，假设有海尔股票的买方期权，约定价格为 10 元，还有 6 个月到期。当海尔股票的市场价格为 10 元时，期权处于平值状态，内在价值为零。但显然，此时期权价值不是零，因为没有人愿意按照零元的价格出售这样的买方期权。该期权的价值只能是一个正数，因为未来海尔股票的价格有超过 10 元的可能性，该期权未来期望收益为正数，期望收益的现值即当前价值当然也为正数。

除了平值状态，不管期权处于虚值状态还是实值状态，只要还没有到期，买方期权的价值总是会高于其内在价值，如图 2－5 所示。同理，在期权到期之前，卖方期权的价值通常也会高于其内在价值。①

① 美式期权会略有不同，这里不展开说明。详见张志强．期权理论与公司理财．北京：华夏出版社，2007（10）．

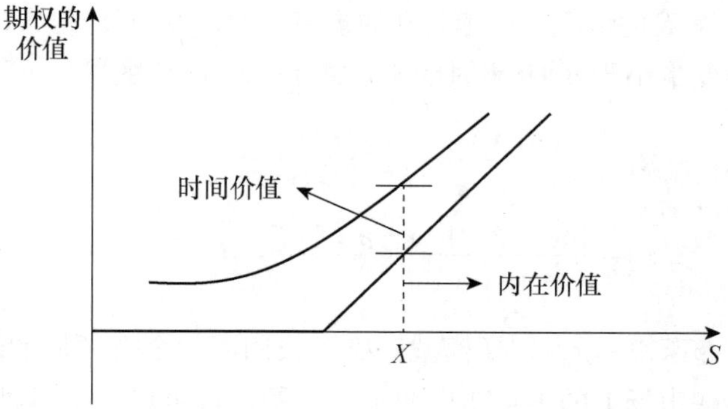

图 2-5　期权的价值＝内在价值＋时间价值

期权的价值之所以会高于内在价值，直接原因是标的资产的价值波动，如上例中的海尔股票，在期权到期之前其价格会有波动，但波动性本身并不单独决定波动的大小。收益或价值的波动幅度是由资产的波动性和时间长度共同决定的。如果上述海尔股票的买方期权已经到期，那么期权的价值也不可能再高于其内在价值。因此，期权价值中高于其内在价值的部分称为期权的时间价值（time value）。

如图 2-5 所示，期权的价值等于其内在价值与时间价值之和。在期权到期之前，如果处于虚值和平值状态，期权的价值只有时间价值；无论期权处于什么状态，期权的价值都大于零。在到期日，期权的价值等于其内在价值，称为执行价值。

2.5.2　布莱克-斯科尔斯模型

期权定价问题是金融领域的高难问题。在数十年中，虽然时常有新的研究发现，但直到 1973 年才有了实质性突破。1973 年 4 月，两位美国金融学家布莱克（Fischer Black）、斯科尔斯（Myron Scholes）发表了他们推导建立的期权定价模型。

该模型后来称为布莱克-斯科尔斯模型（Black-Scholes Model）。几乎在同时，芝加哥期权交易所成立，推出标准股票期权。该模型发表后即被交易所采用作为计算股票期权价值的工具。之后几十年的理论研究和实践应用中没有发现该模型有重要的概念或逻辑缺陷，证明了该模型的可靠性。

布莱克-斯科尔斯模型针对无红利股票的欧式期权评估，考虑了股票当前价值（S）及其波动率（σ）、期权行权价格（X）、行权期限（T）、无风险收益率（r）五大因素。模型形式为：

$$\text{买方期权价值 } c=SN(d_1)-Xe^{-rT}N(d_2) \tag{2-24}$$

$$\text{卖方期权价值 } p=Xe^{-rT}N(-d_2)-SN(-d_1) \tag{2-25}$$

式中，c 和 p 分别代表欧式买方期权和卖方期权的价值；e^{-rT} 是利率为 r、到期

时间为 T 的情况下连续复利的现值系数；$N(d_1)$ 和 $N(d_2)$ 分别表示在正态分布下变量小于 d_1 和 d_2 时的累积概率。d_1 和 d_2 的取值如下：

$$d_1=\frac{\ln(S/X)+(r+\sigma^2/2)T}{\sigma\sqrt{T}} \tag{2-26}$$

$$d_2=\frac{\ln(S/X)+(r-\sigma^2/2)T}{\sigma\sqrt{T}}=d_1-\sigma\sqrt{T} \tag{2-27}$$

布莱克-斯科尔斯模型解决了长期困扰金融领域的难题，不仅可以用于解决金融市场上的正式期权的定价问题，也可以解决各种实物期权的定价问题。期权定价问题的解决是 20 世纪 70 年代以来西方金融领域各种金融创新快速发展的重要推动因素。布莱克-斯科尔斯模型最终获得诺贝尔经济学奖。

采用布莱克-斯科尔斯模型估算期权价值的步骤如下，各个步骤的计算都可以在普通办公软件如 Excel 中实现，不需要特殊的专业软件。

第一步，估计有关参数数据。

第二步，计算 d_1 和 d_2。

第三步，计算 $N(d_1)$ 和 $N(d_2)$。

第四步，评估买方期权或者卖方期权的价值。

[例 2-5]

2015 年 2 月 9 日，中国金融市场将迎来历史上首只场内期权产品上证 50ETF 期权。2015 年 12 月 28 日，小王考虑以 0.027 元的价格购买上证 50ETF 的看涨期权或以 0.28 元的价格购买上证 50ETF 的看跌期权，标的资产 50ETF 当前价格为 $S=2.28$ 元，根据历史数据，股票收益的波动率为 $\sigma=15\%$。买入期权后，小王可在 2016 年 6 月 28 日以 2.55 元购入或卖出 50ETF，无风险利率 $r=5\%$。请问小王应购买看涨期权还是看跌期权？

根据题目，$S=2.28$，$X=2.55$，$\sigma=15\%$，$r=5\%$，$T=0.5$，则有

$$d_1=-0.766\,4,\ N(d_1)=0.221\,7,\ N(-d_1)=0.778\,3$$

$$d_2=-0.872\,5,\ N(d_2)=0.191\,5,\ N(-d_2)=0.808\,5$$

$$e^{-5\%\times 0.5}=0.975\,3$$

$$c=SN(d_1)-Xe^{-rT}N(d_2)=0.029>0.027$$

$$p=Xe^{-rT}N(-d_2)-SN(-d_1)=0.24<0.28$$

因此，小王应购买看涨期权，不应购买看跌期权。

注意，目前有多种现成的软件可以应用布莱克-斯科尔斯模型进行期权价值的计算，借助 Excel 软件中的数学和统计函数不难进行布莱克-斯科尔斯模型的有关计算，自己定义计算过程的好处是可以对具体的期权灵活处理。

布莱克-斯科尔斯模型是迄今为止最简洁的期权价值计算模型。此外，目前也常用二项树模型计算期权价值。设想标的资产价值每经过一期就有上升和

下降两种可能变化，可以构建标的资产价值变化的各种可能轨迹，根据这些轨迹最后的结果可以计算各种可能的期权价值，进而计算期权到期的期望价值以及目前的价值。这就是二项树期权定价模型的基本思路。

二项树模型由考克斯（John C. Cox）、罗斯（Stephen A. Ross）和鲁宾斯坦（Mark Rubinstern）三位美国金融学家于 1979 年研究创立，也称为考克斯-罗斯-鲁宾斯坦模型（Cox-Ross-Rubinstern Model）。二项树模型需要构建标的资产价值的运动过程，在手工计算情况下计算相对烦琐。

思考题

1. 财务学科的本质是什么？财务学科能够解决什么类型的问题？
2. 绝对价值评估和相对价值评估的主要差异是什么？你认为哪种方法更有可行性或更符合价值决定原理？
3. 期权的价值与其内在价值是什么关系，为什么？
4. 什么是实物期权？
5. 试说明折现方法与期权定价方法之间是什么关系。

案例分析

小宋和小赵是大学同学，两人个性相似，都喜欢新事物，且都能独当一面。毕业后两人先后辞去别人看来较为体面的工作，自己创业。但两人选择的业务领域不同，小宋创办的是网络公司，小赵从事的是传统餐饮。几年下来，小宋的公司终于扭亏为盈，小赵的公司则始终盈利且保持 20%的年均利润增长速度。最近小宋和小赵都接触到风险投资。有投资公司愿意投小宋的公司 1 000 万元，占 20%股份；而小赵的公司，同样占 20%股份，投资公司只愿意出 600 万元。小赵有些纳闷，与小宋的公司相比，自己的优势非常明显，过去的利润可观，未来的利润可期，盈利模式清晰，怎么估值就低了一大截呢？

思考：请为小赵答疑解惑。

第3章

债券的价值

[引导案例]

小陈是财务专业的学生，在学习的过程中十分喜欢思考，每节课后会提出很多问题。在大四这一年，小陈准备参加注册会计师考试，为此做了大量的习题。他搞清楚了一些问题，却发现不明白的问题越来越多。比如，为什么债券会有折价和溢价？为什么随着到期时间的临近，折价和溢价债券都会趋近面值？

思考：请认真学习和理解本章内容并解答小陈的疑惑。

价值评估是财务理论的核心功能和本质追求，目前财务管理学科已经建立了债券、股票、期权等各种资产的价值评估模型，其中不附带期权的普通债券是最典型、最基本的金融资产。因此，债券价值往往是讨论资产价值问题的起点。

3.1 基本评估公式

债券是国家或地区政府、金融机构、企业等机构直接向社会借债筹措资金时，向投资者发行并承诺按约定利率支付利息、偿还本金的债权、债务凭证。

债券可以从不同角度分类。比如，按发行主体不同可以分为政府债券、金融债券、公司（企业）债券；按是否有财产担保可以分为抵押债券和信用债券；按形态不同可以分为实物债券、凭证式债券、记账式债券；按利息计算方式的不同可以分为零息债券、定息债券和浮息债券。

此外，各种类型的普通债券都可附带某种特殊条款从而具有期权特征，如可赎回债券、可退还债券、可转换债券等。

3.1.1 债券的基本要素

债券的价值由其收益和风险决定。

金融资产的未来收益由持有期间的现金流量和价值增值组成。债券作为金融资产，其未来收益包括持有期间的利息和到期价值（本金或面值）。显然，债券的收益由债券的面值、利率、付息频率决定，风险由债券的期限、投资者期望收益率决定。

因此，债券面值、票面利率、债券期限和付息频率都属于债券的基本要素。

1. 债券面值

债券面值，又称债券的票面价值，常用 M 表示。债券面值既是发行方承诺在债券到期时对债券持有人偿还的本金数额，又是发行方向债券持有人按期支付利息的计算依据。一般而言，债券的价值或价格不同于债券的面值，但债券面值越大，债券的价值也就越大。

2. 票面利率

债券的票面利率是发行方承诺在债券有效期内每年支付债券持有人利息的计算标准，一般用 r 表示，每年利息 $I=Mr$。在其他条件相同的情况下，债券的票面利率越高，则债券的价值越大。

3. 债券期限

债券期限是指发行方偿还债券本金的期限，又称债券的有效期，一般用 n 表示。其中包含两层含义：一是债券发行日至到期日之间的时间间隔；二是从目前到债券到期日之间的时间间隔。计算某一债券价值时，考虑的债券期限是指第二个含义的期限，显然，这个期限会随着时间的推移而逐渐缩短。

4. 付息频率

债券的付息频率是指债券利息的每年支付次数。债券利息可以到期一次支付，也可以每年、每半年或者每季度支付一次。票面利率规定了债券每年获得利息的数额，在票面利率一定也就是每年获得的利息数额一定的情况下，受货币时间价值的影响，付息频率会直接影响债券投资者的实际收益，因而也会影响债券的价值。

与付息频率相关的概念是付息周期，即两次付息之间的时间间隔。在不特别说明的情况下，财务计算的时间单位都是年。因此，付息周期（年）=1/付息频率。

3.1.2 债券价值的基本评估公式

评估债券的价值，首先要明确债券各基本要素的取值，其次要估计和确定合适的债券贴现率。债券贴现率是指市场或投资者对该债券的要求收益率，是所有投资人对该债券的平均要求收益率，受市场因素和该债券风险的影响，与特定个体投资者的收益要求无关。

债券价值评估的基本思路是贴现并加总未来的收益。由于债券的未来收益是在债券发行之初就确定的，因此，特别适宜采用绝对价值评估方法评估价值，即将未来各年的利息以及最终的本金贴现并加总。

以 M 表示债券到期归还的本金，即债券的面值，以 k 表示要求收益率，I 表示每期的利息，n 表示债券期限，则债券的价值或合理价格 B 为：

$$B=\sum_{t=1}^{n}\frac{I}{(1+k)^{t}}+\frac{M}{(1+k)^{n}} \tag{3-1}$$

[例 3-1]

某公司发行债券 B，面值 100 元，期限 10 年，按年支付利息。市场对该债券的要求收益率为 6%（与该公司和该债券风险相匹配）。当该债券票面利率分别为 3%，6%，9%时，其市场价值或合理价格应该为多少？

（1）当债券票面利率为 3%时，债券每年利息为 3 元，则

$$B=\sum_{t=1}^{10}\frac{3}{(1+6\%)^{t}}+\frac{100}{(1+6\%)^{10}}=22.08+55.84=77.92(\text{元})$$

（2）当债券票面利率为 6%时，债券每年利息为 6 元，则

$$B=\sum_{t=1}^{10}\frac{6}{(1+6\%)^{t}}+\frac{100}{(1+6\%)^{10}}=44.16+55.84=100.00(\text{元})$$

（3）当债券票面利率为 9%时，债券每年利息为 9 元，则

$$B=\sum_{t=1}^{10}\frac{9}{(1+6\%)^{t}}+\frac{100}{(1+6\%)^{10}}=66.24+55.84=122.08(\text{元})$$

在其他条件相同的情况下，债券票面利率为 3%，6%，9%时，债券的价值或合理价格分别为 77.92 元、100.00 元、122.08 元，可以看出，债券票面利率与债券价值正相关。

债券的市场价值或合理价格往往不等于其面值，由本题的解答可以看出，一年付息一次时，只有票面利率等于要求收益率时，债券价格等于其面值，这种情况称为平价；当票面利率大于要求收益率时，债券价格大于其面值，这种情况称为溢价；当票面利率小于要求收益率时，债券价格小于其面值，这种情况称为折价。

3.1.3 债券的投资收益及其影响因素

与投资其他资产一样，投资债券将获得两种收益：一种收益是持有债券期间的现金收益，即利息收入；另一种收益是债券本身的价值增值，即买卖价

差。当然，前一种收益往往大于或等于零，后一种收益则可能大于也可能小于零。

1. 票面利率与债券投资收益

通过例3-1知道，在其他因素相同时，债券票面利率与其价值或价格成正比，那么债券票面利率与债券投资收益是否正向相关呢？

其他情况不变时，债券票面利率越高，一方面债券利息收益会越高，另一方面债券价值（投资者支付的债券价格）也会越高，其资本增值收益则相应减少。由于债券票面利率变化使其利息收益与资本增值收益呈反方向变动，很难看出债券投资总收益的变动方向。

零息债券是一个极端的例子。零息债券的利率为零，即债券投资者在债券到期前各年所获得的利息收益为零。但债券的投资收益显然不为零，因为零息债券是以折价发行的，投资者以低于面值的价格购买债券，从而以资本增值的形式获得投资收益。

2. 贴现率与债券投资收益

假设债券的价格等于其价值，则债券基本评估公式中的贴现率（即市场要求的收益率）也是持有债券到期时所能获得的收益率，称为到期收益率，即在债券发行方不出现破产违约的情况下，投资者持有债券到期所能获得的年均收益率。这个到期收益率由债券的面值、票面利率、到期期限和市场价格决定。相应地，当前收益率指的是利息收益率，是利息与债券价格的比率（不同于票面利率）。

理论上，当面向未来进行债券投资决策时，应该以债券持有期间的期望收益率或预期收益率作为决策依据。但是，由于投资者持有债券的时间无法事先估计，而且主观估计持有期会有计算到期价值（卖价）的麻烦，因此，事先计算的期望收益率往往按照持有债券到期的收益率计算。

3. 影响债券投资收益的因素

债券投资收益的波动主要受市场因素和特定债券的违约风险两方面的影响。

在市场的各种因素中，最为常见和普遍的影响因素是市场利率。市场利率是各种债务类证券投资收益的综合反映，由于各种备选证券之间有较强的相互替代性，债券投资者的要求收益率会与市场利率发生同方向的同步变动。由于各种市场因素影响到市场利率的变动，投资者的要求收益率随着市场利率每天都在变动。

违约风险又称信用风险，在这里是指债券发行人在债券期限内无法按时还本付息而使投资者遭受损失的风险。与公司债券相比，政府债券通常被认为没有违约风险。

市场因素影响所有债券，不仅包括高风险的垃圾债券、次级债等，也包括低风险的政府债券。政府债券虽然称为无风险债券，但并不意味着风险为零。

“无风险”指的是与公司债券等高风险债券相比，政府债券不存在违约风险。因此，无风险收益率可以反映由市场上相关因素变动引起的市场利率风险和再投资收益风险等。

在许多财务和金融的价值计算中，无风险收益率或无风险利率是必备的基准数据，因为在计算任何证券或资产价值时，贴现率或投资者要求收益率都等于无风险利率再加上相应的风险补偿率。无风险利率中“无风险”的含义与前面的说明相同，即指无（还本付息方面的）违约风险，通常根据政府债券的到期收益率（注意不是票面利率）估算无风险利率。风险补偿率则根据需要补偿的风险确定（按不同行业和特定企业确定）。比如，公司股权需要补偿的是股权收益的风险，公司债券需要补偿的是该债券的违约风险。

3.2 债券价值的变动特征

公式（3－1）是债券价值评估的基本公式，针对一年付息一次的债券。请注意，由于债券利息是一年付一次，在运用公式时 t 和 n 都必须取整数。在 t 和 n 取整数的情况下，公式（3－1）计算的债券价值都是刚刚发放完一次利息，离下次利息发放还有一整年时的价值，即计算的是债券每年年初的价值。

通过公式（3－1）的计算和更深入的分析，可以看出债券价值随时间变动的一些特征。

3.2.1 债券在每年年初的价值变动

在例 3－1 的基础上，假定投资者要求收益率保持不变，应用公式（3－1）可以连续计算出三种票面利率的债券在发行后各年年初的价值，如表 3－1 和图 3－1 所示。

表 3－1　　债券价值的变动趋势　　单位：元

时间 t（年）	期限 n（年）	折价（3%）	平价（6%）	溢价（9%）
0	10	77.92	100.00	122.08
1	9	79.59	100.00	120.41
2	8	81.37	100.00	118.63
3	7	83.25	100.00	116.75
4	6	85.25	100.00	114.75
5	5	87.36	100.00	112.64
6	4	89.60	100.00	110.40
7	3	91.98	100.00	108.02
8	2	94.50	100.00	105.50
9	1	97.17	100.00	102.83
10	0	100.00	100.00	100.00

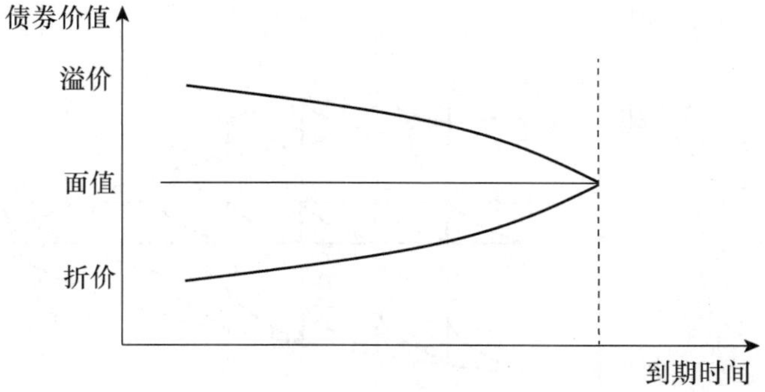

图 3-1 债券价值的变动趋势

图 3-1 是根据表 3-1 的数据连线绘制出来的，反映相同的债券价值变动特征。从表 3-1 和图 3-1 中都可以看出，债券价值变动有两个特征：

第一，随着到期时间的临近，无论是折价发行还是溢价发行，债券的价值总是趋近于面值，这是债券价值变动的趋势特征。为什么会有这种趋势特征呢？从某个角度讲，债券价值之所以不同于面值，是因为利息的影响。随着到期时间的临近，剩余的利息次数越来越少，利息对债券价值的影响越来越小；同时，离到期日越近则贴现的影响也越小。因而面值（本金）逐渐成为决定债券价值的主要甚至全部因素，债券价值趋近并最终等于面值。

第二，在表 3-1 和图 3-1 中，债券价值呈现单调或平滑变动的特征。这需要一个必要条件，即假定投资者要求收益率保持不变。表 3-1 和图 3-1 中都是以不变的贴现率进行计算的。在实际中，市场中各种因素变动会引起市场利率的变动，从而引起投资者要求收益率的变动，因此债券价格也会随着时间的推移而有升有跌。当然，从大趋势来看，临近到期日债券价值仍然会趋近于面值。

3.2.2 债券两次计息之间的价值变动

现在仍然有一个问题：如果投资者要求收益率始终保持不变，从所有的时间点来看，债券的价值会平滑地趋近于面值吗？

表 3-1 和图 3-1 反映的都是各年年初的债券价值情况，即刚刚发过一次利息，而下次利息还要等一年才发放。在等待下次利息发放的过程中，债券价值中包含的应付利息会越来越多。因此，无论是折价、平价还是溢价债券，其价值都会在两次付息之间呈现出逐渐上升的过程。到下次利息该发未发时，应付利息达到最多，债券价值也达到该付息周期的峰值；而当该期利息刚刚发放之时，应付利息最少，即为零，债券价值则跌到这个付息周期的最低值。所以，假定投资者要求收益率保持不变，债券的价格将按照“锯齿”形路径趋近于面值，如图 3-2 所示。

在图 3-2 中，$t-1$，t，$t+1$，$t+2$ 等代表各次利息的到期时点。两次利

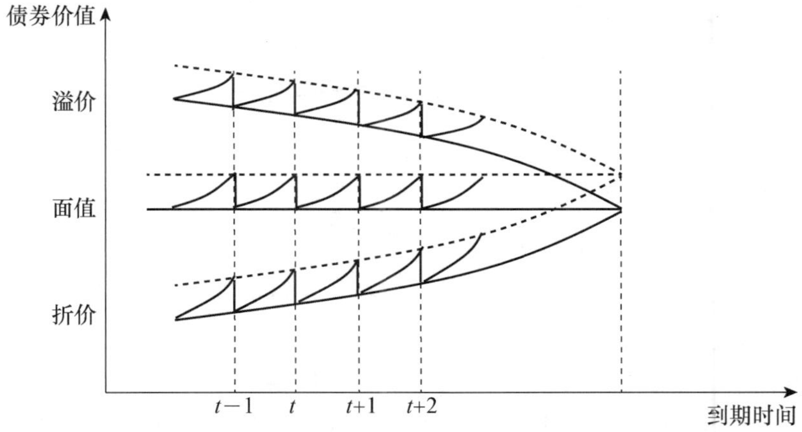

图 3-2　投资者要求收益率不变情况下债券价值的变动

息发放之间，无论债券处于溢价、平价还是折价的情况，其价值都呈上升趋势；在每次利息到期的时点，债券价值都按利息数额的大小直线下降。

图 3-1 和图 3-2 中平滑的曲线是债券价值的下限，描述的是刚刚发放完一次利息时债券价值的变动。图 3-2 中的虚线是债券价值的上限，描述各次利息将发未发时债券的价值及其变动趋势，正好等于图 3-1 所示的刚刚发放完一次利息后债券的价值加上一次利息的数额。在两次利息之间，债券价值（总价）会在这个上限和下限之间随着时间的推移而上升。

3.3　付息频率与债券价值

常见的债券付息频率有季度付息、半年付息、每年付息和到期还本付息等不同方式，零息债券在某种意义上相当于到期还本付息。前面讨论了每年付息一次的债券价值，本节进一步考虑一年付息多次的债券价值。

3.3.1　目前的评估模型

按照惯例，在债券一年多次付息的情况下，各次利息发放的数额和时间间隔都相等。这一惯例除了便于利息发放的操作，还便于推导出考虑付息频率的债券评估模型。

按照目前流行的估值计算方法，在一年付息两次的情况下应该调整公式（3-1），将每年利息除以 2 得出每半年即每期利息，同时将年要求收益率除以 2 得出每半年的要求收益率即每期贴现率，将到期年数乘以 2 得出债券到期的半年数即期数。依此类推，在一年付息 m 次的情况下，则将每年利息除以 m 得出每期利息，同时将年要求收益率除以 m 得出每期贴现率，将到期年数乘以 m 得出债券到期的期数。调整公式（3-1）后，债券价值评估模型变为：

$$B=\sum_{t=1}^{mn}\frac{I/m}{(1+k/m)^{t}}+\frac{M}{(1+k/m)^{mn}} \tag{3-2}$$

[例 3－2]

沿用例 3－1 中的债券，假定投资者要求收益率为 6%，其他条件不变，付息频率由一年一次改为一年两次。在票面利率分别为 3%，6%和 9%的情况下，当前及未来各期价值分别为多少？如果改为一年付息四次，当前及未来各期价值分别为多少？

根据公式（3－2），按照 6%的贴现率，分别列表 3－2、表 3－3 和表 3－4 计算 3%，6%和 9%票面利率债券在按年、按半年和按季付息情况下的价值及其变动。

表 3－2　　债券在各年年初的价值（票面利率 3%）　　单位：元

时间（年末）	到期（年）	付息频率		
		1 次/年	2 次/年	4 次/年
0	10	77.92	77.68	77.56
1	9	79.59	79.37	79.25
2	8	81.37	81.16	81.05
3	7	83.25	83.06	82.95
4	6	85.25	85.07	84.98
5	5	87.36	87.20	87.12
6	4	89.60	89.47	89.40
7	3	91.98	91.87	91.82
8	2	94.50	94.42	94.39
9	1	97.17	97.13	97.11
10	0	100.00	100.00	100.00

表 3－3　　债券在各年年初的价值（票面利率 6%）　　单位：元

时间（年末）	到期（年）	付息频率		
		1 次/年	2 次/年	4 次/年
0	10	100.00	100.00	100.00
1	9	100.00	100.00	100.00
2	8	100.00	100.00	100.00
3	7	100.00	100.00	100.00
4	6	100.00	100.00	100.00
5	5	100.00	100.00	100.00
6	4	100.00	100.00	100.00
7	3	100.00	100.00	100.00
8	2	100.00	100.00	100.00
9	1	100.00	100.00	100.00
10	0	100.00	100.00	100.00

表 3-4　　债券在各年年初的价值（票面利率 9%）　　单位：元

时间（年末）	到期（年）	付息频率		
		1 次/年	2 次/年	4 次/年
0	10	122.08	122.32	122.44
1	9	120.41	120.63	120.75
2	8	118.63	118.84	118.95
3	7	116.75	116.94	117.05
4	6	114.75	114.93	115.02
5	5	112.64	112.80	112.88
6	4	110.40	110.53	110.60
7	3	108.02	108.13	108.18
8	2	105.50	105.58	105.61
9	1	102.83	102.87	102.89
10	0	100.00	100.00	100.00

3.3.2 模型存在的问题

表 3-2 表明，处于折价状态的债券，其价值会随着付息频率的增加而下降；表 3-3 显示，平价的债券增加付息频率后仍然保持平价不变；只有表 3-4 显示，处于溢价状态的债券，其价值会随着付息频率的增加而增加。

然而，债券付息频率由一年一次改为一年两次或多次，意味着一年中利息总额不变的情况下，有一半或更多的利息提前发放，这会使债券的实际利息收益增加，有利于投资者。由此可以判断，随着付息频率的增加，债券在市场上的吸引力将增加，债券价值和价格将会随之上升。

表 3-2、表 3-3 和表 3-4 的计算结果有问题，意味着公式（3-2）有问题或可能不正确。虽然表 3-4 的结果显示，处于溢价状态的债券的价值会随付息频率的增加而增加，但具体的计算结果未必正确，因为表 3-4 也是运用公式（3-2）计算的。

公式（3-2）有什么问题呢?

就利息贴现而言，当其他条件不变而付息频率增加时，投资者的年要求收益率应该保持不变。但公式（3-2）将每期要求收益率定义为年要求收益率除以付息频率，即 k/m。这就意味着年有效要求收益率为 $(1+k/m)^m-1$，这就不是原来投资者的要求收益率 k 了。容易证明 $(1+k/m)^m-1$ 大于 k，所以公式（3-2）错误地提高了投资者的年有效要求收益率，即提高了贴现率，从而减少了利息和本金的现值。显然，公式（3-2）中的本金现值 $M/(1+k/m)^{mn}$ 不同于原来公式（3-1）中的 $M/(1+k)^n$。容易证明，$M/(1+k/m)^{mn}$ 小于 $M/(1+k)^n$。

综上所述，错误地定义每期贴现率相当于提高了投资者的要求收益率，导致低估债券各期利息的现值和到期本金的现值，从而低估了债券的价值。流行公式的错误造成了折价债券的低估，必然也会造成平价和溢价债券的低估，只不过在没有正确标准比对的情况下，从表3-4中不容易看出来。

公式（3-2）的错误在绝对数额上并不大，类似于表3-2。但请注意，这里数额的大小并不说明错误的大小，关键是方向上的错误，也就是说，本来价值应该增加，计算结果却是价值减少了。这种方向性错误意味着建立评估模型时的基本逻辑出了差错，将引起人们概念和思想上的混乱。

基本逻辑的错误必然会导致计算结果的错误，从而造成投资决策失误和重大损失。例如，票面利率为3%的债券，在其他因素没有变化的情况下，由每年付息一次改为每半年付息一次或每季度付息一次，债券价值理应增加。如果该债券的市场价格保持77.92元不变，则意味着该债券被低估，应该买进。然而，如果根据公式（3-2）的评估结果，评估价值为77.68元或77.56元，则说明该债券被高估，应该卖出。

值得注意的是，公式（3-2）在各种流行财务和金融以及投资类教材中长期使用，还被许多财经软件和网站内置到债券价值计算器中。

3.3.3 正确的评估模型

既然目前流行的模型（公式（3-2））存在问题，就应该更正错误，推出、应用、传播概念和逻辑都正确的评估模型。但由于种种原因，正确的评估模型在理论和实务领域并没有成为主流，这里也就不作介绍。①

3.4 应计利息与债券价值

运用上节的债券价值评估通用模型可以计算出债券每期期初的价值，但这显然不够。就现实中债券投资的决策而言，由于交易所在每个交易日的交易时间进行连续报价，相应地，投资者也需要随时评估债券的价值，以判断债券价值是否高估或低估进而做出投资决策。所以，有必要探讨如何评估任意交易时点的债券价值。

在第2节探讨债券价值变动特征时，已经知道在两次利息发放之间，债券价值中包含的应付利息逐渐上升，直到下次利息该发未发之时，应付利息达到一次利息的数额。因此，要解决任意交易时点的债券价值评估问题，需要进一步考虑应计利息的影响。

---

① 可参考张志强. 高级财务：理论创新与决策应用. 北京：北京大学出版社，2012。

3.4.1 债券的计价方式

债券的计价方式有总价和净价两种，两者的区别在于总价中包含应计利息，而净价中不包含应计利息。总价、净价与应计利息的关系可以表示为：

净价=总价一应计利息 (3-3)

在当前国际债券市场上，多数国家采用净价报价的方式，少数国家采用总价报价的方式。其实，不论采用净价报价还是采用总价报价，都不影响债券的实际交易价格。在采用净价报价的情况下，债券持有期的应计利息不计入报价和成交价格，但在进行债券现券交易清算时，买方除了向卖方支付按净价计算的成交价款，还要向卖方支付应计利息。

1981年，我国恢复国债发行，当时绝大部分债券的报价和转让都以总价方式进行，后来逐渐向国际惯例靠拢。到目前为止，大部分国债、公司债都已经采用净价报价。报价系统和行情发布系统同时显示债券成交价格（净价）和应计利息，采用两项之和作为债券买卖价格（总价）进行结算。

3.4.2 应计利息与债券价值

应计利息是指从上次付息日到交易日（买卖日）的债券利息，通常是基于面值利率按卖出方在本付息期内持有的天数计算。可以理解为，从上次付息日到交易日，债券由卖方持有，即占用卖方的资金，因此，应计利息应该归卖方享有，或者应计利息应该作为买方支付的债券价款的一部分。

针对一年付息一次的债券，应计利息（即卖方应得的利息）可以根据财政部、中国人民银行、中国证券监督管理委员会《关于试行国债净价交易有关事宜的通知》的规定计算：

应计利息=票面利率÷365×已计息天数×债券面值 (3-4)

式中，债券面值在我国一般为100元；票面利率的取值应考虑债券的种类，固定利率债券的票面利率是发行时的票面利率，浮动利率债券的票面利率是本付息期计息利率；一年天数按365天计算，闰年2月29日不计算利息；已计息天数是指起息日至交割当日的实际日历天数。

[例3-3]

某投资者打算在2015年9月28日购入某公司债券。已知该债券面值100元，期限为10年（2011年1月1日至2020年12月31日），票面利率为5.76%，每年（12月31日）付息一次，投资者要求收益率为5%。交易时合理的净价和总价分别是多少？

（1）计算净价。

到2015年9月，该债券还剩余5次利息。

每年利息为：

$$100\times5.76\%=5.76(\text{元})$$

债券的净价为：

$$B=\sum_{t=1}^{5}\frac{5.76}{(1+5\%)^t}+\frac{100}{(1+5\%)^5}=103.29(\text{元})$$

（2）计算应计利息。

到2015年9月28日，该年中已计利息天数为270天。

$$\text{应计利息}=5.76\%\div365\times270\times100=4.26(\text{元})$$

（3）计算总价。

$$\text{总价}=103.29+4.26=107.55(\text{元})$$

3.5 债券风险与特殊条款

在目前的债券市场上，除了普通债券，许多债券的设计都纳入了一些特殊条款，目的是重新划分债券发行方与投资者之间的风险，使债券的风险（以及收益）特征更适合某些投资和融资要求。比如我国证券市场上的可转换债券就属于这种较为复杂的债券。本节讨论这些特殊条款及其对债券价值的影响。

3.5.1 债券的风险

财务和金融中的风险往往是指收益（或成本）的不确定性，或者收益（或成本）方面损失的可能性。从基本意义上讲，债券对于发行方和投资方都有一定的风险。

从投资者角度看，投资债券面临的风险主要有流动性风险、通货膨胀风险、市场利率风险、再投资收益风险和违约风险几种类型。

（1）流动性风险。又称变现能力风险，是指债券不能及时、足额按照合理的价格出售或变现而形成的风险。如果能够按市价迅速而大量地出售，则说明债券的流动性好，流动性风险较小；反之，如果很难按市价迅速而大量地出售，则说明债券的流动性差，流动性风险较大。一般来说，政府债券以及一些著名的大公司债券的流动性风险较小，小公司特别是地位和业务不稳定的公司发行的债券（也称为垃圾债券）流动性风险较大。

（2）通货膨胀风险。又称购买力风险，是指由于通货膨胀而使债券的利息和本金收益或出售所得的现金购买力减少，从而使投资者的实际收益低于名义收益的风险。这种风险是所有债权类投资都具有的，因为在通货膨胀情况下，货币的购买力下降，而债券承诺付给投资者的利息和本金都是事先约定好的固定金额，这些本息不会因通货膨胀而有所增加，其结果是投资者从债券中得到的货币收益的实际购买力下降。

（3）市场利率风险。是指市场利率波动引起债券价值变化的风险。由于债券的利息和本金都是事先约定好的固定金额，市场利率波动将引起债券价值即投资者财富的反向变动，因此市场利率风险主要是市场利率上升所引起的债券价值下降的风险。市场利率风险的重要影响因素是债券剩余期限即到期时间的长短。根据债券价值模型可以推知，针对一定的利率变动（上升），到期时间越长，债券价值越敏感，利率风险就越大。

在债券投资领域，债券剩余期限一般通过久期（duration）进行精确衡量。比如，零息债券的久期等于到期时间，有息债券的久期短于到期时间。同理，在相同（名义）期限的情况下，高息债券的久期短于低息债券的久期，高息债券的市场利率风险也小于低息债券。

（4）再投资收益风险。是指债券利息和本金收入再投资后的收益率变化的风险。影响再投资收益率变化的一个主要因素是市场利率的变化，所以，再投资收益风险主要是指市场利率下降造成再投资收益率下降的风险。期限（久期）越短的债券，越面临大量收入再投资的问题，因而再投资收益风险越大。因此，有息债券的再投资收益风险大于无息债券。同理，在（名义）期限一定的情况下，发行方可以（而不是必须）提前赎回的债券久期短且不确定，对发行方更为有利，但会增大债券的再投资收益风险。

（5）违约风险。也称信用风险，是指债券发行方不能如期足额支付债券本息的风险。在债券许诺的票面利率、到期期限、流动性以及通货膨胀风险都相同的情况下，如果债券的违约风险增加，债券的价格将下降，而到期收益率将增加。一般而言，政府掌握本国货币的发行权，与公司发行的债券相比，政府债券通常被认为没有违约风险。政府债券因此称为无风险证券或无风险债券，政府债券的（到期）收益率称为无风险利率或无风险收益率。这里的“无风险”指的都是无违约风险。投资政府债券同样是有风险的，包括流动性风险、通货膨胀风险、市场利率风险、再投资收益风险等。

尽管债券发行方的风险是重要的投资决策信息，但是投资者包括机构投资者对债券发行方的风险无法详尽掌握，更无法准确预测。在这种情况下，市场上出现了专门研究债券发行方风险的评价机构，这就是债券评级机构。债券评级是一种人为的评价，只有那些规模大、影响大的权威评级机构的评级结果才会被人们相信。目前国际上最著名的穆迪公司和标准普尔公司均建立了自己的评估系统，它们制定的等级标准也被世界各国的评级机构采用。债券评级主要是针对债券的信用或违约风险进行评级。

3.5.2　债券的特殊条款

债券设计中加入的特殊条款包括偿债基金计划、(发行方) 赎回条款、(投资方) 可退还条款、(投资方) 可转换条款等。这些条款有利于满足发行方和投资方各自的特定要求，同时也会影响债券的收益和风险，进而影响债券的价值和价格。

1. 偿债基金计划

偿债基金计划是指在债券到期之前，发行公司必须定期回购一定比例的债券，以减少债券投资人的风险。比如，公司发行 8 000 万份债券，期限为 8 年。按照偿债基金计划，公司每年要安排资金回购 1 000 万份债券。

对于公司而言，偿债基金计划增大了公司每期还款的压力，但是由于逐年回购，待偿本金逐年递减，最终减小了发行公司一次性偿还债券即债务本金的压力；对于投资者而言，由于提前收回了部分本金，显然债券的风险降低了。

2. 赎回条款

赎回条款规定，在债券到期之前，发行公司可以 (但不是必须) 按照约定的价格赎回全部或部分债券，这就给予发行公司一定的灵活性。

在债券发行之初，由于票面价值、期限、票面利率已定，发行价格和投资者的要求收益率或债券的到期收益率是可以确定和计算的。投资者的要求收益率受多种因素影响，其中最主要的就是市场利率。当市场利率下降时，投资者的再投资风险增加。

在没有赎回条款的情况下，债券发行后，如果市场利率下降，投资者的要求收益率相应下降，由于发行公司承担的资本成本在发行债券之初已经确定，因此发行公司仍然承担原来较高的资本成本，持有债券的投资者获得的收益高于目前市场的要求收益率。也就是说，此时市场利率下降的风险完全由发行公司承担。

赎回条款赋予发行公司提前还款的权利。如果债券附有赎回条款，那么在市场利率下降时，公司会将已发行债券以约定价格一次性赎回，并按照低利率发行新的债券，以降低资本成本。当然，对于债券持有者而言，由于发行公司赎回债券，他们需要在市场上寻找新的投资机会，会导致再投资收益下降。可以看出，赎回条款降低了发行公司承担的市场利率下降风险，同时将风险转移到投资者身上，增大了投资者的再投资风险。

因此，赎回条款有助于公司在未来把握降低资本成本的机会。

3. 可转换条款

可转换条款规定，在债券到期之前，投资者可以 (但不是必须) 将手中的债券按照一定的比例转换为债券发行公司的股票（通常为普通股股票）。由于可转换债券具有债务和权益的双重属性，因此往往被看作一种混合性筹资方式。《中华人民共和国公司法》规定，我国公司发行可转换债券应由国务院证券管理部门批准，发行公司应同时具备发行公司债券和发行股票的条件。

对于投资者而言，在不太清楚发行公司的发展潜力及前景时，可先投资于这种债券。等到发行公司业绩显著，经营前景乐观，股票看涨时，可进行转换，受益于公司的发展；如果发行公司的股价没能上升，即使放弃转换权利，投资者仍能得到利息收益。这种可以但不是必须转换的权利给了投资者一定的灵活性，有利于保护投资者的利益。因而，可转换债券一般利率较低，但依然可以吸引投资者认购。

对于发行公司而言，由于可转换债券利率较低，若将来投资者不实施转换，则发行公司达到了低成本筹资的目的；若将来投资者实施转换，则发行公司以低的发行成本获得了股权资本，同时降低了公司的债务比率，改善了公司的资本结构。由于这种两全其美的特征，有融资需要的公司也愿意发行可转换债券。

3.5.3 可转换债券的价值

1. 可转换债券的特征

可转换债券往往既有转换条款，也有赎回条款。转换条款是给投资者将债券转换为股票的权利，赎回条款是给发行公司提前还款的权利。两种条款仅规定了投资者和发行人的权利，而不附带相应的义务。根据期权的概念，转换条款属于投资者的权利，赎回条款属于发行公司的权利。所以，可转换债券是一种包含多个期权的复杂债券。

为什么要同时设置这样两个条款呢?

如前所述，对于发行公司而言，发行可转换债券融资可以两全其美。如果投资者行使转换的权利，公司的债务转化为股权资本，减轻了公司偿还债券本息的压力，也将美化公司的资本结构和财务报表；如果投资者放弃转换的权利，发行公司则获得了低成本的债务资本。

尽管如此，发行公司还是希望投资者行使转换权利，投资者不实施转换被看作发行和融资的失败。实际操作中，往往通过各种方式鼓励投资者实施转换，同时设置转换条款和赎回条款是公司促成投资者转换的常规手段。这样，在股价上升时，如果投资者不及时转换，发行公司将以约定价格赎回债券，令投资者失去转换的机会。

2. 可转换债券的价值

可转换债券中包含多个期权，只要能够说明可转换债券的价值，就可以说明多种特殊条款对债券价值的影响。

可转换债券仍然具有普通债券的各种要素，而且这些要素所构成的价值是可转换债券价值的主要部分，各种附带期权的价值则分别是这个“基础价值”的“加项”和“减项”。注意，转换期权属于投资者，因而是多头；而赎回期权属于发行公司即投资者的交易对手，因而是空头。

可转换债券的价值等于对应的普通债券的价值加转换期权的价值减赎回期权的价值，如公式（3-5）所示。

$$\text{可转换债券的价值}=\text{普通债券的价值}+\text{转换期权的价值}-\text{赎回期权的价值} \tag{3-5}$$

[例 3-4]

某可转换债券的基本资料和转换、赎回条款见表 3-5 和表 3-6。假定该债券一年付息一次，试评估该债券的价值。

表 3-5　某可转换债券的基本资料

发行额（亿元）	45.00	发行价（元）	100.00
发行方式	网点公开发行，上网定价发行	期限（年）	6
发行票面利率（%）	2.00	上市场所	上交所
计息日	2016-01-07	到期日	2022-01-07
发行起始日	2016-01-07	发行截止日	2016-01-07
发行单位	×××股份有限公司	还本付息方式	按年付息

表 3-6　某可转换债券的转换、赎回条款

转换起始日	2016-07-07
转换结束日	2022-01-03
初始转换价格（元）	7.60
可赎回时间	发行当日起满 12 个月直至债券到期前
可赎回价格（元）	108.00

此外，已知发行当日该公司股票价格为 6.05 元/股；估算得出，无风险利率为 4%；该公司股票和债券的波动率分别为 30%和 6%。

（1）普通债券的价值。

根据题目给出的信息，债券票面价值 $M=100$ 元，债券期限 $n=6$ 年，票面利率 $r=2.00\%$，贴现率 $k=6\%$。利用公式（3-1），可以计算出发行之初该可转换债券中普通债券部分的价值：

$$B=\sum_{t=1}^{n}\frac{Mr}{(1+k)^t}+\frac{M}{(1+k)^n}=\sum_{t=1}^{6}\frac{2}{(1+6\%)^t}+\frac{100}{(1+6\%)^6}=80.3307(\text{元})$$

（2）转换期权的价值。

转换期权指的是投资者将债券以约定转换价格转换为股票的灵活性，属于买方期权。根据已知数据，发行当天股票市场价格 $S=6.05$ 元，转换价格 $X=7.60$ 元，无风险利率 $r=4\%$，到期时间 $T=6$ 年，股票收益波动率 $\sigma=30\%$。

根据布莱克-斯科尔斯模型，即公式（2-24）、公式（2-26）、公式（2-27）计算：

$$d_1=0.3836,\ N(d_1)=0.6494$$
$$d_2=-0.3512,\ N(d_2)=0.3627$$
$$c=SN(d_1)-Xe^{-rT}N(d_2)=1.7603(\text{元})$$

债券的转换率为：100/7.60=13.157 9

所以，每份债券中的转股期权价值为：

$$1.7603\times13.1579=23.1616(\text{元})$$

（3）赎回期权的价值。

普通债券价值+转换期权价值=80.330 7+23.161 6=103.492 3 元，赎回期权是公司对债券的买方期权。根据题目，已知带转换条款的债券的当前价值 $S=103.4923$ 元，可赎回价格 $X=108.00$ 元，无风险利率 $r=4\%$，到期时间 $T=6$ 年，债券收益率波动 $\sigma=6\%$。

根据布莱克-斯科尔斯模型计算赎回期权的价值：

$$d_1=0.6360,\ N(d_1)=0.7376$$
$$d_2=-0.0988,\ N(d_2)=0.4606$$
$$c=SN(d_1)-Xe^{-rT}N(d_2)=37.2039(\text{元})$$

可转换债券的价值=普通债券价值+转换期权的价值−赎回期权的价值
=80.330 7+23.161 6−37.203 9
=66.29(元)

注意，金融市场上价格经常不等于价值，即有某种方向或程度上的偏离，也就是所谓泡沫。一种证券价格偏离价值就会引起连锁反应，造成多种证券价格偏离价值。这是因为证券市场上必然有套利操作，而套利操作是证券市场均衡的基本机理。在上例中，虽然债券的价值为 66.29 元，但如果发行当日该公司股票卖到 6.05 元，而一份债券又能换得 13.157 9 股股票，则一份债券的价值至少应该为：6.05×13.157 9=79.61 元。如果上述可转换债券在发行当日就可以转换，在没有恶意操作的情况下，该债券在市场上将卖到 79.61 元。

思考题

1. 随着付息频率增加，债券价值会有什么变化？
2. 应该如何定量考虑付息频率，从而正确计算债券的价值？

3. 为什么正确的债券价值模型未得到承认、传播和应用？
4. 债券总价值和净价值是什么关系？两者的变化有什么区别？
5. 应该如何定量考虑应计利息，从而正确计算债券的价值？
6. 为什么债券价值计算或评估一般不用相对价值评估方法？

案例分析

小陈大学毕业去了一家投资公司。某日，公司投资经理发现，某公司债券一年付息两次，在面值相同（100元）和风险类似（AA）的情况下，却比其他一年付息一次的债券价格低1.5元，建议买进。小陈根据自己学过的模型计算，发现该一年付息两次的债券就应该比一年付息一次的债券价格低1.5元。小陈将自己的计算结果提交给投资经理，请他重新考虑是否买进。没想到，投资经理对小陈的建议不屑一顾，坚持应该买进。

小陈感到委屈，对投资经理不相信科学计算、拍脑袋决策的行为有所不满。根据本章所学，谈谈你的看法。

第 4 章

股票的价值

[引导案例]

在学完初级财务管理学后，小高和小陈对于投资理财尤其是股票投资产生了极大的兴趣。股票投资首先要筛选有潜力的股票，应该如何选股呢？两人都想到了 Gordon 增长模型，最简单的思路是用模型先算出股票价值，然后选择价值被低估的股票进行投资。小高和小陈相信，使用财务领域这个最流行的股票价值评估模型，一定可以选出令人满意的股票。

Gordon 增长模型的形式如下：

$$P=\frac{D_0(1+g)}{k-g}=\frac{D_1}{k-g}$$

式中，D_0 为本年股票每股红利；g 是股票红利在未来无限长时间内的平均年增长率，也称为永续增长率；k 是股票市场投资者平均要求收益率。

小高和小陈选择了近期频繁出现在新闻中的公司 X，借助公司有关媒体信息和市场消息最终预计明年每股收益为 2 元，每股红利为 1 元。两人分别查阅网上关于该公司的信息，发现投资者要求收益率按 10%计算较为合适。

关于收益增长率的估计较为困难。首先遇到的问题是最多只能预测公司未来 10～15 年的每股收益。由于没有公司红利方面的信息，他们认为可以假定未来收益和红利的增长率相同，而且可以将这个数据当作永续增长率。

根据查阅到的信息，小高预测该股票 15 年内每股收益和红利的年均增长率为 9.5%；但小陈预测的增长率略低于小高，为 9%。

结果，小高计算的 X 公司股票价值为：$P_0=\frac{D_1}{k-g}=\frac{1}{10\%-9.5\%}=200$(元)

小陈计算的 X 公司股票价值为：$P_0=\frac{D_1}{k-g}=\frac{1}{10\%-9\%}=100$(元)

这样的结果令小高和小陈感到很无奈，他们没有想到，仅仅因为红利永续增长率的预测有 0.5%的差异，得出的股票价值就相差一倍，即 100 元！最近几天，X 公司股票价格一直在 100 元上下波动，他们该如何做出投资决策呢？

思考：

1. 为什么小高和小陈的计算结果会有如此大的差距？

2. 可以将未来 15 年的红利平均增长率当作永续增长率使用吗？

3. 预测一只股票未来红利的长久或永续增长率，你能将预测误差控制在 0.5%以内吗？如果预测未来 15 年的增长率呢？

4. 小高和小陈遇到的问题意味着 Gordon 增长模型存在什么缺陷？如何适当规避 Gordon 增长模型的缺陷，更合理地评估出 X 公司股票的价值？

股票是一种最普通、最常见的证券产品，无论从企业融资还是从大众投资的角度看，都是人们最熟悉的证券产品。理解并能够合理评估股票价值不仅是相关投融资决策的要求，也是证券市场监管以及健康稳定发展的重要保证。

4.1 股票价值概述

从 17 世纪初荷兰人买卖荷属东印度公司的股票算起，股票已有 400 多年的历史。在数百年中，股票及股票市场聚集资金的功能一方面促成了许多大规模经济活动的开展，另一方面时常将一国乃至世界经济拖进衰退和萧条的深渊。但总体而言，在人类经济和社会发展中，股票及股票市场功不可没。

4.1.1 股票及其基本分类

1. 股票

股票是股份公司为筹集自有资金而向投资者发行的有价证券，是持股人拥有公司股份的入股凭证，证明持股人在股份公司中拥有的所有权。股票持有人为公司的股东，按照公司组织章程，有权参加或监督公司的经营管理，包括以投票形式参与决定公司重大事项的决策和重要人员的任免以及分享红利等，同时依法承担以购股额为限的公司经营亏损的经济责任。

对公司而言，通过发行股票获得的资金属于权益资本（即自有资本），公司不必为此付息，也不需要归还；对于股东而言，持有公司股票意味着成为公司的所有者，获得的所有权是一种综合权利，具体包括参加股东大会、投票表决、参与公司的重大决策、收取股息或分享红利等。权利与义务是对等的，股东以其出资份额为限对公司债务承担责任，在投资期内可以将股票转让、买卖或作价抵押，但不能要求公司返还其投资。同一类别的每一份股票所代表的公司所有权是相等的，这就是所谓的“同股同权，同股同利”。每个股东所拥有的公司所有权份额的大小，取决于其持有的股票数量占公司总股本的比重。

2. 股票的基本分类

新中国成立后，在较长时期实行计划经济，到 1990 年才正式建立股票市场。尽管股票市场历史较短，但股票多种多样，比如，国家股、法人股和个人股，A 股、B 股、H 股、N 股、S 股等。

股票按股东的权利义务分为普通股和优先股。

（1）普通股。这是股票的基本形式，也是真正意义上的股票。普通股股东被认为是公司真正的所有者，也是公司收益和亏损的最终承担者。与优先股相比，普通股股东的收益与公司的业绩有更紧密的关系，并且面临更高的风险。当公司正常经营、收益增加时，普通股股东是主要的受益者；当公司破产或清算时，若公司的资产在偿还欠债后还有剩余，其剩余部分按先优先股股东、后普通股股东的顺序进行分配。因此，对于公司经营或清算的损益，普通股股东是首先的受益者或受损者。普通股股东的经营决策权还体现在享有参与公司重大事项表决权、享有优先认购公司新发股票的权利等。

（2）优先股。这是融合了普通股和债券特性的混合性证券，虽然属于公司的权益资本，但具有一定的债务资本特性。首先，优先股具有固定的股息率，一般不因公司盈利的波动而变化，类似债券的利息支付，且支付的次序紧随债券利息之后；其次，当公司发生破产清算时，优先股股东对剩余财产的求偿权仅次于债权人而优先于普通股股东；最后，优先股股东一般没有投票表决权。

优先股可按照是否有特殊条款进行分类：可转换优先股，是持股人可以在特定条件下把优先股股票转换成普通股股票或公司债券的优先股股票；可赎回优先股，是指股票发行公司可以按一定价格收回的优先股股票；可赎回的可转换优先股，这类优先股在保留公司回购权利的同时，给公司优先股投资者在一定时间内按一定价格转换为公司普通股的权利。

在国际上，适应不同时期、不同市场的投融资环境和要求，有多种多样的股票形式，比如，有面值股票和无面值股票，记名股票和无记名股票。

4.1.2 股票的价值与价格

股票作为一种资产，既有价值也有价格，并且两者会随着时间的推移而波动。通过对比股票的价值与价格，可判断股票被高估还是低估，从而做出相应的投资决策。

1. 股票的价值

（1）票面价值。股票的票面价值又称股票面值、票面价格，是股份公司对所发行的股票标明的票面金额，在我国以元/股为单位，上海和深圳证券交易所上市流通的股票面值均为每股一元。

一般而言，股票的发行价格以及二级市场的交易价格都会高于其面值。在正常情况下，随着公司的融资、投资、经营和收益以及收益分配，每股股票的账面价值和实际价值会不断增长，最终大于每股面值。

（2）账面价值。股票的账面价值又称每股权益或每股净资产，代表特定时间每股股票所包含的资产净值，也就是公司资产负债表中净资产（股东权益，等于总资产减总负债）价值除以总股数得到的数额。

股票的账面价值是投资者评估和分析上市公司实力的重要依据之一，这是因为：账面价值表示股东实际拥有的资产；账面价值是会计核算的结果，数据较为准确可靠。某些情况下，每股账面价值可作为估计每股价值的依据，因为净资产价值的变化与公司经营发展息息相关。

每股账面价值与每股票面价值是迥然不同的两个概念。每股票面价值在股票发行时标明且保持不变；每股账面价值时常变动，这是由于公司净资产（包括初始股权资本、留存收益等）随着公司的融资、投资、经营等发展情况的变化而不断变化。一般而言，股票的市场价值会大于每股账面价值，每股账面价值会大于每股面值。因此，每股账面价值通常可以作为评估股票价值的基础，但每股面值往往与股票价值关联不大。

（3）市场价值。市场价值又称股票价格或股票行市，是市场在某一时刻承认的股票价值，往往也是交易中股票交易双方达成的成交价。需要注意的是，股票价格即市场价值，受诸多因素影响而时刻变动，往往不代表一定时期股票的真实价值。

股票市场价值受内外多种因素影响，与其票面价值无关。其中，内部因素主要指公司或股票自身的风险和收益特征，外部因素包括宏观经济景气状况、公司所处行业的周期变化、货币或资金的供求状况等。所以每当政府出台新的宏观经济政策特别是货币政策和财政政策时，股市的货币供求状况首先会受到影响，造成股票价值的大幅波动。从理论上讲，股票价格应该反映股票的价值，股市因此被人们称为国民经济的晴雨表。

（4）清算价值。清算价值是指公司一旦破产或倒闭，资产经过清算变卖后，每股股票可以收回的金额。显然，只有当公司预期在不远的未来将破产或倒闭时，清算价值才被作为评估其股票价值的依据。当公司遭遇破产清算时，理论上每股清算价值应等于每股账面价值，但实际上清算价值往往低于账面价值，这是因为在一定的处置时间限制下，资产的处置价格一般低于实际价值，并且在此基础上还要扣除清算过程中的各种费用，如付给律师、审计师的费用。

在股票发行和正常流通过程中，公司预期将持续经营下去，评估清算价值没有必要。此时，股票的每股清算价值等于每股账面价值。

2. 股票的价格

股票的价格不同于股票的价值。在发行市场（又称一级市场）上，股票价格指股份有限公司出售新股票的价格。在交易市场（又称二级市场）上，股票价格指股票交易转让时的价格。在不特别说明的情况下，股票价格往往是指二级市场的交易价格。

股票的持有者和购买者在二级市场上买卖股票时形成股票价格，因此，股票价格由各种投资机构和投资人的买卖供求决定。这些机构和个人投资者的买卖决策又受到多种因素的影响。其中，有些因素会同时影响股票价值和价格，如公司未来业务中生产要素市场以及产品市场的需求和竞争方面的变化；而有些因素只会影响股票价值或价格，如交易中的盲目或非理性行为、市场炒作行为等往往只影响股票价格，由此导致股票价格与股票价值的差异。

3. 价格围绕价值的波动

价值是本质，价格是现象，价格围绕价值波动。

一般商品的价值更多地取决于投入的材料成本、人工成本和制造成本，比较容易确定；而交易价格受消费和生产能力限制，也较为稳定。两者之间的关系可以表述为：价值是价格的中心，价格围绕价值波动。

理论上讲，股票与一般商品在价值与价格的关系上应具有相同性质。股票内在价值决定股票市场价格，但受各种外界因素的影响，股票市场价格经常会偏离其内在价值，围绕内在价值上下波动。

与一般商品相比，股票的内在价值取决于企业未来的风险与收益，因而具有较大的不确定性。在股票市场上，由企业战略及企业面临的内外部条件变化引起的不确定性来源于企业未来风险与收益的不稳定性，这些作为市场信息传递给投资者，使投资者对股票预期收益的风险的认知产生变化，进而引起股票的内在价值发生变化。在理论上，如果没有新的信息，股票价值就应该保持不变。

股票交易价格由市场上流通的股票数量和投入股市的资金总额决定，与商品市场的均衡价格相比更加不稳定。这可以从两方面解释：一是受到牟利动机的驱使，单个投资者可能为扩大交易规模而融资，从而增加市场的资金总额，推高股票价格。二是理性人假设在股票市场有时并不成立。为实现高收益，投资者很可能在股票的买卖操作中失去理性，如盲目追涨杀跌等，这导致股票市场上出现跟风投机、价格操纵等不合理行为，推动股票价格进一步远离股票内在价值。

由于股票的内在价值决定股票价格，承载着企业战略与内外部条件变化的新信息又决定着股票的内在价值，因此可以说新信息决定股票价格。但是，在现实的股票市场上，股票价格的实际形成过程要复杂得多。

在现实的股票市场中，决定股票价格的新信息既有真实的，也有虚假的；既有市场内的，也有市场外的。举例来说，有的参与者为了自身利益通过各种方式和途径收集甚至编制和传播对自己有利的新信息，企图影响其他投资者的交易；有势力的投资者往往会利用制造利好和利差消息、散布正面和反面舆论、多账户暗中操纵大宗交易等手段诱使中小投资者跟随其买进、卖出股票。值得注意的是，只有那些真实的信息会影响股票的收益与风险，从而影响股票的内在价值；那些虚假的信息只会影响股票市场中部分投资者的交易行为，进而影响股票价格，但是对股票内在价值并没有影响。可以看出，由于市场上存在大量虚假信息，股票价格波动在某种程度上反映了某个（些）大投资者的意志，也会在某种不确定的程度上反映中小投资者的跟风行为，因此股票市场上经常会出现股票价格不是回归价值而是更加远离价值的情况。

总的来说，价格围绕价值波动在股票市场上的表现更加复杂。首先，股票的内在价值本身具有一定的不确定性；其次，股票市场的交易特征令股票价格偏离其内在价值的时间更长、幅度更大；最后，由于大量虚假信息的存在，难以判断股票价格的变动是更接近价值还是更远离价值。

4.2 Gordon 增长模型

Gordon 增长模型（即红利增长模型）属于绝对价值评估方法。由于该模型是依据风险与收益决定价值的基本公理推导建立的，具有理论上的合理性，且简单易懂，因而于 20 世纪 60 年代面世后被广泛接受和运用，成为大多数财务金融类教材以及评估和投资实践领域主流的模型。

4.2.1 股票价值评估思路

按照惯例，绝对价值评估是将未来现金流量折现后加总得到资产的价值。股票价值就是股票带来的所有未来现金流量的现值之和，其中，未来现金流量包括持有股票所得的股票红利和持有期结束时出售股票的市场价格。由此可以形成两种基本的评估假设：一是假设投资者买入股票后永久持有；二是假设投资者买进股票后持有一段时间再卖出。

1. 未来无限期内现金流量总现值

如果买进股票后永久持有，则股票价值就是未来所有红利的总现值。以 D_t 表示第 t 年的现金红利，P 表示目前股票的价值，k 表示市场上投资者平均要求收益率（可以理解为合适的贴现率），则

$$P=\sum_{t=1}^{\infty}\frac{D_t}{(1+k)^t} \tag{4-1}$$

在公式（4－1）中，t 取 1 到∞，意味着将普通股票价值看作未来无限长时期内股票红利的现值之和。

公式（4－1）虽然正确，但有一个致命的缺点，即没有应用的可行性。因为其中有无限多个未知数 D_t。人的寿命是有限的，用于研究一件事情或一个问题的时间更有限，不可能为研究一只股票的价值估计无限多个未知数。

2. 未来有限期内现金流量总现值

解决或避免无限多个未知数问题的一个有效办法是将无限期改为有限期。根据股票投资的常规操作，往往买进股票后持有一段时间再卖出，则股票所带来的未来现金流量包括持有期间的红利和持有期结束时的股票卖出价格。以 n 表示持有期时间长度（单位为年），P_n表示第 n 年卖出股票时股票的市场价格，其他变量的含义同公式（4－1），则

$$P=\sum_{t=1}^{n}\frac{D_t}{(1+k)^t}+\frac{P_n}{(1+k)^n} \tag{4-2}$$

与公式（4－1）相比，公式（4－2）的可行性相对增加了。这一点容易理解，公式（4－2）不再有无限多个待估计的未知数，而是只有 $n+2$ 个未知数（n 个 D_t、1 个 P_n以及 1 个 k）。然而，对于解决股票价值评估问题而言，公式（4－2）的实用性和有效性远远不够。可以看出，公式（4－2）的形式与债券价值基本公式相似，但与债券价值公式相比，公式（4－2）的功能和效果要差得多，因为其中各个自变量取值不确定且很难预测。

首先，持有股票的时间 n 受多种现实因素影响，投资者自己很难确定。其次，n 值的不确定给其他自变量的预测带来极大困难，一方面无法确定需要预测持续到未来多少年的股票红利，另一方面无法确定需要预测什么时间的股票市场价格，进而几乎不可能预测 P_n的具体数值。理论上，P_n可以表示为其后或长或短持有期中的红利及该期末股票价格的现值总和。然而，市场上所有投资者（包括公司中高层管理者）都没有预测公司较远期股票红利的能力。这就意味着无论是本期还是后续时期的 P_n，都是“天定”的、不可预测的。从另一个角度看，如果有谁可以用什么方法有效地预测未来的 P_n，那他在股市上就可以常胜不败了。这连被誉为股神的巴菲特都无法做到，更何况普通学者或普通人。所以，公式（4－2）在很大程度上也没有可行性。

4.2.2 Gordon 增长模型简介

1. Gordon 增长模型

为了解决股票价值评估问题，1962 年戈登（Gordon）教授以本年股票红利为基础，假设一个不变的也就是平均的红利年增长率，从而算出未来无限期

中每年预测的红利 D_t，推导出后来在价值评估领域广泛应用的 Gordon 增长模型。借助平均的红利增长率，Gordon 增长模型将原来的无限多个（或不确定有多少个）变量减少为三个变量，大大简化了股票价值评估的计算，也增加了模型的可行性。

以 D_0 表示本年股票红利，D_1 表示下一年股票红利，g 表示未来平均的红利年增长率，k 表示投资者平均要求收益率，Gordon 增长模型可以表示为：

$$P=\frac{D_0(1+g)}{k-g}=\frac{D_1}{k-g} \tag{4-3}$$

其中，年均增长率 g 称为永续增长率，即可以持续到无限远期的年均红利增长率。

此外，由于公式（4-3）中分母为 $k-g$，因此应用 Gordon 增长模型的要求之一是 $k>g$，即预测的红利增长率必须小于投资者对该股票投资的要求收益率，否则公式（4-3）计算出的股票价值将为负数，没有实际意义。

Gordon 增长模型的推导并不复杂，借助年均增长率 g，可以将 D_t 用 D_0 和 g 表示，即 $D_1=D_0(1+g)^1$，$D_2=D_0(1+g)^2$，…，$D_t=D_0(1+g)^t$。那么，公式（4-1）可以写成

$$\begin{aligned}P&=\sum_{t=1}^{\infty}\frac{D_t}{(1+k)^t}\\&=\frac{D_0(1+g)^1}{(1+k)^1}+\frac{D_0(1+g)^2}{(1+k)^2}+\cdots+\frac{D_0(1+g)^t}{(1+k)^t}+\cdots\end{aligned} \tag{4-4}$$

因此

$$P\frac{(1+g)}{(1+k)}=\frac{D_0(1+g)^2}{(1+k)^2}+\frac{D_0(1+g)^3}{(1+k)^3}+\cdots+\frac{D_0(1+g)^{t+1}}{(1+k)^{t+1}}+\cdots \tag{4-5}$$

公式（4-4）减公式（4-5），有

$$P\left[1-\frac{(1+g)}{(1+k)}\right]=\frac{D_0(1+g)^1}{(1+k)^1} \tag{4-6}$$

整理可得

$$P=\frac{D_0(1+g)}{k-g}=\frac{D_1}{k-g} \tag{4-7}$$

可以看出，Gordon 增长模型通过下一年红利 D_1、未来红利永续增长率 g 和投资者平均要求收益率 k 三个变量评估股票价值。其中，D_1 和 g 综合考虑了未来收益，k 考虑了风险。所以，Gordon 增长模型较好地体现了风险和收益确定价值的基本公理，有理论上的合理性。模型的形式非常简单，也有应用上的可行性。由于这些优良特性，Gordon 增长模型一经发表就受到广泛关注，成为股票以及类似证券和资产评估中应用最广的模型。

[例 4－1]

某股票按年发放红利，最近一次红利是 0.6 元（$D_0=0.6$ 元），以后每年按 5%的比率增长。假定投资者对该股票的要求收益率为 10%，试评估该股票的目前价值；说明当该股票价格为 20 元时，是否应该购买该股票。

下一年红利 D_1 为：

$$0.6\times(1+5\%)=0.63(\text{元})$$

根据 Gordon 增长模型，在红利年增长率为 5%的情况下，股票价格为：

$$P=0.63/(10\%-5\%)=12.60(\text{元})$$

如果该股票价格为 20 元，说明已经被严重高估，不应该购买该股票。

2. 增长率的估计

在本章的引导案例中，将增长率 9.5%改为 9%，估计的股票价值就变为 100 元，即为原来的一半。可见，在应用 Gordon 增长模型时，永续增长率的精确估计极为关键。那么，如何才能精确估计这个增长率？

根据 Gordon 增长模型可以得到：

$$k=D_1/P+g \tag{4-8}$$

用财务语言解释公式（4－8），即投资者收益率等于红利收益率加股票增值率。g 代表股票价值的增长率。可以证明，长期来看，这个增长率也是每股收益的增长率。也就是说，从很长或无限长时期来看，股票红利的增长率、每股收益的增长率和股票价值的增长率其实相等，为同一数字。

在公司没有外部融资的情况下，追加投资即全部留存收益，从而收益的增长率等于留存收益比率乘以公司的投资收益率。根据上面的分析，估算出来的每股收益的增长率也可以看作每股红利以及股票价值的增长率。这就是增长率估计的基本思路。

4.3 Gordon 增长模型的问题

初看上去，Gordon 增长模型简单而合理，是财务及金融课堂的“必讲”模型甚至是唯一模型，在证券投资、价值评估等领域也得到极其广泛的应用，甚至是代表绝对价值评估的唯一模型。

然而，如何估计永续增长率？实事求是地讲，真的可以有依据（并不要求准确）地估计一只股票红利“持续到无限远的未来”的永续增长率或者持续很长时间（如 100～200 年）的长久增长率吗？撇开这个困难不谈，Gordon 增长模型至少还有以下两个问题。

4.3.1　模型对永续增长率极度敏感

在引导案例中，小高和小陈对于永续增长率的预测只有 0.5%的差异，最终导致对同一只公司股票的评估价值相差一倍，可见 Gordon 增长模型的计算结果对永续增长率的变化是极其敏感或者说是过度敏感的。

根据美国标准普尔股票指数近几十年的情况，投资者要求收益率平均在 10%左右，红利的长期增长率平均在 7%左右。此时，如果我们将永续增长率错误地预测为 7.5%，那么最终会把股票价值高估 20%。这意味着，应用 Gordon 增长模型评估出的股票价值，特别是当永续增长率接近于投资者要求收益率时，对永续增长率的预测必须非常精确。可见，如果不能将永续增长率的预测误差控制在 0.5%以内，Gordon 增长模型就无法支持现实的股票投资决策，当评估误差超过 20%时，评估结果也就没有实际意义了。

在引导案例中，不能责怪小高和小陈预测得不精确，即使换作诸葛亮或爱因斯坦这样的人，恐怕也难以保证对股票未来红利增长率的预测误差不超过 0.5%，因为这涉及未来无限长或非常长时期内的年均增长率。评估误差巨大的原因只能是这个模型对增长率这个变量太过敏感。

此外，Gordon 增长模型还要求，永续增长率必须小于投资者要求收益率（一般在 10%左右），这就意味着，无论公司目前的增长速度差异多大，对其永续增长率的估计结果都在 10%以内。比如，海尔公司过去 20 年收益增长率在 16%左右，百度公司上市前三年收益增长率在 270%左右，如果想估计这样的公司的股票价值，就要根据其增长率估计出一个 10%以内的长久或永续增长率，而且误差小于 0.5%。由此可知应用 Gordon 增长模型按精度要求预测永续增长率的难度。

4.3.2　永续增长率的正负问题

按照惯例，在应用 Gordon 增长模型时，往往强调永续增长率不能超过投资者要求收益率，同时“理所当然”地估计一个正的永续增长率，有时也会像引导案例中的小高和小陈一样，直接将预测的未来十几年的红利平均增长率当作永续增长率使用。暂且不论这样的做法是否正确，先来思考一个问题：真的存在正的永续增长率吗？

目前确定永续增长率的方法，除了主观随意的估计，也有人提出永续增长率应该接近于国民经济整体的长期增长率。按照国民经济整体的长期增长估计一家目前健康的公司的永续增长率，表面上看似乎有道理。但是，一家公司毕竟不同于一国经济，至少在寿命方面就大不相同。永续增长率作为一个估计值，是指未来无限长时期内的平均增长率，确切地讲是几何平均增长率（即复利增长率）。一家公司无论目前看起来多么健康，在经历无限长时间之后，都无法逃脱破产倒闭或最终被收购而消亡的命运。到那时，各种形式的收益和股票价值都将归零。按照几何平均计算，从目前的正值经历或长或短（用不着无限长）的时间后变为零，平均增长率只能为负。

这个永续增长率只能为负的结论也许出乎很多人的意料，因为长期以来没有人怀疑过健康的公司的正增长，在金融及相关领域人们都习惯按照正的永续增长率评估公司及其股票价值。然而，这只不过是违背客观事实的主观想象，实事求是地讲，倒闭或消亡是所有公司的最终结局。从目前的正数收益到未来的零收益，几何平均增长率显然只能为负。当然，如果最终收益值取 0，几何平均增长率只能为－100%。为了区分开好（长寿）公司和差（短寿）公司，得到更有信息含量也更有实际意义的增长率数据，可以取接近于公司破产或消亡时的数据，这个数据应该接近而不是等于 0。长期几何平均增长率将为某个负数，即随着公司寿命的缩短在 0～－100%之间变动。

Gordon 增长模型是财务、金融和价值评估中广泛应用的模型，使用正的永续增长率已经是学术界和实业界习以为常的惯例。这个普遍和长期的习惯难以改变，但增长率正负问题事关增长率估计正确与否以及未来收益的大小，因而也就决定了股票价值的大小，必须考虑清楚。前面的讨论发现，Gordon 增长模型对永续增长率的大小极为敏感，这意味着增长率的估计必须非常准确；现在又发现，这个永续增长率其实连正负都搞不清楚。这样一来，应用 Gordon 增长模型评估股票或类似资产的价值就必须慎之又慎。

4.4 Gordon 增长模型的改进

除了 Gordon 增长模型，还没有其他思路上清晰、理论上合理、应用上方便的股票价值评估模型①，于是人们尝试改进和完善 Gordon 增长模型。

4.4.1 两阶段模型

两阶段模型是指将未来划分为两个阶段，前一个阶段为具体或精确的预测阶段，后一个阶段为统一增长率的预测阶段。Gordon 增长模型只在后一个阶段应用，从而将模型缺陷对股票价值评估的影响降低。

举例来说，如果投资者能较为准确地预计未来 n 年的红利，那么只需假设 n 年后的红利永续增长率为 g 并预测这个增长率，Gordon 增长模型

① 这样的模型其实已经出现，只是还没有得到主流认可，本书也就不做介绍。可参考张志强．高级财务：理论创新与决策应用．北京：北京大学出版社，2012。

变为：

$$P=\sum_{t=1}^{n}\frac{D_t}{(1+k)^t}+\frac{D_{n+1}}{(1+k)^n(k-g)} \tag{4-9}$$

公式（4－9）中，股票价值被分成两部分。前一部分为未来 n 年中股票红利的总价值，通过折现加总得到；后一部分为 n 年后股票红利的总价值，采用统一的增长率并运用 Gordon 增长模型得到第 n 年的价值，再折现 n 年得到其当前价值。

这样一来，Gordon 增长模型的缺陷只能影响 n 年后阶段的价值，而且由于折现的作用，由永续增长率预测引起的评估结果的误差也相应减弱，这样改动模型后，股票价值对永续增长率的敏感性就会减弱，评估功能或效果会得到改善。

[例 4－2]

在引导案例中，假设小高和小陈对 5 年内的股票红利做了具体预测，最终形成一致的预测：从未来第 1 年到第 5 年（D_1 到 D_5），X 公司的每股红利分别比上年增长 10%，即为 1.1 元、1.21 元、1.331 元、1.464 1 元、1.610 51 元。原来小高和小陈各自预测的永续增长率（9.5%和 9%）适用于 5 年之后的时期。投资者要求收益率仍为 10%。试重新评估 X 公司的每股价值。

注意，前 5 年增长率与贴现率相同，意味着 n 年中股票红利的总价值为 5 元。因此，小高和小陈评估的 X 公司的每股价值分别为：

$$P=5+200/(1+10\%)^5=129.18(\text{元})$$
$$P=5+100/(1+10\%)^5=67.09(\text{元})$$

原来小高和小陈评估的 X 公司的每股价值分别为 200 元和 100 元，现在小高按照其预测的增长率评估的 X 股票的价值仍然远高于小陈，但不到一倍。这一结果虽仍不如人意，但有所改善。

可以看出，n 的取值越大，就越能减弱股票价值对于永续增长率的依赖程度。比如，如果上例改为，从未来第 1 年到第 10 年（D_1 到 D_{10}），X 公司的每股红利分别比上年增长 10%。原来小高和小陈各自预测的永续增长率（9.5%和 9%）适用于 10 年之后的时期。投资者要求收益率仍为 10%。小高和小陈的评估结果将分别为：

$$P=10+200/(1+10\%)^{10}=87.11(\text{元})$$
$$P=10+100/(1+10\%)^{10}=48.55(\text{元})$$

小高和小陈的评估结果差距进一步缩小，也趋于合理。应该注意的是，n 的取值一般不会很大，因为预测红利往往十分困难。即便是非常熟悉的公司，有依据地预测未来 5 年的红利也属不易，有依据地预测未来 10 年的红利则基本不可能。所以，上述两阶段模型的估值结果在很大程度上还是取决于加号后面的部分，即仍然依赖于有限年份之后持续到永远的永续增长率。

4.4.2　三阶段模型

由于 Gordon 增长模型对红利永续增长率过于敏感，为了更加准确地预测永续增长率，实践中也有将未来时期划分为三个阶段来改进 Gordon 增长模型的尝试。图 4－1 展示出两阶段模型与三阶段模型的差异。

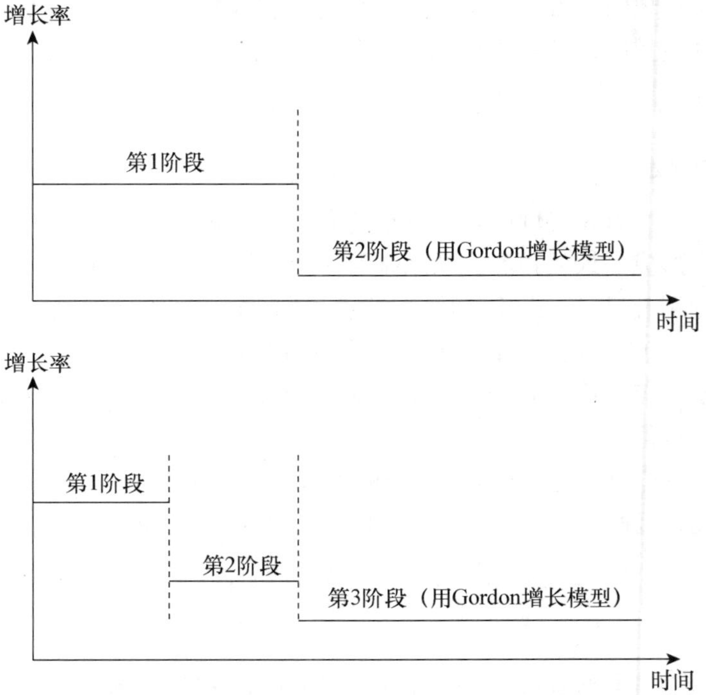

图 4－1　两阶段模型与三阶段模型

需要说明的是，由于多数公司的分红决策有一定随意性和偶然性，具体预测远期红利的可能性很小。三阶段模型往往预测三个增长率，各个阶段按照相应的增长率确定红利并折现加总得到股票价值。就永续增长之前阶段的时间长度而言，三阶段模型也未必长于前面的两阶段模型。所以，在两阶段模型的基础上，改进后的三阶段模型受限于有限年份之内红利预测精度的提高，就对模型的整体改进而言，改进的增量往往有限。由红利预测的难度所决定，在三阶段模型的基础上再增加模型的阶段划分未必有实际意义。

［例 4－3］

在引导案例中，假设小高和小陈具体预测了未来两年 X 公司的每股红利，都为 1.5 元。第 2 阶段从未来第 3 年到第 10 年（D_3 到 D_{10}），X 公司的每股红利分别比上年增长 10%。原来小高和小陈各自预测的永续增长率（9.5%和 9%）适用于 10 年之后的时期。投资者要求收益率仍为 10%。

第 1 阶段红利现值：

$$1.5/(1+10\%)^1+1.5/(1+10\%)^2=2.6033(\text{元})$$

第 2 阶段红利现值：

$$1.5\times 8/(1+10\%)^2=9.9174(\text{元})$$

第 3 阶段红利现值：

小高：$200/(1+10\%)^{10}=77.1087(\text{元})$

小陈：$100/(1+10\%)^{10}=38.5543(\text{元})$

小高和小陈的评估结果分别为：

$$P=2.6033+9.9174+77.1087=89.63(\text{元})$$

$$P=2.6033+9.9174+38.5543=51.08(\text{元})$$

与前面第 1 阶段为 10 年的两阶段模型相比，评估结果的差异略有缩小，但改进很小。

有的三阶段模型中第 2 阶段的增长率体现出从第 1 阶段的高增长率到第 3 阶段的低增长率之间增长率的逐渐变化。

[例 4-4]

小张和小李就职于某证券公司研究部，领导希望他们使用折现法评估海尔公司及其股票的价值。通过研究海尔公司过去较长时期内的分红情况，小张和小李发现，2000 年以来，海尔公司保持年年分红，虽然各年的数额和分红比率有所不同，但在上市公司中算是较为平稳的，具体如表 4-1 所示。

表 4-1　海尔公司历年每股收益和每股红利

年份	每股收益（元）	每股红利（元）	分红比率（%）
2000	0.75	0.200	26.67
2001	0.77	0.300	38.96
2002	0.50	0.300	60.00
2003	0.46	0.200	43.48
2004	0.31	0.300	96.77
2005	0.20	0.100	50.00
2006	0.26	0.150	57.69

续前表

年份	每股收益（元）	每股红利（元）	分红比率（%）
2007	0.48	0.200	41.67
2008	0.57	0.150	26.32
2009	0.86	0.300	34.88
2010	1.52	0.100	6.58
2011	1.00	0.170	17.00
2012	1.22	0.370	30.33
2013	1.53	0.460	30.07
2014	1.64	0.492	30.00
2015	0.70	0.212	30.29
年均	0.80	0.250	38.79

这种红利平稳的情况适合应用Gordon增长模型。要评估海尔股票的价值，需要估计未来收益的增长和合适的贴现率。假设贴现率为股市平均要求收益率10%，投资者基本获得公司全部收益增长的利益。那么，进一步要确定的是海尔股票的收益增长率。

经过认真研读各种宏观、行业以及海尔公司的研究报告，小张和小李认为，受国内经济转型、国际经济增长乏力等因素影响，未来海尔公司的收益不可能保持过去的增长速度，因此可以将海尔未来收益增长分阶段来估计。

基于简洁有效原则，小张和小李做出基本设想：10年后海尔公司的主要业务将增长到天花板附近，然后，公司保持零增长直到无限远的未来。综合市场份额、品牌、研发、人口等因素，小张和小李认为，20%的市场份额应该是海尔增长的上限或天花板，目前海尔品牌零售量已经占到全球市场的近10%，未来10年年均增长率为7.18%。

此外，考虑到公司送转股增加的隐形红利没有反映到表4-1中，公司未来增长到业务上限附近时投资机会减少乃至消失，每股收益应该逐步增加到全部用于发放红利。

取过去16年平均每股收益0.80元和平均分红比率38.79%为2015年的起点每股收益和分红比率，同时公司的分红比率从2015年的38.79%上升到2025年的100%。2025年之后，海尔公司的每股收益和每股红利都将长久维持在1.60元的水平上。那么在2016—2025年这10年间，海尔公司红利的几何平均增长率为17.76%。应用上面的假设和相应得到的数据，未来10年海尔公司的每股收益、分红比率以及每股红利如表4-2所示。

表4-2　未来10年海尔公司的每股收益、分红比率以及每股红利　单位：元

年份	2015	2016	2017	2018	2019	2020	2021	2022	2023	2024	2025
每股收益	0.80	0.86	0.92	0.98	1.06	1.13	1.21	1.30	1.39	1.49	1.60
分红比率	0.39	0.43	0.47	0.52	0.57	0.62	0.69	0.75	0.83	0.91	1.00
每股红利	0.31	0.37	0.43	0.51	0.60	0.70	0.83	0.98	1.15	1.36	1.60

根据以上分析，将各年分红、$g=0$（2025 年以后）、$k=10\%$代入 Gordon 增长模型，可得

$$P=\sum_{t=1}^{10}\frac{D_t}{(1+k)}+\frac{D_{11}}{(1+k)^{10}(k-g)}=4.63+6.17=10.80(\text{元})$$

4.4.3　难以摆脱的问题

可以看出，为评估股票价值，无论采用几阶段模型，无论长久或永续增长之前的阶段如何划分、平均增长率如何预测以及预测得多精确，Gordon 增长模型的问题仍然存在。即依然摆脱不了增长率正负的难题，不清楚在最后一个阶段这个永续增长率究竟为正还是为负，而评估结果对这个增长率的精度要求很高，比如，误差不能超过 0.5%。为确保红利预测的可行性，永续增长之前各阶段之和不可能太长，这意味着应用 Gordon 增长模型的最后一个阶段所占比重必然较大，增长率误差必然对评估结果有显著影响。看来，股票价值评估需要的不是基于 Gordon 增长模型的修正或完善，而是根本性的创新。

思考题

1. Gordon 增长模型存在什么缺陷？这些缺陷是可以克服的吗？
2. Gordon 增长模型有应用可行性吗？为什么它得到如此广泛的应用？
3. 有人根据定性分析得出股票是否值得投资的结论，这属于投资还是投机？
4. 为什么现实中投资者都愿意称自己是价值投资者，而不愿意承认自己是投机者？
5. 简要说明什么是股市和个股泡沫，如何才能计量出股市和个股泡沫。
6. 创业板股票市盈率应该高于还是低于主板？为什么？
7. 银行股股票市盈率应该低于市场总体吗？为什么？

案例分析

某省级电视台开办了“百姓炒股秀”节目，每次都邀请在股市上赚了钱的两到三位散户投资者介绍经验。有一次，两位赚了钱的投资者同台献技，分别介绍了各自的套路和招式。主持人和在座的观众听后大惑不解（电视机前的观

众也觉得疑惑），因为这两位投资者的买卖原则几乎相反，但都成功赚到了钱。两位投资者都不服气，甚至报出了自己老师的大名想镇住对方，当然最终都没能如愿，因为双方都觉得自己的“理论”已经得到实践证明，“赚钱就是硬道理”。

思考：请为该节目观众以及这两位投资者答疑解惑。

第5章

项目投资决策

[引导案例]

小高在毕业后就职于某房地产公司。随着我国旅游业、酒店业的快速发展，各地迎来酒店建设高峰，小高所在的公司也想趁热进军酒店行业。公司管理者知道小高学习过项目评估相关专业课程，希望他评估公司打算投资的碧天酒店项目的可行性。

筹划中的碧天酒店是一家五星级度假酒店，规模为客房700间。根据五星级酒店的基本建设标准要求及行业经验数据，每间客房的平均建筑面积为35平方米，公共区域的建筑面积平摊后为15平方米/客房，故酒店总建筑面积为35 000平方米。每平方米包含用地成本在内的建设成本为8 000元，酒店总建设成本为28 000万元。加上其他开办费用和流动资金约2 000万元，碧天酒店项目的总投资为3亿元。

公司计划于2018年1月1日启动投资，2018年和2019年年初各投入1亿元和2亿元，2019年建成，装修和准备工作需要半年，2020年1月1日开始营业。

投资总额为3亿元，其中银行贷款1亿元，于2018年年初投入，利率为6.5%；公司股权投入2亿元，资本成本为10%。预计项目寿命从开业算起为20年，不考虑土地价格和酒店物业增值，经营20年后净残值为2亿元。公司所得税税率为25%。

预计营业期间客房平均入住率为80%，平均每日客房价格为600元，一年按360天计。酒店有餐厅、健身房、客房服务等配套业务。根据经验估计，这些配套业务的经营利润可以抵销各种设备折旧和利息以外的主业经营成本。

思考：不考虑土地价格和酒店物业增值的收益，应该如何评价这项投资的可行性？

所谓项目投资决策就是评估投资项目的价值，从而判断其可行性。项目投资决策是公司最为重要的决策，对公司的其他决策（如融资、运营决策等）都有重要甚至决定性的影响，也会影响和决定公司未来的发展潜力和机会。

5.1 项目投资决策基础数据的估计

项目投资指企业为获得未来较长时期的预期收益而发生的支出，这种支出带来的预期收益通常会延续一年以上。项目投资是将资金转化并形成经营所需各种资产的过程，这些资产包括土地、固定资产和流动资产等有形资产以及无形资产。与证券投资相比，项目投资往往周期更长，目的在于依靠经营获得持久收益。

5.1.1 现金流量的估计

项目投资的预期收益是投资评估和决策中最为重要的依据，无论采用折现还是非折现的评估方法都需要考虑收益。与利润相比，现金流量更准确地代表了收益的时间和规模。在折现的评估方法中，投资的预期收益往往通过预期的现金流量来计量。

请注意，项目投资决策中的“现金”是一个广义的概念，它不仅包括货币资金，而且包含与项目相关的非货币资源的变现价值。比如在投资某项目时，投入了企业原有的固定资产，这时的“现金”就包含该固定资产的变现价值。

所以，项目投资决策中的预期现金流量与财务报表中的投资现金流量有所不同。预期现金流量是指预期投资项目所能带来的各种现金流入和流出量，与投资期间相对应，具体可以分为三大类，即初始现金流量、营业现金流量和终结现金流量。

由于缴纳所得税也是企业的一项现金流出，因此在计算有关现金流量时，还应该将所得税的影响考虑进去。

1. 初始现金流量

初始现金流量是指投资建设期间发生的现金流量，包括投资在固定资产、土地和流动资产上的资金。具体如厂房建设、设备购置和安装等固定资产支出，品牌、专利、聘请专家等无形资产支出，各类员工培训支出等。可以看出，初始现金流量主要发生在项目建设期，往往是现金流出。

投资在土地上的资金可以按支付的土地出让金或购置金额（土地价格及相应的税费）确定。

投资在固定资产上的资金有时是以企业原有的旧设备进行投资的，在计算投资现金流量时，一般是以设备的变现价值作为其现金流出量的（但是该设备的变现价值通常并不等于其折余价值）。另外还必须注意将这个投资项目作为一个独立的方案进行考虑，即考虑企业如果将该设备出售可能得到的收入（设备的变现价值），以及企业由此可能支付或减免的所得税。

$$\text{投资现金流量}=\text{流动资产投资}+\text{土地投资}+\text{设备投资或设备的变现价值}-\left(\text{设备的变现价值}-\text{折余价值}\right)\times\text{税率} \tag{5-1}$$

例如，甲企业计划用原有 A 设备进行投资，A 设备原购置价格为 20 万元，预计可以使用 10 年，期满无残值，已经使用 4 年。A 设备现在出售可以获得现金 10 万元，所得税税率为 25%。那么，用 A 设备投资的投资额是多少呢?

$$\begin{aligned}\text{投资现金流量}&=\text{设备投资或设备的变现价值}-\left(\text{设备的变现价值}-\text{折余价值}\right)\times\text{税率}\\&=10-(10-12)\times 25\%=10.5(\text{万元})\end{aligned}$$

此外，企业还要追加垫付并长期占用资本用于流动资产的购置，这种垫付的资本称为增加的营运资本。该资金按支付金额确定，并假设项目结束时将全部收回，因而不涉及企业的损益，也就不受所得税的影响。

2. 营业现金流量

营业现金流量是指项目营业期间每年发生的现金流量，是该期间营业现金流入量减营业现金流出量后的差额，即营业现金净流量。营业现金流量代表投资的收益和投资的回收，其主体部分是营业收入与各种成本费用之差即利润。在价格以及各种成本费用标准一定的情况下，影响利润的主要因素是业务量或产品销量。因此，估计营业现金流量的一个重要先行步骤是估计经营期间的年销售量或客流量。为简化分析，一般假定不存在赊销和货款拖欠等情况，因此，每年的税后利润都作为现金流入。

值得注意的是，每年的折旧（包括无形资产摊销、长期待摊费用摊销，可以统称非付现成本）作为成本发生却并没有实际的现金流出，但在计算利润时做了扣除，为符合现金流量的口径，需要再将折旧加回来。因此

$$\begin{aligned}\text{营业现金流量}&=\text{营业收入}-\text{付现成本}-\text{所得税}\\&=\left(\text{营业收入}-\text{付现成本}-\text{折旧等}\right)\times\left(1-\text{所得税税率}\right)+\text{折旧等}\\&=\text{税后利润}+\text{折旧等}\end{aligned} \tag{5-2}$$

式中，营业收入=数量×单价；付现成本主要是除折旧和摊销以外的所有固定成本和变动成本，如生产成本或进货价格、管理费用、销售费用、利息费用等。

3. 终结现金流量

终结现金流量是指项目结束时的现金流量，多为一次性的成本、费用、收入等，包括固定资产的残值收入、收回原投入的流动资金及收回土地的剩余价值。在投资决策中，一般假设当项目终止时，将项目初期投入流动资产的资金全部收回。这部分收回的资金不涉及利润的增减，因此不受所得税的影响。固定资产的残值收入如果与预定的固定资产残值相同，那么在会计上同样不涉及利润的增减，所以也不受所得税的影响。但是在实际工作中，最终的残值收入往往并不等于预定的固定资产残值，它们之间的差额会引起企业的利润增加或减少，因此在计算现金流量时不能忽视这部分的影响。收回土地的剩余价值则是按土地投资价值减去项目使用期内平均摊销的价值计算。

[例 5-1]

某公司拟投资一项目，有关资料如下：该项目需要固定资产投资共 100 万元，第 1 年和第 2 年年初各投资 50 万元，两年建成，投产一年后达到正常生产能力。投产前需要垫支流动资本 20 万元。固定资产可用 5 年，采用直线法折旧，残值 20 万元。投产后第 1 年营业收入 20 万元，以后每年 80 万元；投产后第 1 年付现成本 10 万元，以后每年 50 万元。所得税税率为 25%。请计算该项目各年现金流量。

注意，固定资产原值为 100 万元，扣除残值 20 万元，剩余 80 万元，在 5 年中采用直线法提取折旧，每年为 16 万元。首先按公式（5-2）计算营业现金流量，如表 5-1 所示。

表 5-1　各年营业现金流量　单位：元

	第 3 年	第 4 年	第 5 年	第 6 年	第 7 年
营业收入	200 000	800 000	800 000	800 000	800 000
付现成本	100 000	500 000	500 000	500 000	500 000
折旧	160 000	160 000	160 000	160 000	160 000
税前净利	−60 000	140 000	140 000	140 000	140 000
所得税	0	35 000	35 000	35 000	35 000
税后净利	−60 000	105 000	105 000	105 000	105 000
营业现金流量	100 000	265 000	265 000	265 000	265 000

其次，结合初始现金流量和终结现金流量，编制现金流量计算表，如表 5-2 所示。

表 5-2　现金流量计算表　单位：万元

	第 0 年	第 1 年	第 2 年	第 3 年	第 4 年	第 5 年	第 6 年	第 7 年
固定资产投资	(50)	(50)						
垫支流动资金			(20)					

续前表

	第 0 年	第 1 年	第 2 年	第 3 年	第 4 年	第 5 年	第 6 年	第 7 年
营业现金流量				10.0	26.5	26.5	26.5	26.5
残值								20.0
收回流动资金								20.0
合计	(50)	(50)	(20)	10.0	26.5	26.5	26.5	66.5

5.1.2 贴现率的确定

贴现率是折现评估中的一个重要影响因素，其数值影响决策的最终结果。

估算贴现率的方法有多种，相关教材中提到的方法包括：按资本的机会成本确定、按行业平均投资收益率确定、按公司加权平均资本成本确定、按资本资产定价模型或风险补偿模型确定。现实中应用最普遍的方法是以公司加权平均资本成本（weighted average cost of capital，WACC）作为贴现率。我们将在第 7 章探讨贴现率的确定问题，在第 8 章探讨各种资本成本及加权平均资本成本的计算。

在此，仅简单说明按照 WACC 确定贴现率的一般方法：

（1）计算企业各种债务资本的成本。

（2）计算企业各种权益资本成本。

（3）计算企业加权平均资本成本，得到贴现率。

[例 5-2]

在例 5-1 中，假设项目投资的 100 万元中有 50 万元来自银行贷款，贷款利率为 8%，50 万元为股权资本，股利支付率为 12%，所得税税率为 25%。

债务资本成本＝(1－25%)×8%＝6%

股权资本成本＝12%

加权平均资本成本＝50/100×6%＋50/100×12%＝ 9%

所以，该项目加权平均资本成本为 9%，即贴现率为 9%。

5.2 非贴现的评估方法

从某种程度上讲，贴现的评估方法相对专业，计算时考虑了货币的时间价值；而非贴现的评估方法往往是在投资实践中摸索出来的常识性方法，没有考虑货币的时间价值。

5.2.1 平均收益率法

平均收益率（average rate of return，ARR）也称会计收益率（accounting rate of return，ARR），指的是项目预计的年平均净收益与其初始或平均投资额的比率。

$$ARR=\text{年平均会计利润}/\text{初始投资额} \tag{5-3}$$

平均收益率越高，说明经济效益越好。

采用平均收益率法评价投资项目时，需要事先确定一个期望达到的平均收益率标准，即必要报酬率。因此，判断方案的优劣在于是否：

$$ARR \geq \text{必要报酬率}$$

一个独立项目只要其预计平均收益率大于或等于必要报酬率就可以投资，否则就拒绝投资。如果事关多项目选优问题，则在多个项目预计平均收益率超过必要报酬率时，选择其中平均收益率最高的项目投资。

平均收益率法的优点是简明易懂，计算简单方便；缺点是没有考虑货币的时间价值。此外，平均收益率是相对利润率指标，不符合利润最大化原则。现实中企业应该追求绝对利润最多，而不是利润率最高。在互斥项目的对比中，会有利润率较高、利润额较小的项目，使用平均收益率法可能造成决策失误，即绝对利润多的大项目落选。

[例 5-3]

投资某项目有 A，B 两个方案，由于规模差异，初始投资额分别为 1 000 万元和 3 000 万元，都可当年营业，寿命均为 5 年。各年会计利润如下：

年次	1	2	3	4	5
A 方案	1 100	800	700	1 000	900
B 方案	1 000	2 000	1 500	2 500	3 000

公司筛选投资项目的必要报酬率是平均收益率为 15%。应该选择 A 方案还是 B 方案？

显然，A，B 两个方案之间是互斥关系。

A 方案的年均会计利润为：

$$(1\,100+800+700+1\,000+900)/5=900(\text{万元})$$

B 方案的年均会计利润为：

$$(1\,000+2\,000+1\,500+2\,500+3\,000)/5=2\,000(\text{万元})$$

$$ARR(A)=900/1\,000=90\%$$

$$ARR(B)=2\,000/3\,000=66.67\%$$

$$ARR(A)>ARR(B)$$

A，B 两个方案的平均收益率都达到要求，但 A 方案的平均收益率更高。

按照平均收益率法的决策规则，应选择平均收益率最高的方案，因而要选择 A 而放弃 B。这就意味着公司要为未来每年获得 900 万元利润的机会而放弃每年获得 2 000 万元利润的机会。这个选择显然是不明智的。A 方案可能是这个项目投资的最小规模，在这个最小规模之上追加投资的投资收益率会有所降低，但同样值得投资，因为投资仍然可以获得超过资本成本从而有增量的净收益。

5.2.2　投资回收期法

投资回收期（payback period）是指项目投资后收回项目全部投资所需要的时间，即能够使与此方案相关的累计现金流入量等于累计现金流出量的时间，满足公式：

$$\sum_{t=1}^{n} I_t = \sum_{t=1}^{n} O_t$$

在其他条件相同的情况下，投资回收期短的项目好，投资回收期长的项目差。一般而言，投资回收期包括项目的建设期，即

$$\text{投资回收期}=\text{建设期}+\text{开业后回收全部投资所需要的时间} \quad (5-4)$$

应用投资回收期法需要事先确定一个投资回收期标准，也就是必要投资回收期，并与预计投资回收期相比较。对于独立项目的评估，预计投资回收期小于必要投资回收期，则可以投资；反之，则不应该投资。对于互斥项目的评估，需要在预计投资回收期小于必要投资回收期的项目范围内，选择预计回收期最短的项目。此外，计算预计投资回收期时不要忽略项目的建设期。

投资回收期法的主要优点是思路和计算简单，便于理解；必要投资回收期也在一定程度上考虑了风险，即风险大则要求回收期短，风险小则要求回收期长。主要缺点是没有考虑货币的时间价值，没有全面考虑项目寿命周期的盈利情况。

[例 5-4]

某企业在考虑两个投资项目：C 项目和 D 项目。C 项目未来各年营业现金流量相等。初始投资 200 万元，建设期 4 年，开业后年净现金流量为 40 万元。D 项目未来各年营业现金流量不同。初始投资 200 万元，建设期 2 年，开业后各年营业现金流量分别为 60 万元、30 万元、50 万元、40 万元、90 万元、80 万元。

该企业的要求投资回收期为 8 年。如果 C 项目和 D 项目是各自独立的项目，应该如何决策？如果 C 项目和 D 项目是互斥项目，应该如何决策？

C项目各年营业现金流量相等，则

$$预计投资回收期=建设期+\frac{初始投资额}{预计年现金净流量}=4+200/40=9(年)$$

D项目各年营业现金流量不相等，则

预计投资回收期=建设期+预计开业后回收全部投资所需要的时间

D项目开业后的前4年可回收180万元。第5年现金流量为90万元，这意味着，如果全年90万元现金流量均衡分布，第5年收回20万元需要0.22年。因此

预计投资回收期=2+4+0.22=6.22(年)

C项目需要9年时间收回投资，大于要求回收期8年，因此C项目不可行；D项目需要6.22年时间收回投资，可在要求投资回收期内收回投资，因此D项目可行。

综上所述，无论C与D是独立项目还是互斥项目，都只能选择投资D项目。

5.3 贴现的评估方法

相比非贴现的评估方法，贴现的评估方法更复杂，但在理论上更合理，随着计算机应用的普及，在投资决策中的应用也越来越广泛。

5.3.1 净现值法

投资评估要将投资收益与初始投资相对比，显然合理的处理应该将收益换算为投资之初的值，然后加总，再与初始投资比较。净现值（net present value，NPV）就体现了这样一种思想。具体而言，净现值等于投资获得的未来收益总现值与初始投资之间的差额。

$$NPV=\sum_{t=1}^{n}\frac{CF_t}{(1+k)^t}-CF_0 \tag{5-5}$$

式中，减号前面的部分代表项目未来营业现金流量的总现值；减号后面的部分代表初始净投资，也可以理解为初始现金流量的流出，即$t=0$时的现金流量。在有建设期的情况下，建设期内各年的现金流量都换算为$t=0$时的现值并加总得到$t=0$时的现金流量；营业期间各年的现金流出并入减号前面，与营业期间的现金流入归并得到营业现金流量CF_t。容易理解，净现值就是项目投资的预期价值增值。

理解了净现值的含义，净现值方法的评价原则就显而易见了。对于独立项目，如果净现值 $NPV<0$，说明该项投资会带来价值减值，投资无可行性；如果净现值 $NPV\geqslant 0$，说明该项投资会带来预期价值增值，投资有可行性。对于互斥项目，在净现值大于零的情况下，净现值越大意味着价值增值越大，因此净现值最大的方案为最优。

[例 5-5]

考虑例 5-4 中的 D 项目，初始投资 200 万元，建设期 2 年，开业后寿命期为 6 年，各年营业现金流量分别为 60 万元、30 万元、50 万元、40 万元、90 万元、80 万元。

在贴现率为 10%和 15%的情况下，分别评价该项目的投资可行性。

建设期 2 年，意味投资后前两年的营业现金流量为 0。

在贴现率为 10%的情况下，有

$$\begin{aligned}NPV&=\sum_{t=1}^{n}\frac{CF_t}{(1+k)^t}-CF_0\\&=\frac{60}{(1+10\%)^3}+\frac{30}{(1+10\%)^4}+\frac{50}{(1+10\%)^5}+\frac{40}{(1+10\%)^6}\\&\quad+\frac{90}{(1+10\%)^7}+\frac{80}{(1+10\%)^8}-200\\&=2.7(\text{万元})\end{aligned}$$

净现值大于零，D 项目可行。

在贴现率为 15%的情况下，有

$$\begin{aligned}NPV&=\sum_{t=1}^{n}\frac{CF_t}{(1+k)^t}-CF_0\\&=\frac{60}{(1+15\%)^3}+\frac{30}{(1+15\%)^4}+\frac{50}{(1+15\%)^5}+\frac{40}{(1+15\%)^6}\\&\quad+\frac{90}{(1+15\%)^7}+\frac{80}{(1+15\%)^8}-200\\&=-41.27(\text{万元})\end{aligned}$$

净现值小于零，D 项目不可行。

净现值法综合考虑了收益和风险两方面的情况得出项目的价值增值。在净现值法评估中，未来现金流量表示收益，贴现率表示风险。从例 5-5 中可以看出，贴现率对于净现值的结果的影响很大，这说明只有对贴现率有较为准确的估计，才能得出正确的评估结果。

与平均收益率法相比，净现值法考虑了货币的时间价值，同时反映了价值增值的绝对量。除此之外，净现值法还有很多优点。例如，与回收期法相比，净现值法可以反映要求回收期后项目的收益；由于净现值具有可加性，净现值法也可用于考虑项目组合的复杂情况。此外，净现值法在经过简单调整后可以适应多种评估情况和要求。

净现值法也有其不足，首先是贴现率的确定具有不确定性；其次是现金流量贴现的计算较为麻烦，当然，这一问题在实际工作中可以借助 Excel 的 NPV 函数解决；最后，在评价互斥项目时不能直接比较寿命周期不同的项目的净现值。

5.3.2 内部收益率法

内部收益率（internal rate of return，IRR）是指能够使未来现金流的现值等于初始投资额的折现率，也就是使投资方案净现值为 0 的贴现率。内部收益率应满足以下关系式：

$$\sum_{t=1}^{n} \frac{CF_t}{(1+IRR)^t} - CF_0 = 0 \tag{5-6}$$

为了更好地理解内部收益率的含义，上式也可以改写为：

$$CF_0 = \sum_{t=1}^{n} \frac{CF_t}{(1+IRR)^t}$$

式中，CF_0指投资该项目的初始价格；CF_t指项目在寿命期内的营业现金流量；IRR 是项目的内部收益率，表示该项目预期能够实现的投资收益。

内部收益率的评价原则是：实际测算的内部收益率超过事先确定的内部收益率标准，项目有可行性；否则，就无可行性。而当多个项目相比较时，在达到事先确定的标准的情况下，内部收益率越大，项目越优。

那么，如何确定内部收益率标准呢？内部收益率标准反映公司要求达到的最低收益率，在实际应用中，这个最低收益率可能会根据公司筹资成本计算，也可能会根据项目的风险测量。如果预期内部收益率低于这个标准，意味着公司会遭受损失；而超过这个标准所获得的价值可以看作投资该项目的价值增值。也就是说，内部收益率标准应该等同于净现值法中的贴现率。正因为如此，项目投资评估中经常用资本成本率作为贴现率。

[例 5-6]

沿用例 5-5，假设公司确定的内部收益率标准为 10%，使用内部收益率法评价 D 项目的投资可行性。如果内部收益率标准为 15%，又将如何呢？

显然，只要计算该项目的内部收益率便可判断其可行性。在初级财务管理学中，根据项目计算期现金流量的分布情况采用不同的方法计算内部收益率：如果某一投资项目的投资是在投资起点一次投入，而且经营期各年现金流量相等（即表现为典型的后付年金），可以先采用年金法确定内部收益率的估值范围，再采用插值法确定内部收益率；如果某一投资项目的现金流量的分布情况不能同时满足上述两个条件，可先采用测试法确定内部收益率的估值范围，再采用插值法确定内部收益率。

利用Excel中的IRR函数，只要输入投资和收益基础数据，就可以简单地得出，$IRR=10.27\%$。$10.27\%>10\%$，所以D项目有可行性。同样可以判断，如果内部收益率标准为15%，则D项目没有可行性。

内部收益率法有理论上的合理性，也可应用于独立项目的评估。净现值反映的是项目寿命周期内获得的价值增值；而内部收益率反映的是项目寿命周期内年均收益率。显然，内部收益率属于相对指标，可排除投资规模和项目寿命的影响。这也导致在评估寿命不同的独立项目时，内部收益率法更为方便。一般而言，在评估初始投资额不同的互斥项目时，由于投资者更看重绝对价值增值，因此应当使用净现值法。此外，受计算方式所限，当项目的未来现金流量有多次正负号变化时，内部收益率有可能会有多个解。

5.3.3　案例演示

考虑本章的引导案例，公司筹划的酒店有客房700间。计划于2018年1月1日投资，2018年和2019年年初各投入1亿元和2亿元，2020年1月1日建成营业。

酒店投资总额为3亿元。其中，银行贷款1亿元，于2018年投入，利率为6.5%；股权资本2亿元，于2019年投入，资本成本为10%。预计项目寿命从开业算起为20年，经营20年后净残值为2亿元。所得税税率为25%。

预计营业期间客房平均入住率为80%，平均每日客房价格600元，一年按360天计。假定酒店餐厅、健身房、客房服务等业务的经营利润可以抵销各种设备折旧和利息以外的主业经营成本，不考虑目标物业土地价格和碧天酒店未来的增值。

在净现值计算中，目前流行以WACC（加权平均资本成本）作为贴现率，为确保正确评估这个案例（以及其他案例），需要做进一步分析。

项目的资本投入分为股权资本和债务资本两部分，WACC代表全部债务资本与股权资本的加权平均成本率。使用WACC作为贴现率意味着项目的营业现金流量要首先满足股东和债权人的要求收益，然后才作为公司的价值增值。债权人的要求收益主要以利息形式体现，而在计算营业现金流量时已经扣除了包含利息费用在内的所有付现成本。因此，营业现金流量（利润＋折旧）仅代表流向股东的现金流量，即股权现金流量。可以看出，营业现金流量用WACC进行贴现是不正确的，此时作为分子的营业现金流量只是股东的收益，而作为分母的WACC代表股东和债权人平均的要求收益率，两者口径不一致。

也就是说，常规净现值的计算方法存在错误，表现之一是估算的贴现率与被贴现的现金流量之间不匹配。既然投资决策对企业发展至关重要，代表公司的重大战略，那么有错误就应该更正。这个错误较为明显，更正的方法也容易理解。有两种方法：更改现金流量以匹配贴现率；更改贴现率以匹配现金流量。

通过更改营业现金流量，使营业现金流量包含流向债权人的现金流量即利息，就可以保留用 WACC 作为贴现率，从而得到项目整体角度的评估结果。通过更改 WACC 为股权资本成本并作为贴现率来折现目前常规的营业现金流量，可以得到股权角度的评估结果。为保持整个计算过程的一致性，股权角度的评估还需要做其他调整，下面结合引导案例加以说明和演示。

在进行具体评估前，先计算一些重要的基本数据。

贷款年利息为：

$$10\,000\times6.5\% = 650(万元)$$

固定资产投资总额为 30 000 万元，20 年后残值为 20 000 万元。折旧额按直线折旧法计算，每年为 500 万元。

$$(30\,000-20\,000)/20=500(万元)$$

除了被外围业务的经营利润抵销的部分，开业后每年的经营成本为：

$$500+650 = 1\,150(万元)$$

开业后年收入为：

$$\begin{aligned}入住率\times客房数\times客房价格\times360 &=80\%\times700\times0.06\times360\\&=12\,096(万元)\end{aligned}$$

年税后利润为：

$$(12\,096-1\,150)\times(1-25\%)=8\,209.5(万元)$$

按照开业初即 2020 年年初为基准时间计算净现值。

1. 从项目整体角度评估

从整体角度进行项目评估时，只需要将营业现金流量的估计由“税后利润＋折旧”改为“税后利润＋折旧＋利息费用”，使用 WACC 作为贴现率进行折现后，减去股权资本和债务资本的全部初始投资，即可得到项目整体的价值增值。

此时贷款 10 000 万元是初始投资的一部分；债务利息作为成本，只有节税收益，而不是现金流出。

假定开业前利息支出无法获得节税效果。以营业之初即 2020 年年初（即 2019 年年底）为基准时间（即计算现值的“现在时间”），注意，建设期第一年年末的利息（650 万元）也需要股权资本支付，也就是说，股权资本的实际投入不止 20 000 万元。

$$初始投资=10\,000\times(1+6.5\%)+(20\,000+650)\times1.1=33\,365(万元)$$

未来 20 年中各年的营业现金流量为税后利润加折旧再加利息。

营业现金流量＝8 209.5＋500＋650＝9 359.5(万元)

第 20 年的残值 20 000 万元应该作为第 20 年的现金流入量。

第 20 年的现金流量＝20 000＋9 359.5＝29 359.5(万元)

按照加权平均资本成本估算贴现率：

$$\begin{aligned} WACC &= 20\,000/30\,000\times10\%+10\,000/30\,000\times6.5\%\times(1-25\%)\\ &=8.291\,7\% \end{aligned}$$

将未来 20 年营业和终结现金流量按照 8.291 7%的资本成本作为贴现率进行折现，计算出在营业之初即 2020 年年初的总现值即价值为 93 997.63 万元。

因此，按照 2020 年年初的价值计算，项目角度的净现值为：

NPV＝93 997.63－33 365＝60 632.63(万元)

2. 从股权投资角度评估

从股东角度评估项目，也就是计算权益投资的净现值，即项目投资中股东能够获得的价值增值。此时，相应的初始投资额只包括股东投入的股权资本。

当然，债务资本在其中的作用是不可忽略的。在项目启动时，公司借入债务资本进行投资，假定在项目存续期间公司正常持续经营，可以连续更新续借债务资本（借新债还旧债），但随着项目寿命终结，应该了结所有债务的本息。因此，可以假定债务在初始投资时借入，在项目结束时归还。这意味着股东作为公司所有者在项目结束时有清偿债权本息的责任。所以，如果公司在债务存续期间只按年支付利息，到期归还本金和最后一年的利息，则从股东角度进行评估，在项目启动时现金流量一进一出相互抵销，债务净现金流量为零；在项目运营期间有每年的利息支出；在项目结束时有本金和最后一年的利息支出，表现为终结现金流量的流出。其他还款方式下的现金流量也可相应调整确定。

从股东角度进行评估，经营期间的营业现金流量只包含流向股东的现金流量，按照目前流行的现金流量的算法即可得到。为确保营业现金流量与贴现率之间相互匹配，贴现率要换为股权资本成本，而不是 WACC。

综上所述，从股东角度进行评估，以 2020 年年初（即 2019 年年底）为基准时间：

初始投资＝(20 000＋650)×1.1＋650＝23 365(万元)

项目终结现金流量中的残值为 20 000 万元，将其中 10 000 万元用于最后归还债务本金，项目终结现金流量为 10 000 万元。

未来 20 年的年营业现金流量即税后利润加折旧。

年营业现金流量＝8 209.5＋500＝8 709.5(万元)

第 20 年的营业现金流量必须再加上终结现金流量。

第 20 年的营业现金流量＝8 709.5＋10 000＝18 709.5(万元)

将未来 20 年的营业和终结现金流量按照 10%的股权资本成本进行贴现，计算出在营业之初即 2020 年年初的总现值为 75 635.32 万元。

因此，股权角度的净现值为：

$$NPV=75\,635.32-23\,365=52\,270.32(\text{万元})$$

从股权投资角度和项目整体角度评价，净现值都大于 0，因此，酒店项目投资具有可行性。

使用内部收益率法进行项目评估时，也可从整体角度和股东角度入手，由于内部收益率法与净现值法原理上是相通的，这里不再赘述。

5.4 典型情况下的投资决策

在实际工作中，企业往往面临更为复杂的情况，下面以购买设备的典型情况为例介绍投资决策。在购买设备时面临的决策有：已有的旧设备是维修还是更新？新设备是融资租赁还是贷款购买？等等。

5.4.1 设备修理与设备更新

如前所述，净现值法的一个局限是无法评价寿命周期不同的互斥项目。下面，通过例题来说明如何评价寿命周期不同的项目。

[例 5-7]

某企业有一批设备已经落后，目前考虑购置新设备或维修旧设备。如果全部更新，购置成本为 100 万元，预期寿命 8 年，旧设备变卖后所得 30 万元；如果进行维修，总费用 40 万元，预期寿命 4 年，此外设备每年需额外支出修理费用 2 万元。两种方式下到寿命终结时设备都无残值，资金成本为 10%，企业应采用哪种方案？

如果采用净现值法的思路决策（计算过程略），更新设备成本为 700 000 元，修理设备成本为 463 397.31 元，应该选择修理设备。但是更新设备能够给设备带来 8 年的寿命，修理设备只有 4 年，显然两者的现金流出量的现值是没有办法直接比较的。

那么，到底应该如何评价寿命周期不同的项目呢？

通常可以使用净年值法进行决策。净年值（net annual value，NAV）是指按给定的贴现率，通过等值换算将方案计算期内各个不同时点的净现金流量分摊到计算期内各年的等额年值。也就是说，在已知净现值、项目寿命和贴现率时，假定每年现金净流量是相等的年金，这个等额年金就是净年值。简言之，净年值等于净现值除以年金现值系数。

以 NAV 代表净年值，则

$$NPV = \sum_{t=1}^{n} \frac{NAV}{(1+i)^t} \tag{5-7}$$

$$NAV = NPV / \sum_{t=1}^{n} \frac{1}{(1+i)^t} \tag{5-8}$$

在现实中，净年值法经常用于解决维修与更新之间的投资选择问题。维修与更新不影响公司的收入，但是其成本与设备寿命不同，因此不能直接比较两种方案的净现值或投资总额。如果将净现值分摊到各年，得到净年值，就可以表示两种方案平均每年的成本，显然，排除了设备寿命不同的影响后，平均成本是具有可比性的。这种情况下，净年值小的方案为优。

考虑维修和更新两个方案。由于两个方案的适用贴现率都为 10%，则 4 年期的年金现值系数为 3.169 865，8 年期的年金现值系数为 5.334 926。

因此，计算两个方案的净年值如下：

$NAV_{更新}$ = 700 000/5.334 926 = 131 210.82(元)

$NAV_{维修}$ = 463 397.31/3.169 865 = 146 188.34(元)

维修设备净年值大，即平均成本较高，所以应该选择更新设备。

5.4.2 融资租赁与贷款购买

公司在外购设备时经常面临融资租赁还是贷款购买两种选择。

[例 5-8]

某公司需要外购一批设备，目前有两种方案，A 方案是采用融资租赁的方式，一次性投入 20 000 元后，每年末支付租金 10 000 元。B 方案是采用全款购买的方式，公司需贷款 78 000 元，贷款期 5 年，每年等额还款。已知设备使用寿命为 5 年，采用直线法计算折旧，到期后残值为零，公司必要报酬率为 15%，贷款利率为 15%，所得税税率为 30%。公司应该选择哪种方案?

贷款购买很容易理解，公司贷款后购买设备，拥有设备的使用权与所有权。

融资租赁涉及承租人、出租人和供货人三方，其中承租人指需要租赁物件的公司，供货人指物件供应商。出租人起到中介的作用，首先出资向供货人购买租赁物件，然后租给承租人使用，承租人则分期向出租人支付租金，在租赁期内租赁物件的所有权属于出租人，承租人拥有租赁物件的使用权。租期届满，再根据合同规定决定租赁物件的归属权。

在处理这样的决策问题时，所用方法类似于净现值法，首先分别计算出两种方案每年的现金净流出值，再根据贴现率折现计算现金流出现值，由于两种方案互斥，因此最后应选择现金流出现值最小也就是成本最小的方案。

$$A方案的现金流出现值=\sum_{t=1}^{5}\frac{10\ 000}{(1+15\%)^t}+20\ 000=53\ 521.55(元)$$

对于B方案，需要考虑每期还款额、利息费用、折旧额和节税收益。以第1年末为例：

$$每期还款额=\frac{78\ 000}{PVIFA_{15\%,5}}=23\ 268.61(元)$$

$$利息费用=78\ 000\times 15\%=11\ 700.00(元)$$

$$折旧额=\frac{78\ 000}{5}=15\ 600.00(元)$$

$$抵税额=(11\ 700.00+15\ 600.00)\times 30\%=8\ 190.00(元)$$

$$税后现金流出量=23\ 268.61-8190.00=15\ 078.61(元)$$

$$现金流出现值=\frac{15\ 078.61}{1+15\%}=13\ 111.84(元)$$

B方案各年现金流出现值的计算如表5-3所示。

表5-3　B方案现金流出现值计算表　　单位：元

年末	剩余本金	还款额	利息费用	折旧额	抵税额	税后现金流量	现金流出现值
1	78 000.00	23 268.61	11 700.00	15 600.00	8 190.00	15 078.61	13 111.84
2	66 431.39	23 268.61	9 964.71	15 600.00	7 669.41	15 599.20	11 795.24
3	53 127.48	23 268.61	7 969.12	15 600.00	7 070.74	16 197.88	10 650.37
4	37 827.99	23 268.61	5 674.20	15 600.00	6 382.26	16 886.35	9 654.83
5	20 233.58	23 268.61	3 035.03	15 600.00	5 590.51	17 678.10	8 789.14

根据表5-3的数据可得：

$$\begin{aligned}B方案的现金流出现值&=13\ 111.84+11\ 795.24+10\ 650.37\\&\quad+9\ 654.83+8\ 789.14\\&=54\ 001.41(元)\end{aligned}$$

A方案的现金流出现值小于B方案的现金流出现值，应选择A方案。

5.5 投资决策中的风险考虑

投资收益存在不确定性，在追求投资收益的同时，不可忽略投资的风险。即便投资项目测算的净现值很大，也难免在天时、地利、人和等各种因素变化时出现亏损。投资决策环节是整个投资风险控制的起点，对投资项目以及公司的风险控制有决定性的作用。所以，努力避免投资决策失误是强化投资风险管理的首要环节。

5.5.1 基于风险的决策思路和方法

在投资评估与决策阶段，理论上往往通过净现值法来考虑和规避不必要的风险。具体有三种基本的思路与方法，即风险调整法、敏感性分析和场景分析。

1. 风险调整法

风险调整法具体有两种方法：一种方法是根据项目风险的大小调整净现值公式中分子的现金流量；另一种方法是调整净现值公式中分母的贴现率。对分子或分母调整后重新计算净现值，并根据调整后计算的净现值做出投资决策。

调整现金流量的具体做法是：先按照风险的大小确定一个约当系数 d。d 的取值范围在 0～1，风险大则接近 0，风险小则接近 1。具体取值通常根据经验主观确定。用 d 乘以预测的各年不确定的现金流量，将其折算为对等的确定当量（certainty equivalent）。所谓确定当量即对投资者有同等吸引力的对应确定的量。然后，按照无风险利率 r 折现各年的确定当量，计算投资方案的净现值，并据以进行投资决策。

相应的净现值公式为：

$$NPV = \sum_{t=1}^{n} \frac{dCF_t}{(1+r)^t} - CF_0 \tag{5-9}$$

由于风险越大，d 越小，确定当量及其总现值越小，NPV 就越不容易为正值，项目越不容易被采用，这样就可以规避风险大的项目。

调整贴现率的具体做法是：按照“无风险利率 r＋风险补偿率 p”考虑确定贴现率。风险大则风险补偿率 p 大，风险小则风险补偿率 p 小。与约当系数类似，风险补偿率通常也是根据经验主观确定。在充分考虑风险确定了贴现率之后，按照新的贴现率计算项目的净现值，并据以做出投资决策。

相应的净现值公式为：

$$NPV = \sum_{t=1}^{n} \frac{CF_t}{(1+r+p)^t} - CF_0 \tag{5-10}$$

由于风险越大，p 越大，$(1+r+p)^t$ 越大，NPV 就越不容易为正值，项目越不容易被采用，这样就可以规避风险大的项目。

当然，无论是调整分子的现金流量，还是调整分母的贴现率，如果调整后净现值仍然大于 0，就说明考虑风险后项目仍然值得投资。可以看出，上述两种调整思路有其合理性。美中不足的是，在目前的主流认识中，约当系数和风险补偿率只能根据经验主观确定，没有合适的方法来估计。本书第 7 章会进一步探讨约当系数和风险补偿率的确定问题。

2. 敏感性分析

敏感性分析，即分析净现值对各种影响因素变动的敏感程度，然后对敏感因素做进一步的深入研究和分析，重新评判项目的可行性，并做出投资决策。

净现值的影响因素主要是影响营业现金流量的因素，如价格、销售量或业务量、各种固定成本和变动成本等。此外，像建设周期、项目寿命等时间方面的因素也值得分析。如果净现值对某一（些）因素的变动特别敏感，而这一（些）因素又特别不确定，朝不利方向变动的可能性较大，则很可能引起净现值小于 0，意味着该项目风险较大，应该引起警惕；反之，如果净现值较为敏感的因素相对确定，则项目风险较小，可以考虑投资。

3. 场景分析

场景分析，即分析未来会出现的各种可能场景（同时包含多个因素变动），重新计算各种可能场景下的净现值，进一步研究不利场景出现的可能性，重新评判项目的可行性。

常见的场景分析是将未来的可能场景划分为社会和经济繁荣、稳定、萧条，或者简单分为项目的前景好、中、差等，再分析各种场景下的收入、成本、现金流量，并计算净现值等评估指标。有实际价值的场景分析应该针对所评估的项目设想未来可能出现的典型场景，而不是简单化和一般化地划分。

如果在各种场景下净现值都大于 0，则项目风险较小，可以投资。如果在有的场景下净现值小于 0，则项目风险较大。在后一种情况下，需要进一步研究不利场景出现的可能性以及不利的程度等，再决定是否投资。

5.5.2 案例演示

多数投资对产品价格和业务量极为敏感。在引导案例的酒店项目投资中，基本上可以判断投资可行性对入住率非常敏感。客房收入主要是由入住率和客房价格两大因素决定，可以进一步对这两大因素进行分析。

例如，结合场景分析和敏感性分析的思路深入分析，随着各式酒店的兴起、人们出行居住方式的增多以及酒店装修和设备的老化，酒店的入住率在未来 20 年里会逐渐递减。假设从 2020 年开业起，平均入住率每年下降 10 个百分点。

在客房价格方面，600 元是设想的常规价格。在实际运营时，淡季或工作日都可能实行折扣价，再加上旅行社和 VIP 购票优惠，估计实际的平均客房价格为 500 元。

假定初始投资、终结时的残值和其他成本、收入项目的情况不变，则贷款年利息仍为 650 万元，年折旧额仍为 500 万元。开业后年经营成本仍为 1 150 万元。

与原来的测算相比，年收入将不同。

2020 年收入为：

$$入住率\times客房数\times客房价格\times360=80\%\times700\times0.05\times360=10\,080(万元)$$

之后各年入住率每年下降10个百分点，意味着营业收入每年减少10%，即收入为上年的90%。

由于其他成本被外围业务和经营的利润抵销，2020年的税后利润为：

$$(10\,080-1\,150)\times(1-25\%)=6\,697.5(\text{万元})$$

之后利润随着每年收入的减少而减少。

下面同样从股权投资角度和项目整体角度以2020年年初（或2019年年底）为基准时间计算净现值。

1. 从股权投资角度评估

从股权投资角度看，初始投资不考虑贷款10 000万元。

以2020年年初（或2019年年底）为基准时间：

$$\text{初始投资}=(20\,000+10\,000\times6.5\%)\times1.1+10\,000\times6.5\%=23\,365(\text{万元})$$

未来20年的年营业现金流量即税后利润加折旧。经营第20年的残值20 000万元，其中10 000万元用于最后归还债务本金，还剩余10 000万元。2020年营业现金流量 = 6 697.5 + 500 = 7 197.5万元，之后随收入的减少而减少，到第20年（2039年）为658.7万元。

列表计算未来20年各年的现金流量，如表5-4所示。

以10%的股权资本成本作为贴现率，计算出未来现金流量的总现值在营业之初即2020年年初的价值为35 517.16万元。因此，股权角度的净现值为：

$$NPV=35\,517.16-23\,365=12\,152.16(\text{万元})$$

净现值大于0，说明从股权投资角度看，投资可行。值得注意的是，对照原来的净现值52 270.32万元可发现，考虑价格折扣和入住率下降因素后，净现值大幅下降。

2. 从项目整体角度评估

从项目整体角度看，贷款10 000万元是初始投资的一部分；债务利息是债权人的收入，虽然是公司的经营成本，但从公司全部投资人角度看，只有节税收益，而没有现金流出。

同样，以2020年年初（或2019年年底）为基准时间：

$$\text{初始投资}=10\,000\times(1+6.5\%)+(20\,000+650)\times1.1=33\,365(\text{万元})$$

由于贷款10 000万元已经算作初始投资（现金流出）的一部分，经营第20年末的本金归还就不算作现金流出，残值20 000万元自然全部作为第20年的现金流入量。未来20年的年营业现金流量即税后利润加折旧再加利息。

2020年营业现金流量为6 697.5+500+650=7 847.5万元，之后逐年减少，2038年的现金流量为1 422.2万元；2039年（经营最后一年）的现金流量为20 000+1 308.7 = 21 308.7万元。

列表计算未来20年各年的现金流量，如表5-5所示。

表 5-4　酒店项目股权投资角度的各年现金流量估计　单位：万元

序号	1	2	3	4	5	6	7	8	9	10
年份	2020	2021	2022	2023	2024	2025	2026	2027	2028	2029
入住率	80%	72.0%	64.8%	58.3%	52.5%	47.2%	42.5%	38.3%	34.4%	31.0%
收入	10 080.0	9 072.0	8 164.8	7 348.3	6 613.5	5 952.1	5 356.9	4 821.2	4 339.1	3 905.2
经营成本	500	500	500	500	500	500	500	500	500	500
利息	650	650	650	650	650	650	650	650	650	650
税前利润	8 930.0	7 922.0	7 014.8	6 198.3	5 463.5	4 802.1	4 206.9	3 671.2	3 189.1	2 755.2
税后利润	6 697.5	5 941.5	5 261.1	4 648.7	4 097.6	3 601.6	3 155.2	2 753.4	2 391.8	2 066.4
现金流量	7 197.5	6 441.5	5 761.1	5 148.7	4 597.6	4 101.6	3 655.2	3 253.4	2 891.8	2 566.4
序号	11	12	13	14	15	16	17	18	19	20
年份	2030	2031	2032	2033	2034	2035	2036	2037	2038	2039
入住率	27.9%	25.1%	22.6%	20.3%	18.3%	16.5%	14.8%	13.3%	12.0%	10.8%
收入	3 514.7	3 163.2	2 846.9	2 562.2	2 306.0	2 075.4	1 867.8	1 681.1	1 513.0	1 361.7
经营成本	500	500	500	500	500	500	500	500	500	500
利息	650	650	650	650	650	650	650	650	650	650
税前利润	2 364.7	2 013.2	1 696.9	1 412.2	1 156.0	925.4	717.8	531.1	363.0	211.7
税后利润	1 773.5	1 509.9	1 272.7	1 059.2	867.0	694.0	538.4	398.3	272.2	158.7
现金流量	2 273.5	2 009.9	1 772.7	1 559.2	1 367.0	1 194.0	1 038.4	898.3	772.2	10 658.7

注：入住率是指年均入住率，收入、经营成本、利息、税前利润、税后利润、现金流量都指各年数额。现金流量指股权现金流量。由于折旧以外的其他成本被外围业务经营的利润抵销，这里的经营成本就等于折旧。

表 5-5　　酒店项目整体角度的各年现金流量估计　　单位：万元

序号	1	2	3	4	5	6	7	8	9	10
年份	2020	2021	2022	2023	2024	2025	2026	2027	2028	2029
入住率	80%	72.0%	64.8%	58.3%	52.5%	47.2%	42.5%	38.3%	34.4%	31.0%
收入	10 080.0	9 072.0	8 164.8	7 348.3	6 613.5	5 952.1	5 356.9	4 821.2	4 339.1	3 905.2
经营成本	500	500	500	500	500	500	500	500	500	500
利息	650	650	650	650	650	650	650	650	650	650
税前利润	8 930.0	7 922.0	7 014.8	6 198.3	5 463.5	4 802.1	4 206.9	3 671.2	3 189.1	2 755.2
税后利润	6 697.5	5 941.5	5 261.1	4 648.7	4 097.6	3 601.6	3 155.2	2 753.4	2 391.8	2 066.4
现金流量	7 847.5	7 091.5	6 411.1	5 798.7	5 247.6	4 751.6	4 305.2	3 903.4	3 541.8	3 216.4
序号	11	12	13	14	15	16	17	18	19	20
年份	2030	2031	2032	2033	2034	2035	2036	2037	2038	2039
入住率	27.9%	25.1%	22.6%	20.3%	18.3%	16.5%	14.8%	13.3%	12.0%	10.8%
收入	3 514.7	3 163.2	2 846.9	2 562.2	2 306.0	2 075.4	1 867.8	1 681.1	1 513.0	1 361.7
经营成本	500	500	500	500	500	500	500	500	500	500
利息	650	650	650	650	650	650	650	650	650	650
税前利润	2 364.7	2 013.2	1 696.9	1 412.2	1 156.0	925.4	717.8	531.1	363.0	211.7
税后利润	1 773.5	1 509.9	1 272.7	1 059.2	867.0	694.0	538.4	398.3	272.2	158.7
现金流量	2 923.5	2 659.9	2 422.7	2 209.2	2 017.0	1 844.0	1 688.4	1 548.3	1 422.2	21 308.7

注：本表中的现金流量指项目现金流量。其他各项的含义与表 5-4 相同。

加权平均的资本成本：

$$WACC = 20\,000/30\,000 \times 10\% + 10\,000/30\,000 \times 6.5\% \times (1-25\%) = 8.291\,7\%$$

按照 8.291 7%的资本成本，计算出未来现金流量的总现值在营业之初即 2020 年年初的价值为 47 136.88 万元。因此，项目整体角度的投资净现值为：

$$NPV = 47\,136.88 - 33\,365 = 13\,771.88(万元)$$

从项目整体角度评价，净现值也大于 0，因此，酒店项目投资有可行性。对照原来的净现值 60 632.63 万元可发现，考虑价格折扣和入住率下降因素后，净现值大幅下降。这说明项目收益有较大不确定性，投资风险应该引起足够关注，可事先考虑和采取应对措施。

思考题

1. 投资回收期法有什么优缺点，其缺点能修正吗？
2. 说明净现值法评估投资项目的决策准则及其合理性。
3. 计算净现值时用 WACC 作为营业现金流量的贴现率是否正确？为什么？
4. 试说明从项目整体和股权投资两个角度评估项目的可行性和必要性。
5. 敏感性分析与场景分析有什么不同？

案例分析

针对引导案例中的碧天酒店项目，假设从 2020 年开业起，平均入住率每年下降 15 个百分点而不是 10 个百分点，其他条件不变。

思考：请从股权投资和项目整体两个角度重新评估该项目的可行性。

第 6 章

考虑实物期权的投资决策

[引导案例]

小张毕业于国内某名牌大学财务专业，毕业后在一家大型投资公司谋到一个投资分析师的职位。

公司投资的项目以大型实业为主，偶尔也做一些 VC（风险投资）、PE（私募股权）类的项目。公司投资项目前经常请国际著名的咨询公司出具投资分析报告。小张的任务主要是分析这些投资报告，并在公司重大决策讨论会上就有关项目发表自己的意见和建议，供领导决策参考。

周一上午，国际著名的 M 咨询公司关于 W 项目的投资分析报告送来了，小张照例开始阅读。报告的结构小张已经司空见惯，是按项目简介、社会意义、宏观分析、行业分析、技术分析、投资与成本、收益预测、财务分析、风险分析、决策建议等依序排列的。

W 项目成为公司内部的谈论焦点已经有些时日了。对项目简介、社会意义、宏观分析、行业分析几个部分，小张没发现什么问题。对于后面的投资与成本、收益预测、财务分析、风险分析、决策建议等部分，小张仔细阅读后发现，按照 M 公司提交的报告，W 项目投资总额为 11.66 亿元，建设期 3 年，投产后寿命周期估计为 20 年；投产运营期间，每年的成本耗费大约为 8.99 亿元，其中固定成本为 3.33 亿元；根据收益预测，W 项目的净现值为 0.01 亿元；由于净现值太小，M 公司建议不投资 W 项目。

看到最后的决策建议，小张心想：净现值虽然不大，却也是个正数；而且，100 万元也不算很小。财务课本和课堂上都明确讲了：净现值大于零值得投资，净现值小于零不值得投资。为何根据一个正的净现值居然得出不投资的建议呢？

思考： 如果你是小张，你会如何理解和评价这个投资建议？另外，回答以下问题：

1. 如果说净现值大于零但较小的情况下不应该投资，那是为什么呢？净现值多大才可以投资？

2. 如果说净现值大于零但较小的情况下也可以投资，有什么前提条件？

投资决策是公司最重要的决策，投资形成的节约是最大的节约，投资造成的浪费也是最大的浪费，往往对公司有全局性、深远的影响。从某个角度讲，这种重要性源于投资决策的战略特性。换句话说，投资决策其实往往也是公司的战略决策。

投资与战略一样，要面对不确定的未来。未来有机会也有威胁，潜在的机会未必一定要利用，潜在的威胁也未必一定会降临。因此，战略的制定要谨慎，战略的执行要审时度势，保持灵活性并留有应变余地。

这意味着投资评估应该考虑未来的机会和威胁，考虑管理者在遇到机会和威胁时的灵活性。但传统方法只能按照做或不做的思路对某个项目进行投资评估，没有随机应变的余地，无法考虑未来“有利情况下做，不利情况下不做”的灵活性。

6.1 投资中的实物期权

公司的投资决策有两方面的目标：一方面是项目本身所能带来的现金流量；另一方面是项目所能带来的未来机会或灵活性。

传统财务管理依靠单一的贴现方法评估项目（如净现值法），无法评估机会和灵活性的价值，也就无法全面评估项目所能带来的价值增值。未来机会和灵活性以及应变调整等代表公司拥有的实物期权，理论上只能借助期权定价方法来评估。

本节探讨投资中涉及的实物期权，并通过案例研究说明如何综合考虑项目带来的收益和实物期权来评价项目投资的得失与可行性。

6.1.1 对引导案例的初步分析

先思考一下本章的引导案例，M 公司拒绝投资 W 项目的建议有道理吗？为什么？

M 公司建议拒绝 W 项目的理由是净现值太小。净现值是根据预测的未来现金流量得出的项目可以带来的期望价值增值，代表预计投资可以获得的价值增值。净现值是根据预测的未来现金流量计算的，具体见第 5 章公式（5－3）。

未来的现金流量受未来业务的收入与成本的影响，而收入又受单价和业务量的影响，如此细分下去，影响因素众多且错综复杂。这意味着净现值的计算结果只能是一个大约的数字，而不是一个准确值或确定值。也就是说，净现值代表了所考虑的投资项目大约的预期价值增值。由此可以判定，小的（正或负的）净现值其实相当于净现值约等于零。

用 $NPV>0$ 表示净现值明显大于 0；$NPV=0$ 表示净现值接近 0；$NPV<0$ 表示净现值明显小于 0。目前不投资，未来一定时期（如 1 年）后有两种可能：一种可能是 $NPV>0$，应该选择投资，结果为 $NPV>0$；另一种可能为 $NPV=0$ 或 $NPV<0$，应该选择不投资，而不投资意味着初始投资为 0，投资的收益也为 0，从而 $NPV=0$。

综上所述，如果目前不投资，节省下来的资源在未来有两个结果：净现值明显大于 0 和净现值等于 0，即 $NPV>0$ 和 $NPV=0$。一般而言，虽然难以确切估计这两个结果的概率，但可以肯定，这两种结果的可能性都不为 0，或者说都大于 0。这就意味着两种情况下净现值的期望值应该明显大于 0，其现值当然也应该明显大于 0。不投资的净现值明显大于 0，而投资得到的净现值约等于 0。两相比较，应该选择不投资。

也许这个分析结论出乎多数人的意料。这也不奇怪。到目前为止，多数初级财务学、中级财务学以及高级财务学采用的理论和方法处于同一个层次，即只能运用贴现方法进行分析和决策，对净现值为很小正数的项目是否应该投资这样看似简单的问题无法回答，因为这样的问题实际上涉及期权，是初级财务学或贴现方法力所不能及的。

常识和直觉会告诉我们，净现值约等于 0 不应该投资。这究竟是为什么呢？公司将有关资源用在净现值约等于 0 的项目上，就不能将这些资源再用在未来的项目上。这些资源包括管理者的时间和精力、公司的资本或融资能力等。资源被占用意味着灵活性的降低，或者说是有负的灵活性。用实物期权来解释，这说明公司进行此项目的投资会失去实物期权，即不投资保留了未来投资或不投资的选择权，投资则失去了这个选择权。

就 W 项目而言，若目前投资，得到净现值为 100 万元，也就是预期可以获得价值增值约 100 万元，但同时失去了相应资源用于未来项目的灵活性。之所以直觉会告诉我们不应该投资，是因为所失去的灵活性的价值很可能远大于 100 万元，只不过靠直觉无法确切计算这个价值。

按照直觉和常识，不应该投资 W 项目；按照常规财务教材的标准，应该投资 W 项目。现在有了实物期权的思想，哪个选择更正确，也就不难判断了。

现实中，对于只有很小净现值的项目，几乎没有人会愿意投资。这说明人们的直觉和常识在一定程度上是可以信赖的。但如果我们停留在初级财务管理层次上，那将连最简单的现实决策也解释不了，更不用说做出超出常识水平的财务决策了。可见，在初级财务学或常规财务学的基础上学习实物期权的理论与方法是多么必要而且重要。

6.1.2 投资中的实物期权

前述 W 项目涉及的实物期权属于投资中的等待期权（waiting option）。对于 W 项目，决策结论是由于净现值（相对于投资额）太小，应该暂时先不投资，等等看。除了这种等待期权，投资决策中常见的实物期权还有增长期权（growth option）、放弃期权（abandonment option）以及经营期权。

1. 增长期权

增长期权是指一项投资能够带来后续追加投资获利的机会，也称扩张期权或进入（新领域）期权。通常进入新市场或新行业的投资会有这类期权。

增长期权又可分为规模扩大期权（scaling up option）和范围拓展期权（scoping up option）。公司投资进入一个领域相当于开创了一片新的天地，在此基础上可以考虑扩大规模和拓展范围。因此，不少进入新领域的投资都有增长期权。

比如，海尔公司在 20 世纪 80 年代的冰箱投资就有明显的增长期权。那时刚开始改革开放，也刚开始引进西方技术，对于技术和市场前景都没有把握。在那种情况下，投资成功与失败的概率也许各占一半，可以粗略地认为净现值接近零。但是，在初期冰箱投资获得成功的基础上，海尔公司会有进一步投资的机会，可以扩大冰箱生产规模，也可以拓展经营范围，进入其他家用电器领域（如电视机、空调机等），这些增长期权的价值肯定大于零，由此决定了初期冰箱投资的合理性和可行性。

当然，在投资决策中考虑实物期权，不是指简单的定性考虑，而是指确切的定量考虑。要定量考虑实物期权，就要应用期权定价模型，包括布莱克-斯科尔斯模型和二项树模型。要用模型计算相应实物期权的价值，首先要确定相应实物期权的性质、头寸以及基础变量取值，也就是辨别是买方期权还是卖方期权，是空头还是多头。空头是指因为投资会失去某个期权；多头是指因为投资会得到某个期权。

增长期权是一种买方期权。公司可以从自身考虑，审时度势，选择是维持现状还是进一步发展，做出最有利的选择。也就是说，公司有“可以而不是必须”投资的权利。作为一种买方期权，标的资产是相应追加投资机会所对应的项目，到期期限是到公司实施投资扩张的最后时机的时间长度，约定价格是扩张投资所需要的资金数额。其他基础变量（如无风险利率、标的资产价值以及标的资产收益波动率）都可以根据常规方法估计。

2. 放弃期权

放弃期权是指公司有放弃（abandon）项目的机会。注意，这里的放弃不是指无条件地“废弃”，而是指可以无损失或得到适当补偿情况下的放弃。即项目可以按照合理价格出售，或低成本地转换用途，而不是简单意义上的放弃，不是指公司投资半途而废或项目因扭亏无望而停业等。如果公司投资之后发现当初的投资决策是错误的，想半途而废，这种情况恰恰说明公司在这个项目上没有放弃期权。

与增长期权类似，放弃期权可分为规模压缩期权（scaling down option）和范围收缩期权（scoping down option）。在环境不利或市场由升转降的情况下，如果项目有放弃期权，公司可以选择压缩规模、出售项目或考虑转产，从而在某种程度上避免损失。所以，放弃期权是保护投资免受或少受损失的一个选择。

实际上，有放弃期权表明项目的投资有可逆性。由于多数项目的投资不可逆，即无法按照合理的价格变现，而转换用途往往要支付高昂的转换成本，因此，多数项目的投资没有放弃期权。正因为如此，投资决策要谨慎，要充分考虑风险。

放弃期权是一种卖方期权。因为在未来发现前景不利时公司“可以而不是必须”放弃，所以是多头期权。作为一种卖方期权，其到期时间是预计的前景变坏的时间；其约定价格是项目可以变卖的价格，或者是项目转换用途后的总价值。

3. 等待期权

等待期权是指公司在投资进入或退出某个项目前可能有等待的机会，也称延迟期权或时机选择期权。之所以也称为时机选择期权，是因为如果选择未来某个时间投资，则要等待一定时间。所以，是否等待与时机选择实际上是同样的问题。

人们常说的时不我待、机不可失、时不再来等，都意味着许多事情没有等待的机会，无论是进入前的等待还是退出前的等待。同样，只有少数投资有等待期权，而可以等待的投资机会就更少了。现实中投资机会往往是有时效性的，不能随意等待；一旦天时、地利、人和等方面有所变化，投资可行性就会消失。

前面对 W 项目做的最简单通俗的分析，有助于深入理解投资与实物期权之间的紧密联系。之所以 W 项目净现值太小就不投资，是因为未来可能会有净现值明显大于零的项目，投资 W 项目会使公司失去等待更好投资的机会。而且，该项目没有其他多头期权，如增长期权等；如果有，决策结果可能又会不同。

一旦投资就失去等待期权，这意味着等待期权是一个空头期权；同时，由于等待意味着根据机会是否足够好来决定是否投资，因而是一种买方期权。综合这两个特征可知，等待期权是一个空头买方期权。其约定价格是未来投资所需的数额，到期时间是可以等待的时间长度。

4. 经营期权

一旦建设完工，项目投产运营，就进入了项目的经营阶段。在各种经营决策中，公司同样会有灵活性，表现为“可以而不是必须”做某些事情。比如，如果产品价格低于成本，公司有暂时停产的灵活性。也就是说，如果暂时中断生产或经营不会有大的损失，或者重新启动生产或经营不会有高成本，在市场不利的情况下可以暂停经营。再比如，在某种程度上，自动化设备或计算机系统与人力资源之间有相互替代的灵活性；在某种原材料紧缺或价格过于高昂的情况下，有用其替代品的灵活性；等等。

这些灵活性的常规运用会影响公司的收入和成本，从而影响利润和现金流量，也会影响投资决策中净现值的计算，即影响投资的可行性。

6.1.3 考虑实物期权的投资评估

如第 5 章所述，净现值代表投资项目预期能够带来的价值增值；净现值法是理论上最合理的投资评估与决策方法，与公司的财务目标完全一致。

虽然净现值的计算存在缺陷，但从大的思路框架来讲，按照价值增值评估项目可行性是合理的。因此，考虑实物期权后，通常还借用净现值的思路评估投资项目。具体方法是将传统计算方式下的净现值加以修正，将投资引起的实物期权变化纳入考虑，并按照修正后的净现值进行决策。即将净现值修正为：

$$净现值=传统净现值\pm期权价值 \qquad (6-1)$$

式中，“±期权价值”的含义是，如果投资将引起实物期权的增加，则为“+期权价值”；如果投资将引起实物期权的减少，则为“−期权价值”。注意，多数情况下投资会引起实物期权的增加，因此考虑实物期权会增加净现值，但并非总是如此。既然可能增加也可能减少期权价值，考虑实物期权后的净现值未必大于传统的净现值。

将传统净现值修正为考虑实物期权的净现值后，净现值评估的原则不变，即净现值>0，投资；净现值<0，不投资。

在传统的单纯考虑项目自身现金流量的基础上又考虑实物期权，就既考虑了项目带来的波动的现金流量的价值，也考虑了项目带来的或有现金流量的价值。这样就全面考虑了项目的成本与收入以及风险与收益，只有这样评估，才能得到正确的评估结果和决策结论。

这里的期权是指实物期权。我们已经在第 2 章专门介绍了计算期权价值的模型，即布莱克-斯科尔斯模型和二项树模型，并举例说明了期权价值的计算。实物期权的价值也可以借用同样的模型进行计算。下面两节分别用经营期权和投资期权演示如何计算实物期权的价值以及如何考虑实物期权进行投资评估。

6.2　经营期权分析与决策

如前所述，经营期权指企业在经营中的灵活性。这种灵活性可能来自生产要素之间的替代和组合，还可能来自生产计划（产能利用率）的随机应变、灵活安排。经营中有无灵活性及其灵活程度会影响后续经营期的收入、成本与利润，如果有显著影响，则在投资决策时有必要加以考虑。

6.2.1　经营期权分析步骤

对未来经营期权的分析可以分以下两步进行：

1. 判断有无经营期权

即判断在生产要素方面、生产安排方面有无遇到不利情况或有利情况的灵活性。比如，生产要素的组合比率是否可变。如果可变，则有这方面的经营期权。也就是说，随着各种生产要素市场价格的波动，可以多利用低成本的生产要素，少利用高成本的生产要素。再如，生产安排是否可变。如果可变，则有相应的经营期权。具体而言，随着各种产品市场价格的波动，可以调整产品产量的组合，多生产高利润的产品，少生产甚至暂停生产亏损产品。

2. 确定如何定量考虑经营期权

经营期权相对简单，兼顾解决问题的合理性与方便性，建议尽可能采用方便的方法考虑经营期权的作用及其价值，具体可参照 6.2.2 节中案例的思路和计算方法。不一定要采用第 2 章介绍的布莱克-斯科尔斯模型和二项树模型计算经营期权的价值，因为这两个模型在确定和计算参数方面较为复杂。

6.2.2　经营期权分析案例

康达公司准备竞标非洲某国 G 油田的开采权。G 油田的面积为 60 平方千米，油田储量达每平方千米 200 万吨，其中可开采量在 60%左右。根据康达公司的初步调查和经验，在这个油田上可以布设 20 口钻井，投产后同时开钻采油，单井日产量约为 100 吨。拿下 G 油田开采权后，需要一年时间进行基础投资和准备，包括场地清理、道路建设、设备购置和安装、生产和销售班子以及管理团队搭建等，投资数额估计需要 3 000 万元。基础设施投产后，生产成本大约为每桶原油 400 元。一桶原油的重量可以按 150 千克计算。如果遇到市场情况不利，可以暂不生产，由此造成的成本（不含利润损失）包括设备损耗、人员工资、办公费用等，为每天 1 万元，一年为 360 万元。根据以往的经验，原油的价格取决于国际市场行情，波动范围在每桶 260～780 元，基本呈均匀分布。已知在该国开采石油的适用所得税税率为 30%。考虑到在该国开采及在国际市场销售石油的各方面的风险，确定合适的贴现率为 10%。

这次 G 油田在国际上招标 10 年的开采权，10 年后是否可以获得开采权与本次中标与否无关。同时规定建设期为 1 年，即中标 1 年后无论开采与否都开始计算开采年数。参与竞标的有多家知名的国际大公司，为争取这个机会，康达公司需要考虑 G 油田开采权出价的上限。如何合理估计这个上限呢？

1. *初步分析*

石油属于液体产品，开采单日产量很大，因此难以通过库存来规避市场价格波动的风险。或者说，只能通过产量调整来减少市场价格波动的影响。另外，一桶原油为 150 千克即 0.15 吨。

G 油田总储量：200×60＝12 000（万吨）
可开采量：12 000×60%＝7 200（万吨）
7 200/0.15＝48 000（万桶）
日开采能力：100×20＝2 000（吨）
2 000/0.15＝13 333（桶）
年开采能力：2 000×360＝720 000（吨）＝72（万吨）
72/0.15＝480（万桶）
可开采年数：7 200/72＝100（年）

2. 分析（一）

均匀分布意味着原油价格在 260～780 元之间的各个价格上是等可能性的。

平均价格：(260＋780)/2＝520（元/桶）
平均利润：520－400＝120（元/桶）
每日利润：13 333×120＝1 599 960（元）
每年利润：480×120＝57 600（万元）
税后利润：57 600×(1－30%)＝40 320（万元）

年现金流量应该在此基础上加折旧等各种摊销费用，题目中没有明确给出相关信息。保守起见，初始投资 3 000 万元全部作为设备折旧基数，并按油田招标年限 10 年为折旧年限计算直线折旧费用，年折旧费用也不过 300 万元，与目前的税后利润 40 320 万元相比，金额很小。因此，采用简单而保守的估计，年现金流量可以按税后利润取值，即为 40 320 万元。

初始投资为油田开采权出价加 3 000 万元开采前准备费用，建设期 1 年，投产后寿命周期 10 年，每年现金流量 40 320 万元，适用贴现率为 10%，可以计算净现值为：

$$NPV=\sum\frac{40\ 320}{(1+10\%)^t}-(\text{开采权价格}+3\ 000)$$

注意，$t=2, 3, \cdots, 10, 11$。

公司要竞标这个油田，出价上限应该是使净现值为 0 的价格。因此，开采权价格上限为：

$$\sum \frac{40\,320}{(1+10\%)^t}-3\,000=225\,226-3\,000=222\,226(\text{万元})$$

适当取整，康达公司对 G 油田最高可出价 22.2 亿元。

3. 分析（二）

下面的分析不是上述分析的继续，而是重新思考和解答这个开采权的出价问题。也就是说，上面的分析和解答未必正确，下面要争取更正确的解答。

分摊到每桶上的折旧等分摊费用极小，可以忽略不计。因此，每桶 400 元的成本可以全部看作增量成本，这意味着在原油价格低于 400 元的情况下不应该继续生产。根据案例中的信息，不生产的情况下日成本 1 万元。因为这种情况下收入为 0，所以日利润为－1 万元。同理，整年不生产的情况下年利润为－360 万元。

为简化分析，假设国际石油价格在每年中是均匀分布的，也就是说，每年中价格低于成本的概率相同。注意，400－260＝140，780－260＝520，140/520＝26.9%。

这说明每年中价格低于成本的日数为：

360×26.9%＝97(天)(依据稳健原则，采用四舍五入法取整)

价格低于成本的情况下不生产，这 97 天的利润为－97 万元。

下面再计算剩余 263 天的利润。

平均价格：(400＋780)/2＝590(元/桶)
平均利润：590－400＝190(元/桶)
每日利润：13 333×190＝2 533 270(元)
每年开工期利润：2 533 270/10 000×263＝66 625(万元)
每年利润：66 625＋(－97)＝66 528(万元)
税后利润：66 528×(1－30%)＝46 569(万元)

同样采用简单而保守的估计，现金流量可以按税后利润取值，即为 46 569 万元。已知适用贴现率为 10%，重新计算开采权 10 年的净现值为：

$$NPV=\sum \frac{46\,569}{(1+10\%)^t}-(\text{开采权价格}+3\,000)$$

注意，$t=2, 3, \cdots, 11$。

同样，公司要竞标这个油田，出价上限应该是使净现值为 0 的价格。因此，开采权价格上限为：

$$\sum \frac{46\ 569}{(1+10\%)^t}-3\ 000=260\ 133-3\ 000=257\ 133(\text{万元})$$

适当取整，康达公司对 G 油田最高可出价 25.7 亿元。

上述分析（一）和（二）计算得到对 G 油田最高可出价分别为 22.2 亿元和 25.7 亿元。请在反复阅读理解的基础上考虑：为什么有这么大的差距？康达公司到底应该以哪个数据作为竞标出价的上限，或者说，哪个计算结果更为合理？为什么？

6.3 投资期权分析与决策

投资期权指投资中的灵活性，具体表现为分期投资、延迟投资、投资退出等。投资中有无灵活性及其灵活程度会影响后续的投资和回报，因而在投资决策时需要加以考虑。

6.3.1 投资期权分析步骤

对未来投资期权的分析可以分以下三步进行：

1. 判断有无投资期权

即判断在投资要素、投资与否方面有无遇到不利情况或有利情况的灵活性。投资期权的类型包括增长期权、退出期权和等待期权。同时，投资期权有清晰明确的买方期权和卖方期权头寸特征。因此，在初步判断存在投资期权的情况下，可以进一步尝试描绘出相应期权头寸的内在价值线。

2. 估计投资期权各评估参数

描绘出相应期权内在价值线之后，期权的标的资产、约定价格、到期时间也就确定了。接着就可以兼顾解决问题的合理性与方便性，考虑采用什么模型计算期权的价值，通常为布莱克-斯科尔斯模型或二项树模型。然后再根据模型应用的需要估算其余参数，如无风险利率、波动率、标的资产价值等。

3. 应用期权定价模型评估相应期权的价值

即应用布莱克-斯科尔斯模型或者二项树模型计算相应期权的价值。具体可参照 6.3.2 节中案例的思路和方法进行计算。

6.3.2 投资期权分析案例

环球公司从事互联网搜索业务。经过公司上下多年的努力，基本在搜索业务领域站稳脚跟，与另外两家从事搜索业务的公司瓜分国内市场。目前来看，国内搜索业务版图已经稳定，环球公司的发展潜力不大，需要寻找新的增长点。

2015 年年初，根据环球公司高层的跟踪分析，在互联网行业一个有长远投资价值的板块是提供生活服务的交易平台，包括移动互联网服务，即手机 APP。由于原来专注于搜索业务，环球公司如果从头开始新建网络平台，可能需要花费巨大的成本。相对于资金方面的成本，时间成本可能是更为关键的问题，因为在别人已经做过的事情上花时间就意味着落后。而在互联网行业，落后就意味着失败。

所以，较为可行的办法是直接收购已经占有一定市场份额的此类平台，在知名度、用户基础、渠道、经验等各方面为环球公司进入该领域赢得宝贵的时间。目前国内有不少此类交易平台，由于前景看好，排名前几位的公司股权价值一再高涨。高涨的股价直接侵蚀了投资增值的潜力，环球公司分析认为，此类平台公司的投资价值已经消失。

环球公司发现，在自建平台和收购平台之间，还有一条中间道路可以走，即收购一个专注于某个生活服务领域的专业网站，它最好已有较大的用户基础。收购之后，可以在其已有业务的基础上拓展服务领域和业务类型，逐渐将其打造成为全方位生活服务平台。环球公司还发现，目前团购类网站可能是实现这个策略的最佳选择。因为在过去几年业务达到顶峰之后，团购类网站正在下坡路。由于前景不被看好，这类公司的股权价值也较低。在市场份额相当的情况下，收购一个团购网站只需直接收购一个生活服务网站 1/4 到 1/5 的价格。应该说，现在是收购的好时机。

与几个有意向的团购公司接触后。环球公司初步确定收购的目标公司为优尔。优尔属于国内三大团购公司之一，经营团购平台已经有 5 年，稳定用户数接近 1 000 万。按照目前资本市场的行情，优尔公司全部股权价值大约为 3.5 亿元。如果环球公司按照市价收购，也许会引来竞争者。为了使潜在竞争者知难而退，环球公司打算加价收购。环球公司最高可为优尔公司股权出价多少?

相关资料:

财报显示，优尔公司 2014 年第 4 季度的营业收入为 2 000 万元，与上一季度的 960 万元相比大幅增长；但与 2013 年第 4 季度的 2 200 万元相比有所下降。2014 年全年营业收入为 6 800 万元，与 2013 年全年的 8 000 万元相比下降更为明显。从 2014 年全年看，优尔公司在国内团购网站里排名第三。中国团购行业普遍采取低价竞争的策略，导致毛利率过低，很多团购网站处于严重亏损状态。

财报显示，优尔公司成立以来每年营业支出都大大超过营业收入。2013 年和 2014 年的净亏损额分别为 900 万元和 1 000 万元。面对直接和潜在的竞争压力，为维护老用户和获得新用户以及增加每份团购单的数额，必须维持高额的市场推广和行政管理费用。庞大的员工规模，特别是销售团队规模，造成企业人力成本负担沉重。在这种情况下，要想减少亏损乃至实现盈利，最好能够大幅提高效率，同时培育品牌，提升用户忠诚度。

每份团购单的收入数额及其变化可以说明团购业务的竞争及其演变。与其他团购公司类似，优尔公司每年完成的团购单份数很多，但平均每份团购单的收入很小，2014 年仅为 0.28 元。在 2015 年，这个数字曾高达 0.66 元。但之后由于团购圈内打价格战，优尔公司每份团购单的收入一度下降到 0.22 元。随着团购价格战有所缓和，每单收入趋稳回升，但回升幅度不大。这种情况说明，团购和生活服务电子商务在中国还处在初级阶段，业态达到成熟和稳定还需要时日。

按照环球公司高层的判断，现在开始与优尔公司接洽谈判，到完成收购需要一年时间，即大约到 2016 年初完成收购。从 2016 年开始，优尔公司团购业务的收益或现金流量就归环球公司所有。2016 年以及后续 10 年的现金流量估计分别为：－900 万元、－700 万元、－500 万元、－300 万元、－100 万元、100 万元、300 万元、500 万元、700 万元、900 万元。2026 年以后，优尔公司团购业务的年现金流量将长久维持在 900 万元左右。

依托优尔公司，环球公司将在整顿改进团购业务的同时，打造优尔公司全方位的生活服务业务。估计需要投资 15 亿元，在 2018 年、2019 年、2020 年三年年末分别投资 3 亿元、9 亿元、3 亿元。投资完成后，可以将优尔公司原有用户的每单收入提升到 1.2 元。同时，将进一步拓展用户，由此带来 2021 年经营现金流量 1 000 万元，而且在 2021—2030 年的 10 年中，经营现金流量保持平均每年 50％的增长。到 2030 年现金流量达到最高，并在其后的年份稳定在这个水平上。计算优尔公司相关投资价值的适用贴现率为 10％。

优尔公司团购业务和生活服务业务的现金流量及其现值分别如表 6－1 和表 6－2 所示。

表 6－1　　优尔公司团购业务现金流量及其现值　　单位：万元

年份	2016	2017	2018	2019	2020	2021	2022	2023	2024	2025	合计
现金流	－900	－700	－500	－300	－100	100	300	500	700	9 900	
现值	－818	－579	－376	－205	－62	56	154	233	297	3 817	2 518

注：2025 年当年现金流量为 900 万元，后续年份现金流量长久维持在这个水平。后续年份现金流量贴现到 2025 年末的总现值为 900/10％＝9 000 万元，与当年现金流量之和为 9 900 万元。

表 6－2　　优尔公司生活服务业务现金流量及其现值　　单位：万元

年份	2018	2019	2020	2021	2022	2023	2024	2025	2026	2027	2028	2029	2030	合计
现金流	－30 000	－90 000	－30 000	1 000	1 500	2 250	3 375	5 063	7 594	11 391	17 086	25 629	422 877	
现值 1	－27 273	－74 380	－22 539	683	931	1 270	1 732	2 362	3 220	4 392	5 989	8 166	122 492	27 045
现值 2	－22 539	－61 471	－18 628	564	770	1 050	1 431	1 952	2 662	3 629	4 949	6 749	101 233	22 351

注：（1）现值 1 是以 2018 年年初为基准时点；现值 2 是以 2016 年年初为基准时点，基准时点也就是决策时点，即与表 6－1 中现值一致的时点。

（2）2030 年当年现金流量为 38 443 万元，后续年份现金流量长久维持在这个水平。后续年份现金流量贴现到 2030 年末的总现值为 38 443/10％＝384 434 万元，与当年现金流量之和为 422 877 万元。

在表 6－2 中，现值 2 中所有负数之和即生活服务业务投资总现值，为－102 638 万元；所有正数之和即生活服务业务收益总现值，为 124 989 万元。扣除 15 亿元投资的净现值为 22 351 万元（124 989－102 638）。注意，表 6－1 中合计数即优尔公司团购业务的总价值。于是，优尔公司团购业务和生活服务业务的总价值为：

$$2\ 518+22\ 351=24\ 869(\text{万元})$$

所以，优尔公司团购业务以及未来可能开发的生活服务业务总价值只有 2 亿多元，远远达不到目前市场行情下的 3.5 亿元。也就是说，按照上述计算，只要环球公司为优尔公司出价超过 24 869 万元，此项收购的投资净现值就是负数了。这意味着，环球公司为优尔公司的出价不能超过 24 869 万元，公司高层想高于市场出价没有可行性。

果真如此吗?

实事求是地讲，基于优尔的团购业务可以进行生活服务业务的开发投资，这是一个机会，可以而不是必须投资。究竟投资还是不投资，可以根据情况和趋势，权衡利弊做出有利的选择。环球公司现在对 2018 年以后的投资和收益有一个估计，如表 6－2 所示。这些数字会随着 2019 年的临近而有更准确的估计，因为随着时间的推移，信息不断增加，而且部分推测的信息可以由实际信息替代。

这意味着在 2018 年年末或 2019 年年初，公司可以根据更准确的信息计算生活服务业务投资的净现值，计算结果有利就投资，不利就不投资。因此，环球公司基于优尔公司的生活服务业务投资有一个选择权即实物期权，其实是现在购买优尔公司带来的增长期权。这个增长期权的概念与表 6－2 及其后续计算有所不同。表 6－2 及其后续计算将生活服务业务投资当作必须做的事情，这显然与现实不符。

下面考虑按照增长期权分析和计算生活服务业务投资机会的价值。

在 2015 年的决策时点或 2016 年年初的收购优尔公司的投资时点，不可能知道到 2019 年年初预测的生活服务业务投资和收益是什么情况，但可以肯定 2019 年年初的数字和计算会比现在更准确。因此，现在可以估计生活服务业务投资未来收益的不确定程度。在期权价值计算中，恰好有一个指标——波动率反映这个不确定性。

与其他指标的估计或预测相比，估计波动率较为容易。因为波动率有一个经验值范围，传统行业的股权波动率通常在 20%～40%之间，高科技公司、网络公司的波动率会高一些，但通常不超过 60%。另外，波动率越高，则期权价值越大。基于稳健决策的考虑，如果投资带来期权的增加，则可以适当低估波动率，从而保守计算期权的价值。因此，在没有充足或可靠数据估计波动率的情况下，可根据投资项目的风险高低适当低估波动率。这样，可以简单可靠地估计波动率。

根据权威咨询公司对生活服务平台公司的研究，波动率大致在 40%～50%。环球公司打算在评估对优尔公司生活服务业务的投资时采用 40%的波动率。

增长期权是一个买方期权。假定优尔公司未来 20 年不打算进行现金分红。知道了波动率，要计算没有现金分红情况下的期权价值，还需要知道优尔公司生活服务业务开发投资额及其未来收益总价值、期权的到期时间以及无风险利率。

无风险利率可以按照长期政府债券的投资收益率确定。根据 10 年期国债在 2015 年的收益率，确定无风险利率为 5%。期权的到期时间从 2015 年年末或 2016 年年初（为优尔公司股权付款时间）算起，到 2018 年年末或 2019 年年初（为优尔公司生活服务业务的第一笔投资）还有 3 年时间。注意，虽然三笔投资跨越 3 年时间，即 2019 年年末和 2020 年年末还有投资，但从第一笔投资投放开始，环球公司就执行了期权，即没有投资还是不投资的选择余地。与标准的金融期权相比，实物期权的执行过程要长得多。由基于表 6－2 的计算已经得知，优尔公司生活服务业务开发的投资现值即增长期权约定价格的现值为 102 638 万元；生活服务业务未来收益总现值即增长期权标的资产的当前价值为 124 989 万元。

综上所述，计算增长期权价值的基础数据如下：

$$S=124\,989,\ Xe^{-rT}=102\,638,\ r=5\%,\ T=3,\ \sigma=40\%$$

根据公式（2－24）、公式（2－26）、公式（2－27）计算得到：

$$d_1=0.631,\ d_2=-0.062;\ N(d_1)=0.736,\ N(d_2)=0.475$$

增长期权价值为 43 200 万元。

因此，考虑到环球公司有是否投资开发生活服务业务的选择权，基于优尔公司的生活服务业务投资机会价值高达 43 200 万元，再加上团购业务价值 2 518 万元，总价值为 45 718 万元。比照优尔公司目前的市场价值 3.5 亿元，简单取整考虑，环球公司最高可加价 1 亿元，即可以为收购优尔公司股权出价 4.5 亿元。

应用期权方法的分析比传统分析的计算值高出了 2 亿元，这个巨大差异意味着传统分析的巨大缺陷。对于生活服务平台的开发，环球公司的确可以见机行事，不是非做不可。生活服务平台的收益是一种或有收益，传统的贴现方法无法分析这种或有收益的价值。通俗一点讲，公司有灵活性的机会的收益都是或有收益，传统方法无法恰当计算机会的价值。机会应该总是有正价值，因为在不利的情况下可以不利用，但传统的计算不能将“不利的情况下可以不利用”这样的灵活性纳入考虑。

思考题

1. 考虑实物期权后，投资项目的可行性是增加还是减少？为什么？

2. 投资评估与决策中不考虑实物期权可以吗？为什么？

3. 投资评估与决策中可能会涉及哪些类型的实物期权，它们各相当于是什么期权头寸（即是买方期权还是卖方期权，是多头还是空头）？

4. 财务学是一门定量学科，投资决策也是如此。请以投资决策为例，说明作为定量学科，概念和定性分析正确的重要性。

案例分析1

许多项目投资都有时机选择问题，即在可以投资的情况下什么时间投资最好。老王在投资咨询公司工作多年，经常遇到客户问这样的问题。起初，老王通过分析客户公司内外相关情况，根据几个重要因素的变化得出何时投资的结论。后来，老王感觉简单的定性分析没有说服力，也不能体现财务方面的专业水准。现在，老王将有关定性分析落实到净现值计算的各个基础数据上，如投资现金流量、经营现金流量以及贴现率等，以未来各年为投资起点，计算相应净现值的大小。比如，通常会计算出第0，1，2，3，4，5年投资所对应的净现值，净现值最大的一个年份就代表最佳投资时机。老王认为，这种做法很好地体现出理论与实践的结合，代表了高水准的投资咨询。

思考：根据本章所学评价老王的做法，你有什么改进建议？

案例分析2

龚总是WK集团副总兼财务总监，WK集团总资产约30亿元，拥有多家控股子公司，主要进行房地产投资及文化与传播业务，运营效率良好。WK集团旗下房地产公司在广州、武汉、长沙等地均有大量的土地储备，目前房地产项目开发比较顺利，但资金开始紧张。

今天早上，龚总接到公司顾问王峰的电话，王峰建议WK集团以股权置换方式收购Z省SG上市公司，以期获取SG公司账上现金，支持WK集团旗下房地产公司的项目建设。

SG公司的主要状况如下：

1999 年，SG 公司自 A 股市场融资 10 亿多元，远超出预期，募集的大量资金找不到投资方向。公司年报显示 SG 公司 2004 年末仍拥有现金 5 亿多元。

由于资金“过剩”，SG 公司上市后初期阶段的投资比较冲动。目前拥有 15 家子公司（5 家控股，10 家参股），涉及房地产、建材、酒店等多个行业。但除了主业——服装生产为公司创造利润外，其他投资大多亏损，公司整体经营前景并不乐观，合并报表显示 SG 公司 2004 年净利润为－500 万元。SG 公司与当地银行关系良好，融资能力很强。

为提升 Z 省上市公司的形象，目前 Z 省政府正致力于对本省上市公司大范围重组，本着“靓女先嫁”的原则，当地政府希望为 SG 公司找一个新“婆家”。SG 公司每股净资产高达 5.5 元，大股东持股（国有股）比例为 66.156%，获取转让标的的代价不小，因此多数有意者望而却步。

王峰的来电让龚总精神一振，接下来，一个问题出现在龚总的脑海里：究竟出多高价格收购 SG 公司合适呢？

第7章

风险与收益的关系

[引导案例]

接触夏普（William Sharpe）的资本资产定价模型（capital asset pricing model，CAPM）之后，有一个问题引起小朱和小胡的思考：有的研究成果发表之后长期无人问津，其应用价值几十年甚至更长时期后才被发掘出来，为什么夏普的资本资产定价模型一经发表就得到广泛认可呢？一个表面原因是CAPM简单易懂，但显然这不是CAPM得到热捧的充分条件，最多也只能算是必要条件，并不是所有简单易懂的模型都会快速得到认可和应用。那么夏普的CAPM对于财务和金融理论而言究竟有什么意义呢？

经过学习和思考，小朱和小胡对夏普的CAPM有了更深入的理解。但他们的疑惑还未得到解答，新的疑惑又产生了。他们还查阅了大量研究文献，发现：有些研究赞成或支持CAPM，因为它与研究所依据的实际数据相符；有些研究则得出不支持或不相信CAPM的结论，因为它与研究所依据的实际数据不相符。小朱和小胡分辨不出其中的是非对错，对夏普的CAPM将信将疑。

思考：

1. 为什么夏普的资本资产定价模型（CAPM）一经发表就得到广泛认可和追捧？为什么资本资产定价领域会成为财务领域的研究热点？

2. 夏普的资本资产定价模型（CAPM）与实际数据相符说明什么？与实际数据不相符又说明什么？你如何解答小朱和小胡的疑惑？

前几章探讨了价值决定的定量方法及其在各种投资决策中的应用。价值取决于风险与收益。在财务管理中，风险是通过贴现率来体现的。贴现率的大小不仅直接影响有关价值计算的结果，而且影响乃至决定相关投资和财务决策。

财务理论中探讨风险与收益关系的目的是建立风险与收益之间的定量关系，也就是解答什么是投资者合理要求的收益率即贴现率。有正确的贴现率才能建立风险与价值之间的正确定量关系。

7.1 贴现率估算的现行方法

贴现率又称投资者要求收益率，是指投资者合理要求的收益率。

前几章着重讨论了如何运用收益折现方法评估债券、股票以及实业项目等资产的价值。在进行有关计算时，贴现率往往作为一个已知数据。但是在实际中，究竟应该如何确定贴现率是一个非常重要的问题。如果没有确定贴现率的科学合理的方法，收益折现方法的合理性就成为空谈，进而整个财务、金融以及价值评估的合理性也就成为空谈。

目前，主要流行四种确定贴现率的方法：一是按照资本的机会成本确定；二是按照行业平均投资收益率确定；三是按照公司加权平均资本成本确定；四是按照资产或投资项目的风险确定。当然，也有将多种方法结合运用的尝试，比如在加权平均资本成本的基础上根据具体项目的风险再调整确定贴现率等。

7.1.1 按照资本的机会成本确定贴现率

一项资源如果用于一种用途，就要放弃其他可能的用途，在所有被放弃的用途中，收益最大的用途所能获得的收益即所选择用途的机会成本。机会成本是一个重要的经济学概念，在理论上有合理性。

企业在投资和经营中所用的资本是一种资源，具有稀缺性，选择一种用途就要放弃其他用途。参照机会成本的一般概念，投资某个项目或资产的适用贴现率，可以按照放弃的投资机会中最好机会的资本收益率来确定。这就是估算贴现率的机会成本方法。

[例 7－1]

金谷公司考虑从 10 个备选项目中筛选项目进行投资。由于资本数量有限，只能选择部分项目进行投资。公司可以募集的资本总额为 8 000 万元。这 10 个项目所需要的投资额、建设周期、寿命周期以及预计的资本收益率如表 7－1 所示。估计项目寿命完结时可变现的终结价值等于项目的初始投资。试用资本的机会成本作为贴现率评估这些项目，并做出投资决策。

表 7－1　　备选项目资料——按照资本的机会成本确定贴现率

	项目									
	1	2	3	4	5	6	7	8	9	10
投资额（万元）	1 100	1 200	1 300	1 400	1 500	1 600	1 700	1 800	1 900	2 000
收益率	10%	15%	20%	25%	30%	30%	25%	20%	15%	10%

续前表

	项目									
	1	2	3	4	5	6	7	8	9	10
建设期（年）	1	1	1	1	1	2	2	2	3	3
寿命期（年）	20	20	20	20	20	30	30	30	30	30

由于项目 5 和项目 6 的资本收益率最高，都为 30%，因此，如果评估的是项目 5 和项目 6 以外的 8 个项目，则资本的机会成本都是 30%，因而都用 30%作为贴现率。当然，这 8 个项目的净现值都不可能为正数。如果评估项目 5 或项目 6，则资本的机会成本也是 30%，因而也都用 30%作为贴现率。当然，这 2 个项目的净现值可能取决于建设周期和寿命周期。

投资评估方法中最合理的就是净现值法。下面采用净现值法进行评估。为简明起见，列表计算各个项目的净现值（如表 7 - 2）所示。

表 7 - 2　项目净现值计算——按照资本的机会成本确定贴现率　单位：万元

项目	投资额	收益率	建设期（年）	寿命期（年）	收益额	贴现率	现值	净现值
1	1 100	10%	1	20	110	30%	370.53	−729.47
2	1 200	15%	1	20	180	30%	603.16	−596.84
3	1 300	20%	1	20	260	30%	868.95	−431.05
4	1 400	25%	1	20	350	30%	1 167.89	−232.11
5	1 500	30%	1	20	450	30%	1 500.00	0.00
6	1 600	30%	2	30	480	30%	1 600.00	−369.23
7	1 700	25%	2	30	425	30%	1 416.77	−610.17
8	1 800	20%	2	30	360	30%	1 200.23	−876.75
9	1 900	15%	3	30	285	30%	950.36	−1 337.66
10	2 000	10%	3	30	200	30%	667.18	−1 605.22

可以看出，计算结果是只有项目 5 的净现值为 0，其他项目的净现值都为负数。按照净现值的概念和决策规则，净现值小于 0，不应该投资，因此只有项目 5 可勉强考虑是否投资。项目 5 需要的投资额是 1 500 万元，没超过公司的融资能力，不存在资金限制。因此，决策结论是公司可以全面考虑其他非财务方面的情况，决定是否投资项目 5。

例 7 - 1 显示出，机会成本的概念虽然简单，但用于确定贴现率并用于投资评估和决策并不简单。其实，上述例 7 - 1 的解答考虑得并不周全。不妨考虑一下，项目 6 真的不如项目 5 吗？也可以思考一下，是否项目 4，5，6，7（合计需要投资 6 200 万元）都可能值得投资呢？还可以思考一下，当备选项目全部是不盈利项目时，即资本收益率都为负值时，按照机会成本确定贴现率并据以计算净现值，是不是同样可以选出值得投资的项目呢？

在现实中，几乎没有人能够列举出一项资源所有可能的用途，也就无法确定放弃的用途中具有最大收益的用途，按照定义，机会成本就无法确定。尤其是当资本作为一种资源时，其用途本身就极其广泛。所以，严格按照资本的机会成本确定贴现率在实践上难以执行。

在实际应用中，往往是取另一个或少数几个方便的用途作为评价一个项目投资的参照范围，在这个相对小的范围内，按照评估项目以外项目的最高投资收益率确定贴现率。就像例 7－1 所展示的，也许公司的资本可以有 380 个潜在的投资机会，但为简便起见，可能只考虑并预测 10 个项目的资本收益率，再据以确定各个项目的贴现率并用于评估和决策。这样的应用其实并不严格符合机会成本的概念。

不仅如此，机会成本并不是在任何情况下都可以应用。一般而言，机会成本方法要求备选项目之间有可比性。这里的可比性主要体现在规模和风险两个方面。一方面，备选项目之间规模上会有差异。有可能某个项目规模最小但预期收益率最高，显然，以这个项目的收益率作为贴现率评估其他项目是不恰当的。另一方面，备选项目的风险也会有差异。一般规律是，预期收益率越高的项目，往往有更大的风险。这意味着，按照机会成本估算贴现率只考虑了各个备选项目的收益，应用这样的贴现率最终选出的项目很可能是风险最高的项目。

因此，机会成本方法适用于备选项目的规模与风险都相同或接近的情况，不能随意广泛应用。另外，对于同一个项目而言，由于公司及其决策者的背景和资源不同，容易想到的方便用途的数量和种类也就不同，因而按照机会成本确定的贴现率也就不同。所以，按照资本的机会成本确定贴现率可能在理论上没有确定的或一致的结果。

7.1.2 按照行业平均投资收益率确定贴现率

实践中有很多机构或公司规定，进行投资评估或决策时按照行业平均的投资收益率确定贴现率。因为现实中容易查找相应的统计数据，应用方便。这种估算贴现率的方法得到广泛应用。

在任何一个时期，出于各种原因，各个行业的获利是有区别的，即各行业的平均投资收益率高低不同。在评估投资项目时，如果使用行业的平均收益率作为贴现率，那么投资于收益高的行业需要使用高贴现率，投资于收益低的行业可以使用低贴现率。按照这样的贴现率评估投资项目（得出净现值等），结论很可能是，公司不必将资金投向高收益的行业，或者不必从低收益的行业退出。

公司在原有的行业中运营，凭借多年积累的资源、人脉、渠道、经验、能力等，预期收益率可能超过行业平均值；而公司新进入其他行业，与行业内原有的公司相比，由于缺少经验和优势，预期收益率很可能低于行业平均值。如果按照行业平均投资收益率确定贴现率，并据此进行项目投资评估和决策，从整个社会来看，将不会有资本从低收益领域流向高收益领域。

［例 7－2］

开拓公司考虑从 6 个备选项目中筛选项目进行投资。由于资本数量有限，只能选择部分项目进行投资。公司可以募集的资本总额为 5 000 万元。这 6 个项目所需要的投资额、建设周期、寿命周期以及行业平均收益率和本公司投资情况下预计的资本收益率如表 7－3 所示。公司原来在行业 1（也就是项目 1 所在的行业）中经营，因此公司投资项目 1 相对有经验和优势，其投资收益率超过行业平均值。项目 2，3，4，5，6 都是公司不曾涉足的领域，公司相对缺乏经验和优势，其投资收益率低于行业平均值。估计项目寿命完结时可变现的终结价值等于项目的初始投资。假定公司按照行业的项目建设期预计公司的建设期，试用行业平均投资收益率作为贴现率评估这些项目，并做出投资决策。

表 7－3　　备选项目资料——按照行业平均投资收益率确定贴现率

项目	1	2	3	4	5	6
投资额（万元）	1 500	1 600	1 700	1 800	1 900	2 000
行业收益率	10%	15%	20%	25%	30%	30%
公司收益率	12%	12%	17%	22%	26%	26%
建设期（年）	1	1	1	2	2	2
寿命期（年）	20	20	20	20	20	30

由于项目的建设周期等同于行业建设期，这意味着所有项目都可以不考虑因建设期而需要的折现。同样采用净现值法进行评估，列表计算各个项目的净现值（如表 7－4 所示）。

表 7－4　　项目净现值计算——按照行业平均投资收益率确定贴现率

项目	1	2	3	4	5	6
投资额（万元）	1 500	1 600	1 700	1 800	1 900	2 000
行业收益率	10%	15%	20%	25%	30%	30%
公司收益率	12%	12%	17%	22%	26%	26%
建设期（年）	1	1	1	2	2	2
寿命期（年）	20	20	20	30	30	30
收益额（万元）	180	192	289	396	494	520
贴现率	10%	15%	20%	25%	30%	30%
现值（万元）	1 755.41	1 299.55	1 451.65	1 584.27	1 646.76	1 733.44
净现值（万元）	255.41	−300.45	−248.35	−215.73	−253.24	−266.56

可以看出，计算结果是只有项目 1 的净现值大于 0，为 255.41 万元；其他项目的净现值都为负数。按照净现值的概念和决策规则，项目净现值小于 0 不应该投资，因此只有项目 1 可考虑是否投资。项目 1 需要的投资额是 1 500 万元，没超过公司的融资能力，不存在资金限制。因此，决策结论是只有项目 1

可以考虑投资；其他项目的净现值都为负数，不值得投资。

例 7－2 显示了如何按照行业平均投资收益率确定贴现率，以及如何将其用于投资评估和决策。但这样的方法及其应用似乎不太理想。因为按照这样的方法评估和决策，结论必然是公司只能投资于原有行业，不能尝试新的或其他的行业。不妨考虑一下，公司投资项目 5 和项目 6 获得 26％的收益，真的不如投资项目 1 获得 12％的收益吗？这样的结论真的正确或合理吗？

这显然难以自圆其说。实际上，在不均衡且没有外力限制的资本市场上，资本受其逐利性驱使，会自发地流向投资收益高的行业或领域。例如，近十年来，我国房地产行业成为公认的最容易赚钱的行业。正因为如此，我国房地产行业吸引了众多的公司参与，吸纳了大量的自有资金和借贷资金。这种资本流动将持续到资本市场达到均衡为止，即各个行业的追加投资收益率相等。

因此，按照行业平均投资收益率确定贴现率只是现实中方便的做法，缺乏理论合理性。行业平均投资收益率数据可以在各种数据库中找到，比如，万德等各种商业化数据库、国有资产管理委员会有关标准、统计局统计年鉴等。这些数据的口径不完全一致，使用时应注意口径的差异，选择最合适的行业收益率数据。

7.1.3 按照公司加权平均资本成本确定贴现率

加权平均资本成本即 WACC。第 5 章已经说明按照 WACC 估计贴现率的一般步骤：（1）计算企业各种债务资本成本；（2）计算企业各种权益资本成本；（3）计算企业加权平均资本成本，得到贴现率。下面通过例 7－3 更详细地说明这个计算过程。读者可以举一反三，借鉴应用。

［例 7－3］

三马公司的资本来源有两大类，一类是债务资本，另一类是股权资本。其股权资本有普通股、优先股以及留存收益三类。公司普通股发行了两次，分别融资 1 600 万元和 5 500 万元，发行价格分别为 9 元和 10 元，发行之初年度红利为每股 1 元，估计未来长久增长率为 3％，发行之初一次性中介等发行费用为 5％；优先股发行了一次，融资 900 万元，规定年度红利为每股 1 元，发行价格为 10 元，发行之初一次性中介等发行费用为 5％；留存收益（已用和未用）有 1 000 万元。债务资本有应付账款、短期贷款、长期贷款、发行债券四种。应付账款 1 000 万元；短期贷款 1 000 万元，1 年期，利率为 5％；长期贷款 2 000 万元，4 年期，利率为 7％；发行债券 3 000 万元，8 年期，利率为 6％，二级市场发行价为 100 元，中介等发行费用为 5％。假设贷款和债券资本都是按年发放利息，到期归还最后一年的利息和本金。已知公司所得税税率为 25％，试计算三马公司的各种资本的成本以及加权平均资本成本。

根据 Gordon 增长模型，$P=D/(k-g)$，$k=D/P+g$。注意，优先股红利增长率 g 为 0；留存收益可以类比最近一次的普通股计算资本成本，只是没有发行费用。考虑到发行费用占 5%，公司三类股权资本的成本计算如下。

普通股 1：$k_1=D/[P(1-5\%)]+g=1/(9\times95\%)+3\%=14.6959\%$

普通股 2：$k_2=D/[P(1-5\%)]+g=1/(10\times95\%)+3\%=13.5263\%$

优先股：$k_3=D/[P(1-5\%)]=1/(10\times95\%)=10.5263\%$

留存收益：$k_4=D/P+g=1/10+3\%=13\%$

根据债券价值模型，$B=\sum_{t=1}^{n}I/(1+k)^t+M/(1+k)^n$，考虑到发行费用占 5%，可以求解到期收益率 k。由于债务资本成本有抵税作用，发行债券融资的资本成本为 $k(1-25\%)=0.75k$；长期和短期贷款可按照平价发行债券看待，同时发行费用也按 5%考虑；应付账款资金没有明确的资本成本，按没有成本考虑。这样，公司四类债务资本的成本计算如下。

应付账款：$k_5=0\times(1-25\%)=0$

短期贷款：$k_6=[5\%/(1-5\%)]\times(1-25\%)=3.9474\%$

长期贷款：$k_7=[7\%/(1-5\%)]\times(1-25\%)=5.5263\%$

发行债券：$k_8=[6\%/(1-5\%)]\times(1-25\%)=4.7368\%$

列表计算三马公司加权平均资本成本，如表 7-5 所示。

表 7-5　　三马公司加权平均资本成本的计算

资本	成本符号	资本数额（万元）	资本成本	所占比重	乘积
普通股 1	k_1	1 600	14.695 9%	10.00%	1.469 6%
普通股 2	k_2	5 500	13.526 3%	34.38%	4.649 7%
优先股	k_3	900	10.526 3%	5.63%	0.592 1%
留存收益	k_4	1 000	13.000 0%	6.25%	0.812 5%
应付账款	k_5	1 000	0.000 0%	6.25%	0.000 0%
短期贷款	k_6	1 000	3.947 4%	6.25%	0.246 7%
长期贷款	k_7	2 000	5.526 3%	12.50%	0.690 8%
发行债券	k_8	3 000	4.736 8%	18.75%	0.888 2%
合计		16 000		100.00%	9.350 7%

使用加权平均资本成本作为贴现率是实践中较为普遍的做法。我们讨论过使用资本成本确定贴现率的不足。资本成本由公司的融资决策决定，是投资决策的不相关成本，也不因投资决策而改变。在某些情况下，企业先融资再投资，此时资本成本是沉没成本，在决策时不应考虑。

试想一种情况，公司目前有一定量资本，但融资失误造成资本成本为 30%。如果投资市场上最好的项目，可以获得的收益率为 30%。这样的项目风险相对不大（30%的收益率足够补偿所冒的风险），投资者都争先恐后地投资。那么，公司是否因这个项目的收益率不能补偿资本成本而放弃投资呢？如果按照资本成本确定贴现率，则放弃投资是必然的选择。但如果不投资这个项目，则公司融资获得的资本就只能存到银行获得很低的利息。显然，公司应该投资这个项目，即便不赚钱，也可以减少融资失误造成的损失。

一方面，无论是加权平均资本成本还是股权资本成本，都是公司融资决策的结果，由此造成对投资的限制显然不合理。另一方面，任何公司在同一时间只有一个资本成本，如果以资本成本作为贴现率，就意味着评价不同项目，不管风险如何不同，都要使用同样的贴现率，这似乎也不合理。

7.1.4 按照“无风险利率＋风险补偿率”确定贴现率

可以看出，上述三种常用的方法之所以存在缺陷，是因为都无法恰当考虑投资对象（资产或项目）的风险。也就是说，最终确定的贴现率基本与投资对象的风险无关。那么，究竟用什么方法才能得到反映投资对象风险的贴现率？

要进一步考虑的问题是：贴现率只需要反映投资对象的风险吗？是否还需要反映其他方面？要回答这些问题并找到确定贴现率的正确方法，不妨先思考一个基础的问题：为什么要对未来的收益进行贴现计算？

其实，未来的收益之所以要折现，是因为未来的收益有两大缺点。一个缺点是时间上推迟了，即在未来时间才能得到；另一个缺点是时间上不确定，即有风险，因为未来未必可以按预期数额得到相应收益。这就意味着在时间上和风险上都要给予适当的补偿，才能说服投资者拿钱投资相应的项目。用贴现率贴现预期的未来收益，就体现出这种时间补偿和风险补偿。

时间上的补偿单纯考虑时间延迟的补偿，可以按无风险利率计算；风险上的补偿不管时间延迟问题，可以按风险补偿率计算。因此，贴现率应该等于无风险利率与风险补偿率之和。比如，如果一年的无风险利率为 r，风险补偿率为 c，则应该有贴现率 $k=r+c$。单纯考虑时间补偿的一年的“现值”系数为 $1/(1+r)$ 或 e^{-r}；单纯考虑风险补偿的一年的“现值”系数为 $1/(1+c)$ 或 e^{-c}。全面考虑时间和风险补偿的一年的“总现值”系数为 $[1/(1+r)][1/(1+c)]=1/(1+k)$ 或 $e^{-r}e^{-c}=e^{-(r+c)}=e^{-k}$。

在财务和金融中，无风险利率都约定俗成地按照同样期限的国债投资收益率计算。所以，要按照“无风险利率＋风险补偿率”这一思路确定贴现率，无风险利率 r 的确定问题已经解决，关键是如何确定风险补偿率 c。风险补偿率与特定项目或资产的风险相关，是对特定项目或资产风险的收益补偿。可以看出，与前面三种估算贴现率的常用方法相比，这样基于项目或资产的风险估算贴现率，有明显的理论依据或合理性。

在夏普的资本资产定价模型问世之前，财务金融领域没能找到一个合理的确定贴现率的方法。各种确定贴现率的“通俗”方法，比如前面提到的资本的实际成本和机会成本方法，在概念、逻辑、定量上都不够严谨，只是在没有更科学的方法问世之前不得不用罢了。

在这种情况下，财务领域对确定贴现率的科学方法早就期盼良久了，因为不能合理估计贴现率意味着财务理论存在严重的逻辑缺陷，财务理论的根基和科学性也将受到质疑。夏普的 CAPM 是第一个符合"无风险利率＋风险补偿率"结构估算贴现率的模型。在理论和实践的双重探索中，夏普的 CAPM 一经发表就受到广泛的关注。

7.1.5　对现行方法的评价

在目前的财务教材和实践操作中，以上四种方法是并列介绍和运用的。由于财务教材讲究规范和一致，这样的写法和教法就延续下来，久而久之，没有人探究这四种方法其实并不相同，所得到的结论也不同。对于同一资产或项目而言，正确的贴现率只能有一个。

经过上面的分析可知，前三种方法都没有恰当地考虑投资对象的风险，是在发现正确的方法之前不得不用的方法。比如，按照机会成本确定贴现率，实际上是按照其他某个项目的收益率确定评估项目的贴现率，而其他项目的收益率与待评估项目的风险不可能有关系，这样确定贴现率显然没有道理。

7.2　考虑投资的风险确定贴现率

夏普的资本资产定价模型（CAPM）第一次清晰明确地展示了合理的收益率（即贴现率）等于无风险利率加风险补偿率的定量模型。夏普因此同马克威茨（Harry Markowitz）和米勒（Merton Miller）分享了 1990 年诺贝尔经济学奖。本节将详细介绍夏普的 CAPM。

7.2.1　投资组合的收益与风险

投资组合（portfolio）指两种或两种以上的资产/证券构成的组合，广义的投资组合也包括单一证券或资产（即其他证券或资产的比重为 0）。

1. 投资组合的收益

在探讨投资决策问题时，投资组合的收益（率）是各组成证券或资产期望收益（率）的加权平均，权重为相应证券或资产的投资比重，即

$$E(R_P)=\sum_{i=1}^{n}W_iR_i \tag{7-1}$$

式中，$E(R_P)$ 表示投资组合的期望收益；W_i 表示 i 证券或资产在总投资中的比重；R_i 表示 i 证券或资产的期望收益率，通常指年收益率；n 表示组合中证券或资产的数目。

2. 投资组合的风险

投资风险用投资收益率的标准差（σ）或方差（σ^2）表示，这是财务中计量风险的基本指标。由于投资组合具有分散风险的作用，也就是说投资组合中各资产之间的风险能够部分地相互抵消，因此投资组合的标准差或方差的表达式较为复杂。不妨先以含有两种证券的投资组合为例，计算并表达其风险，再推广至含有多种证券的投资组合。

（1）两种证券组合的风险。含有两种证券的投资组合的方差为：

$$\begin{aligned}\sigma_P{}^2 &= E[R_P - E(R_P)]^2 \\ &= E\{W_1R_1 + W_2R_2 - [W_1E(R_1) + W_2E(R_2)]\}^2 \\ &= E\{W_1[R_1 - E(R_1)] + W_2[R_2 - E(R_2)]\}^2 \\ &= W_1{}^2E[R_1 - E(R_1)]^2 + W_2{}^2E[R_2 - E(R_2)]^2 \\ &\quad + 2W_1W_2E[R_1 - E(R_1)][R_2 - E(R_2)] \end{aligned} \tag{7-2}$$

式中，$\sigma_P{}^2$ 表示投资组合的方差；其他的指标与公式（7－1）中的含义相同。

$E()$ 或 $E[\,]$ 代表对（）或［］中的变量求期望值。可以看出，$E[R_1 - E(R_1)]^2$ 和 $E[R_2 - E(R_2)]^2$ 分别代表第 1 种和第 2 种证券的方差。为简化公式（7－2）的表达，这里需要引入协方差（covariance）和相关系数 ρ（correlation coefficient）的概念。在统计学中，协方差用于衡量两个变量的总体误差。在风险的计量中，协方差反映了两种证券收益之间的相关关系，具体有如下含义：

① 协方差为正：两种证券期望收益率变动方向相同。

② 协方差为负：两种证券期望收益率变动方向相反。

③ 协方差为零：两种证券期望收益率变动方向无关。

两个随机变量 X，Y 间的协方差可以定义为 $\mathrm{Cov}(X, Y) = E[X - E(X)][Y - E(Y)]$。那么，公式（7－2）中的 $E[R_1 - E(R_1)]\,[R_2 - E(R_2)]$ 就是两种证券的协方差，用 $\sigma_{1,2}$ 表示。于是，公式（7－2）可以化简为：

$$\sigma_P{}^2 = W_1{}^2\sigma_1{}^2 + W_2{}^2\sigma_2{}^2 + 2W_1W_2\sigma_{1,2} \tag{7-3}$$

相关系数 ρ 也表示证券收益之间的相关关系，定义为 $\rho = \sigma_{1,2}/(\sigma_1\sigma_2)$。因此，相关系数是一个相对数，协方差是一个绝对数。

相关系数取值在 $-1 \sim 1$，具体有如下含义：

① $0 < \rho \leqslant 1$：两种证券收益正相关，$\rho = 1$ 时完全正相关。

② $-1 \leqslant \rho < 0$：两种证券收益负相关，$\rho = -1$ 时完全负相关。

③ $\rho = 0$：两种证券收益不相关。

这里，完全正相关是指两种证券收益呈现同方向同比例变化，完全负相关是指两种证券收益呈现反方向同比例变化。借助相关系数，公式（7－3）可以写成：

$$\sigma_P{}^2=W_1{}^2\sigma_1{}^2+W_2{}^2\sigma_2{}^2+2W_1W_2\sigma_1\sigma_2\rho \tag{7-4}$$

根据公式（7－4），并以标准差σ_P表示投资组合的风险，则

① 当 $\rho=1$，即两种证券收益完全正相关时：

$$\sigma_P=W_1\sigma_1+W_2\sigma_2 \tag{7-5}$$

② 当 $\rho=0$，即两种证券收益不相关时：

$$\sigma_P=\sqrt{W_1{}^2\sigma_1{}^2+W_2{}^2\sigma_2{}^2} \tag{7-6}$$

③ 当 $\rho=-1$，即两种证券收益完全负相关时：

$$\sigma_P=|W_1\sigma_1-W_2\sigma_2| \tag{7-7}$$

根据公式（7－4）到公式（7－7）大致可知，证券收益的相关系数越小（即越接近－1），投资组合分散风险的作用越大。为更直观地展示，不妨在坐标中表示两种证券组合的收益与风险情况。如图 7－1 所示，纵轴表示投资组合的期望收益率（K），横轴表示标准差。在一个含有两种证券的投资组合中，投资者通过改变两种证券的比例，形成无数种可能的投资组合，考虑证券收益的相关系数ρ等于－1，0，1 以及 0 和 1 之间四种情况，根据公式（7－2）和公式（7－4）到公式（7－7），分别计算出不同相关系数下各种可能的投资组合的期望收益率与标准差，并将其表示在坐标系中，就形成了图 7－1 中的几条投资组合的风险与收益曲线。

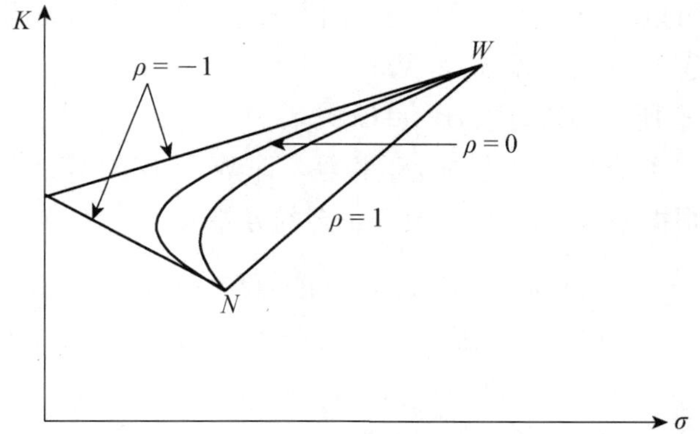

图 7－1　投资组合的收益与风险

结合图 7－1 和公式（7－5）至公式（7－7），可以发现，当两种证券的收益完全正相关时，投资组合的方差最大，是组合中各种证券标准差的加权平均数。其他情况下，即 $\rho<1$ 时，在相同的预期收益率下，投资组合的标准差均

小于组合中各种证券标准差的加权平均数，因此通过投资组合可以降低风险。随着相关系数的减小，投资组合的标准差也在下降，所以，证券之间的收益负相关程度越高，通过组合降低风险的潜力越大。

在证券市场上，$\rho=1$ 或 $\rho=-1$ 这两种极端情况都很少出现，大部分股票之间的相关系数在 0 到 1 之间，属于不完全正相关。因此，可以通过股票组合来降低投资风险，这在理论上是成立的。换句话说，与没有投资组合相比，组合后的收益为原来各自收益的加权平均数，但风险低于原来各自风险的加权平均数。因此，权衡风险与收益，组合投资明显好于单项投资。

（2）多种证券组合的风险。一般而言，当投资组合中有更多种证券时，证券之间风险的抵消作用会增强，投资组合的风险也会更低。下面我们严格证明这一点。

一个变量与其本身的协方差就是这个变量的方差，即$\sigma_1{}^2=\sigma_{1,1}$，$\sigma_2{}^2=\sigma_{2,2}$。类比两种证券组合的方差，可以推出由 n 种证券组成的投资组合的方差为：

$$\begin{aligned}\sigma_P^2 &= \sum_{i=1}^{n}\sum_{j=1}^{n} w_i w_j \sigma_{i,j} \\ &= \sum_{i=1}^{n} w_i^2\sigma_i^2 + \sum_{i=1}^{n}\sum_{\substack{j=1\\(j\neq i)}}^{n} w_i w_j \sigma_{i,j}\end{aligned} \tag{7-8}$$

注意在公式（7－8）中，$\sum_{i=1}^{n} w_i{}^2\sigma_i{}^2$ 有 n 项，即 n 个方差；$\sum_{i=1}^{n}\sum_{\substack{j=1\\(j\neq i)}}^{n} w_i w_j \sigma_{i,j}$ 有 $n(n-1)$ 项，即 $n(n-1)$ 个协方差。

3．系统风险与非系统风险

可以在公式（7－8）的基础上做进一步的分析，先假设：

① 所有的方差 $\sigma_i{}^2=\text{Var}$。

② 所有的协方差 $\sigma_{i,j}=\text{Cov}$。

③ 组合中各证券的比重相等，即 $W_1=W_2=W_3=\cdots=W_n=1/n$。

根据公式（7－8），投资组合的方差为：

$$\begin{aligned}&n\times(1/n)^2\times\text{Var}+n\times(n-1)\times(1/n)^2\times\text{Cov}\\&=(1/n)\times\text{Var}+(n^2-n)\times(1/n^2)\times\text{Cov}\\&=(1/n)\times\text{Var}+(1-1/n)\times\text{Cov}\\&=\text{Cov}(\text{当 } n \text{ 趋向}\infty\text{时})\end{aligned}$$

所以，在满足上述假设条件时，当投资组合中证券种类趋于无穷大时，投资组合的方差等于各种证券之间平均的协方差，投资组合的风险达到最低。即使投资组合中各种证券的方差、协方差以及比重都不相等，也会存在同样的趋势特征。

综上所述，随着组合中证券种类的增加，投资组合的风险不断降低；即使增加再多证券，投资组合的风险也不会减少为 0。

所以，组合投资可以分散风险，但不能分散掉所有风险。如图 7－2 所示，可以通过分散投资消除的风险称为非系统风险（non-systematic risk），是可分散风险。它包括公司特有的战略选择、产品营销、计划控制等所带来的风险。企业由于以上情况的不同在不同的时期会有好坏差异。无法通过分散投资消除的风险称为系统风险（systematic risk），是不可分散风险。它与国家经济形势密切相关，包括企业共同面临的政治、经济风险，如通货膨胀、经济萧条、政府政策调整等。

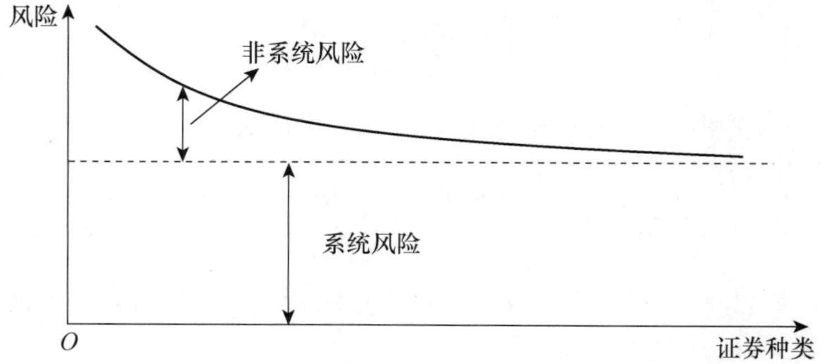

图 7－2　系统风险与非系统风险

请注意，这里的证券是指传统的普通证券，如股票、债券、外汇等，这些证券的收益之间往往存在正相关关系；不包括衍生证券。如果将各种衍生证券（如期货、期权等）纳入证券组合，则理论上讲没有什么风险是不可以消除的。

7.2.2　夏普的资本资产定价模型

夏普基于马克威茨的投资组合理论（1952）[①] 中的充分分散的投资组合，推导得到其资本资产定价模型（CAPM）。

定义市场组合为包含市场上所有证券（包括风险证券与无风险证券）的投资组合，即充分分散的投资组合，其期望收益为 $E(R_m)$。

设想一个证券组合由证券 i 与市场组合构成。证券 i 的权重为 a，则市场组合的权重为 $(1-a)$，那么，该证券组合的期望收益率为：

$$E(R_P)=aE(R_i)+(1-a)E(R_m) \qquad (7-9)$$

该证券组合的标准差为：

$$\sigma_P=\sqrt{\sigma_m{}^2(1-a)^2+\sigma_i{}^2a^2+2a(1-a)\sigma_{m,i}} \qquad (7-10)$$

① 1952 年马克威茨的投资组合理论的发表是现代财务学诞生的标志。

公式（7-9）对 a 求偏导数，得

$$\frac{\partial E(R_P)}{\partial a}=E(R_i)-E(R_m) \tag{7-11}$$

因为 $[\sigma_m{}^2(1-a)^2+\sigma_i{}^2a^2+2a(1-a)\sigma_{m,i}]'$

$=[\sigma_m{}^2-2a\sigma_m{}^2+a^2\sigma_m{}^2+\sigma_i{}^2a^2+2a\sigma_{m,i}-2a^2\sigma_{m,i}]'$

$=-2\sigma_m{}^2+2a\sigma_m{}^2+2\sigma_i{}^2a+2\sigma_{m,i}-4a\sigma_{m,i}$

$=2(-\sigma_m{}^2+a\sigma_m{}^2+\sigma_i{}^2a+\sigma_{m,i}-2a\sigma_{m,i})$

所以，公式（7-10）对 a 求偏导数，得

$$\frac{\partial\sigma_P}{\partial a}=\frac{-\sigma_m{}^2+a\sigma_m{}^2+a\sigma_i^2+\sigma_{m,i}-2a\sigma_{m,i}}{\sqrt{\sigma_m{}^2(1-a)^2+\sigma_i{}^2a^2+2a(1-a)\sigma_{m,i}}} \tag{7-12}$$

公式（7-11）与公式（7-12）之比为：

$$\frac{\partial E(R_P)/\partial a}{\partial\sigma_P/\partial a}=\frac{[E(R_i)-E(R_m)]\sqrt{\sigma_m{}^2(1-a)^2+\sigma_i{}^2a^2+2a(1-a)\sigma_{m,i}}}{-\sigma_m{}^2+a\sigma_m{}^2+a\sigma_i{}^2+\sigma_{m,i}-2a\sigma_{m,i}}$$

当 $a\to0$ 时，$(1-a)\to1$，上述组合趋近市场组合，因而 $E(R_P)\to E(R_m)$，$\sigma_P\to\sigma_m$，上式变为：

$$\frac{\partial E(R_m)}{\partial\sigma_m}=\frac{[E(R_i)-E(R_m)]\sigma_m}{\sigma_{m,i}-\sigma_m{}^2} \tag{7-13}$$

$\frac{\partial E(R_m)}{\partial\sigma_m}$为资本市场线的斜率①，因此

$$\frac{\partial E(R_m)}{\partial\sigma_m}=\frac{E(R_m)-r}{\sigma_m} \tag{7-14}$$

对照公式（7-13）和公式（7-14），显然

$$\frac{[E(R_i)-E(R_m)]\sigma_m}{\sigma_{m,i}-\sigma_m{}^2}=\frac{E(R_m)-r}{\sigma_m}$$

有

$$E(R_i)-E(R_m)=\frac{[E(R_m)-r](\sigma_{m,i}-\sigma_m{}^2)}{\sigma_m{}^2}$$

即

$$E(R_i)=E(R_m)+\frac{[E(R_m)-r](\sigma_{m,i}-\sigma_m{}^2)}{\sigma_m{}^2} \tag{7-15}$$

① 资本市场线是在以风险（σ）为横轴，以（期望）收益（R）为纵轴的坐标系中，反映市场组合（风险证券与无风险证券充分组合）的收益曲线，是一条向右上方倾斜的直线。

$$[E(R_m)-r](\sigma_{m,i}-\sigma_m{}^2)=E(R_m)\sigma_{m,i}-E(R_m)\sigma_m{}^2-r\sigma_{m,i}+r\sigma_m{}^2$$

所以

$$\frac{[E(R_m)-r](\sigma_{m,i}-\sigma_m{}^2)}{\sigma_m{}^2}=\frac{\sigma_{m,i}}{\sigma_m{}^2}[E(R_m)-r]+r-E(R_m) \tag{7-16}$$

根据公式（7－15）和（7－16），得

$$E(R_i)=r+\frac{\sigma_{m,i}}{\sigma_m{}^2}[E(R_m)-r] \tag{7-17}$$

令 $\beta_i=\frac{\sigma_{m,i}}{\sigma_m{}^2}$，将公式（7－17）改写为：

$$E(R_i)=r+\beta_i[E(R_m)-r] \tag{7-18}$$

或者简化写成：

$$R_i=r+\beta_i(R_m-r) \tag{7-19}$$

式中，$E(R_i)$ 或 R_i表示第 i 种证券的期望收益率；r 表示无风险利率；$E(R_m)$ 或 R_m表示市场总体的期望收益率；β_i表示第 i 种证券的 β 系数。

公式（7－18）或公式（7－19）就是由夏普建立的资本资产定价模型（CAPM）。

夏普的 CAPM 是基于严谨的财务专业逻辑推导得到的资产风险与收益的关系，也是风险与收益关系即贴现率方面长期以来唯一具有严谨理论逻辑支持的模型。因为该模型的建立，财务的核心方法即贴现法才有了应用的可行性。从理论上讲，夏普的 CAPM 令财务和金融学科的根基更加稳固，也支撑着财务理论日后的发展，成为财务理论大厦中不可或缺的一根顶梁柱。所以，夏普的 CAPM 在理论和实践领域迅速得到认可。

与前面分析的三种确定贴现率的流行方法相比，夏普的 CAPM 显然更有科学性与合理性，主要体现在以下两方面。

首先，贴现率的高低应该与相应资产或投资项目的风险相联系，而夏普的 CAPM 恰恰体现出这种联系，与资本的机会成本、行业平均投资收益率以及加权平均资本成本等常用方法相比，这显然是一个巨大的进步。根据这个定量关系确定贴现率，资产或投资的风险越高，其对应的贴现率也就越高。

其次，夏普的 CAPM 表明，贴现率应该包含无风险利率和风险补偿率（$\beta_i[E(R_m)-r]$）两个部分。这意味着夏普的 CAPM 作为估计贴现率的方法有合理的结构。这是财务历史上第一个以严谨逻辑得出这种结构的模型，具有里程碑意义，为后续研究指出了方向。

7.2.3　应用 CAPM 估算贴现率

应用夏普的 CAPM 确定贴现率的过程，即逐一估计表达式 $r+\beta_i(R_m-r)$ 中各个变量的值。

如前所述，r 为无风险利率或无风险收益率，可以按照同样期限的国债到期收益率来估计。这里应该注意区分，不是国债的票面利率，而是到期收益率相当于投资收益率。一般而言，债券发行时往往尽可能平价发行，因此，票面利率与到期收益率较接近。但随着时间的推移，市场利率以及债券的有关情况或多或少会变化，债券的价格也就不一定保持平价，即不一定等于面值，到期收益率也就不等于票面利率。能够正确反映新情况下时间补偿水平的是到期收益率，而不是票面利率。

R_m 为市场平均收益率，在股票市场上，经常按某个综合的股票指数的年均增长率来计算。包括我国在内的许多国家都有活跃的股票市场，市场平均收益率数据不难找到。然而需要注意的是，首先，过去一定时间段的股票指数的年均增长率未必具有典型性和代表性，过去具有典型性和代表性的股票指数增长率也未必能代表未来的情况，换句话说，未来未必有典型性和代表性。其次，具有典型性和代表性的股票指数增长率也未必有合理性，按照确定贴现率的目的，市场平均收益率应该有合理性。

现实中在确定市场平均收益率 R_m 时有许多不合适的做法。最常见的错误做法是随便取过去几年或很短时间的市场平均收益率代表未来。

估计出了无风险收益率和市场平均收益率，再知道 β 系数就可以应用资本资产定价模型估算贴现率。根据前面的推导，β 系数等于第 i 种证券收益与市场收益的协方差与市场收益的标准差之比，即 $\beta=\sigma_{m,i}/\sigma_m{}^2$。统计知识告诉我们，$\beta$ 是直线的斜率。同样，变换夏普的 CAPM，可以写成：$\beta_i=[E(R_i)-r]/[E(R_m)-r]$。这意味着 β 代表证券 i 的风险补偿率是市场平均风险补偿率的倍数。

因此，常规做法是基于第 i 种证券的收益数据与对应时间整个市场的收益数据进行回归分析，得到回归线的斜率即第 i 种证券的 β 系数。

在夏普的 CAPM 中，β 系数反映了某一具体证券收益对市场整体收益波动的敏感性，也决定了某个证券的风险补偿率，而在市场定价符合价值的情况下，风险补偿率的大小代表风险的大小，因此，随夏普的 CAPM 得到广泛的认可和应用，β_i 成为衡量投资风险的新指标。

随着数据经营的商业化，许多数据公司和证券研究机构开始计算和公布上市公司的 β 系数。比如在国泰君安数据库或 WIND 数据库，可以查到相关数据。

[例 7-4]

金牛公司要评估 W 项目的可行性。该项目属于绿色环保行业，投资额达 2 000 万元，建设期为 2 年，寿命周期估计为 8 年，开业后各年现金收益分别为 500 万元、600 万元、700 万元、800 万元、800 万元、700 万元、600 万元、500 万元。查阅国债相关网站得知，10 年期左右的到期收益率大约为 4.06%。

查阅 A 股某综合指数得知，近 7 年的收益率数据如表 7－6 所示。

表 7－6　A 股某综合指数收益率数据

年份	2006	2007	2008	2009	2010	2011	2012
收益率	120.07%	156.60%	−66.99%	56.71%	−12.51%	−25.09%	7.55%

在某商用数据库中发现，绿色环保行业有 30 多家上市公司，这些公司的β系数基本在 0.8～1.2 之间呈均匀分布，这些公司的分红比率在 15%～25%之间大致呈均匀分布。假定金牛公司的 W 项目具有绿色环保行业上市公司的典型特征，试评估 W 项目的投资可行性。

根据表 7－6 列表计算过去 7 年的平均收益率，如表 7－7 所示。再考虑分红比率，假定可以代表投资者对 W 项目的要求收益率。

表 7－7　A 股某综合指数年均增长率计算

年份	2006	2007	2008	2009	2010	2011	2012
收益率	120.07%	156.60%	−66.99%	56.71%	−12.51%	−25.09%	7.55%
年终值系数	220.07%	256.60%	33.01%	156.71%	87.49%	74.91%	107.55%

表 7－7 的 7 个年终值系数连乘，得 205.91%；开 7 次方，得 110.87%。因此，该综合指数年均增长率为 10.87%。根据题目提供的信息，W 项目未来分红比率大致在 20%[即 (15%＋25%)/2]。因此，资本增值率 10.87%仅代表 80%的收益率。总收益率为 10.87%/80%＝13.59%。

已知投资和各年收益，为计算净现值，需要贴现率。根据资本资产定价模型，即 $R_i=r+\beta_i(R_m-r)$，需要分别确定无风险收益率 r、市场平均收益率 R_m以及反映绿色环保行业项目的β_i系数。根据数据资料，$r=4.06\%$，β_i系数按照行业平均水平推算，估计为 1.0[即(0.8＋1.2)/2]。因此，贴现率为 13.59%。

列表计算 W 项目各年收益的现值以及投资净现值，如表 7－8 所示。

表 7－8　W 项目的净现值计算　　单位：万元

年份	0	3	4	5	6	7	8	9	10	合计
现金收益	−2 000	500	600	700	800	800	700	600	500	
现值	−2 000	341	360	370	372	328	253	191	140	355

W 项目的净现值为 355 万元，大于 0，因此，金牛公司可以进行 W 项目的投资。

7.3　有待进一步探讨的问题

由于夏普的 CAPM 是基于充分分散风险的投资组合推导出来的，与其他风险指标如标准差（σ）或方差（σ^2）相比，β系数只代表系统风险，而不是全部风险。由此简化了投资组合风险的计算，因为非系统风险会随着投资组合中证券种类的增加而被抵消，系统风险则不会因为组合投资中证券种类的增加而有所降低。所以，投资组合的β值等于组合中各个证券β值的加权平均数，即

$$\beta_P = \sum W_i \beta_i \tag{7-20}$$

然而，这个特征同时也说明夏普的 CAPM 并不完美。也就是说，模型中的风险补偿率 $\beta_i[E(R_m)-r]$，仅仅是对系统风险的补偿，而不是对全部风险的补偿。这意味着夏普的 CAPM 反映了系统风险与收益的关系，或者说是部分风险与收益的关系，而不是全部风险与收益的关系。

根据系统风险与收益的关系是否可以确定贴现率？这个问题的答案似乎很清楚，即不可以。因为现实中几乎没有一项投资只冒系统风险，即便是股票投资甚至是其中的指数投资，通常也不是将所有股票以及无风险证券纳入投资组合。而普通投资者以及绝大多数实业项目的投资就更是远远享受不到充分分散风险的投资组合。因此，对于投资者而言，绝大多数情况下要考虑全部风险，仅仅考虑系统风险绝对不够，也不符合决策的稳健性原则。

对于 CAPM 模型的这个致命缺陷，财务领域在 CAPM 发表初期是清楚的。可是，除了这个模型，去哪里找确定贴现率的合理方法呢？

很快，一种权威解释出现并传播开来：在理性市场上，非系统风险完全可以通过组合投资无成本或几乎无成本地消除，所以，市场将不承认也不补偿这部分风险，能获得补偿的只有系统风险。这个解释似乎难以自圆其说。作为决策科学，在研究投资决策时，应该从投资者角度考虑要补偿什么风险，而不管市场最后是否给予补偿。所以，夏普的资本资产定价模型并没有真正解决根据风险确定贴现率的问题。

思考题

1. 分别介绍目前估计贴现率的四种方法，说明其合理性。

2. 分析说明夏普的 CAPM 的进步意义与局限性。

3. 在夏普的 CAPM 的基础上增加考虑因素或β项有助于改进模型吗？为什么？

4. 统计现实股票或股票指数的收益率有助于得到合适的贴现率吗？为什么？

案例分析1

某公司考虑投资实业项目Q。经过专家判断，该项目收益与国民经济中多数行业的收益的变动方向相反。在评价该项目的可行性时，公司高层发生激烈争论。以总裁为代表的5位高管和以财务副总为代表的6位高管意见相左。总裁等人认为，公司财务部拿出的项目评估报告计算不合理，主要原因是贴现率确定得过低。财务副总等人认为，虽然计算项目Q的净现值时采用的贴现率的确很小，但在理论上是有依据的，因为该项目收益与宏观经济呈反方向变动。

总裁等人认为，即便该项目收益与宏观经济呈反方向变动，其贴现率也不能低于无风险利率，该项目的风险毕竟大于国债投资。而且，该项目收益的波动也许与国民经济整体之间有风险抵消的作用，但与公司另一个项目G之间没有这样的风险抵消作用。

财务副总等人认为，现在确定的贴现率是有理论依据的。虽然与项目G之间没有风险抵消作用，但市场不会承认并补偿项目Q的全部风险，因为投资者可以自己想办法既投资项目Q又投资国民经济中其他股票，自己组合出风险相互抵消从而风险最小的投资组合。

在双方争执不下的情况下，有人出了个主意。算一算净现值为0时的贴现率，即内部收益率。计算发现，该项目的内部收益率为4.66%，只比无风险利率（3.63%）高约1个百分点。

已知该项目的σ为20%，β为-0.19。

思考：如果让你来对该公司高管的争论做个裁决，你的结论是什么？为什么？

案例分析2

多元化经营的陷阱——风险与收益的关系

中国企业热衷于追求多元化经营，试图借此降低企业经营风险，使企业走上健康稳定发展的道路。现实却让人们看到多元化经营使许多企业陷入财务危机甚至破产危机。巨人集团的兴衰就是一个例子。

一、巨人集团的兴起

1989年8月，史玉柱和三个伙伴承包了天津大学深圳科技工贸发展公司电脑部，将其开发的M-6401桌面排版印刷系统推向市场。4个月后，M-6401

的销售额一举突破百万元大关，奠定了巨人集团创业的基石。

1992 年 9 月，巨人公司升级为珠海巨人高科技集团公司，注册资金 1.19 亿元。12 月底，巨人集团主推的 M-6401 汉卡年销售量 2.8 万套，销售产值共 1.6 亿元，实现纯利 3 500 万元。年增长率达 500%。

1993 年 12 月，巨人集团在全国各地成立了 38 家全资子公司。它在一年之内推出中文手写电脑、中文笔记本电脑、巨人传真卡、巨人中文电子收款机、巨人钻石财务软件、巨人防病毒卡、巨人加密卡等产品。同年，巨人集团实现销售额 300 亿元，利税 4 600 万元，成为中国极具实力的计算机企业。

二、巨人集团的多元化

由于国外电脑公司进入中国市场，电脑业竞争加剧，1993 年全行业步入低谷，巨人集团也受到重创。

1993—1994 年，全国兴起房地产和生物保健品热，为寻找新的产业支柱，巨人集团开始走上多元化经营之路：计算机、生物工程和房地产。

在 1993 年开始起步的生物工程刚刚打开局面、尚未巩固的情况下，巨人集团毅然向房地产这一完全陌生的领域进军。1994 年 8 月，史玉柱提出“巨人集团第二次创业的总体构想”。其总目标是：跳出电脑产业，走产业多元化的扩张之路，以发展寻求解决矛盾的出路。

欲在房地产业中大展宏图的巨人集团将拟建的巨人科技大厦的设计一变再变，从最初的 18 层增至 70 层，投资也从 2 亿元增至 12 亿元。对于当时仅有 1 亿资产规模的巨人集团来说，仅凭自身实力根本无法完成这项浩大的工程。对此，史玉柱的想法是：1/3 靠卖楼花，1/3 靠贷款，1/3 靠自有资金。但令人惊奇的是，大厦从 1994 年 2 月破土动工到 1996 年 7 月，巨人集团未申请过一分钱的银行贷款，全凭自有资金和卖楼花的钱支撑。

三、巨人集团的垮塌

多元化的快速发展使巨人集团的弊端一下子暴露无遗。1995 年 7 月 11 日，巨人集团不得不宣布进行整顿，但整顿并没有从根本上扭转局面，公司发展步入低潮。1995 年底，财务状况进一步恶化。此时更让史玉柱焦急的是巨人大厦，他决定将生物工程的流动资金抽出投入大厦的建设。进入 7 月份，全国保健品市场普遍下降，巨人保健品的销量也急剧下降，维持生物工程正常运作的基本费用和广告费用不足，生物产业的发展受到了极大的影响。

按原合同，大厦施工三年盖到 20 层（1996 年底），但由于施工不顺利而没有完工。大厦动工时，为了筹措资金巨人集团在香港卖楼花拿到了 6 000 万港元，国内卖了 4 000 万元。其中在国内签订的楼花买卖协议规定，三年大楼一期工程（盖 20 层）完工后履约，如未能如期完工，应退还订金并给予经济补偿。1996 年底大楼一期工程未能完成，建大厦时卖给国内的 4 000 万楼花就成了导致巨人集团财务危机的导火索。巨人集团为追求资产的盈利性，以超过其资金实力十几倍的规模投资于一个陌生且资金周转周期长的房地产行业，终因财务状况不良而陷入破产危机。

资料来源：改编自巨人科技集团多元化的失败．http://wenku.baidu.com/view/fdf42e24482fb4daa58d4bb0.html.

思考：巨人集团多元化失败的主要原因是什么？从财务角度看，巨人集团存在哪些问题？

第8章

融资方式与资本成本

[引导案例]

张华在5年前创办了一家IT信息化服务公司，他目前是公司最大个人股东并任公司CEO。公司发展势头很好，处于国内同类公司龙头地位，连续3年每年主营业务收入和净利润分别在1亿元和1 000万元以上，并逐年增长。近期公司完成了股份制改造，正在筹划发行股票上市融资。

公司召开管理层会议讨论公司上市融资地点的选择问题。财务部王经理建议公司在国内A股市场上市融资，并举了用友软件和金碟国际上市融资的例子：北京用友软件股份有限公司成立于1988年，于1999年完成股份制改造，2001年4月在上海证券交易所发行2 500万A股，发行价36.68元/股，实际募集资金8.87亿元；金蝶国际软件集团有限公司始创于1991年，于2001年2月在香港联合交易所创业板上市，发行价1.03港元/股，募集资金9 013万港元。业务类型、公司规模、盈利水平和市场占有率等方面都十分相近的两家公司选择在不同上市地点融资，融资效果差异如此之大，所以建议公司首先考虑在国内A股市场融资。

财务部具体承担上市项目的耿经理倾向于在香港上市融资：在香港上市周期相对短，在符合上市条件的情况下，一般从准备上市到最终成功上市只需要6～8个月；在国内A股上市固然好，但内地A股上市从改制辅导到成功上市动辄两至三年，发行时还要考虑当时的市场情况，有相当多的不确定性，其中的机会成本和时间成本不可估量。

到会议结束时仍然没有得出明确结论，张华陷入沉思：公司到底选择在哪里上市呢？

在实践中，企业的融资方式很多，除了在初级财务管理学中介绍过的所有企业都可以使用的吸收直接投资、内部积累、银行借款、融资租赁、商业信用等融资方式，还有一些特定企业可以采用的发行公司债券、发行股票、混合性融资等融资方式。

8.1　发行公司债券

公司债券是企业依照法定程序发行的、约定在一定期限内还本付息的有价证券，是持券人拥有公司债权的书面证书。持券人可以按期取得固定利息，到期收回本金，但无权参与公司经营管理，也不参加分红，对企业的经营盈亏不承担责任。

8.1.1　公司债券的种类

1. 按有无抵押品担保，分为抵押债券、担保债券和信用债券

抵押债券是以发行债券企业的稳定财产为担保品，如债券到期不能偿还，持券人可以行使其抵押权，拍卖抵押品作为补偿。抵押债券按其抵押品的不同，分为不动产抵押债券、动产抵押债券和证券抵押债券。

担保债券是指由一定保证人作担保而发行的债券。当企业没有足够的资金偿还债券时，债权人可要求保证人偿还。保证人应是符合《中华人民共和国担保法》的企业法人，且应同时具备以下条件：(1) 净资产不能低于被保证人拟发行债券的本息；(2) 近三年连续盈利，且有良好的业绩前景；(3) 不涉及改组、解散等事宜或重大诉讼案件；(4) 中国人民银行规定的其他条件。

信用债券又称无抵押担保债券，是仅凭企业自身的信用发行的、没有抵押品作抵押或担保人作担保的债券。在公司清算时，信用债券的持有人因无特定的资产作担保品，只能作为一般债权人参与剩余财产的分配。为了保护债权人的利益，发行信用债券往往要有一些限制条件，如企业不能随意增加发行债券，未清偿债券之前股东分红不能过高等。此外还有一种重要的反抵押条款，即规定企业不得将其财产抵押给其他债权人。

2. 按偿还期限不同，分为短期债券和长期债券

短期债券是指偿还期限在一年以内的债券，通常分为 3 个月、6 个月、9 个月三种。长期债券是指偿还期限超过一年的债券，在实务中往往又进一步根据期限长短区分为中期债券和长期债券。

短期债券又称短期融资券，是为缓和企业流动资金在短时期内的供求矛盾而发行的一种具有商业本票性质的有价证券。其特点在于：只能用于短期流动资金需要，如季节性、临时性的原材料采购和收购的需要，不能用于固定资产投资，也不能用于长期流动资金需要。

3. 按是否记名，分为记名债券和无记名债券

记名债券是在债券上记有持券人姓名，并把债权人的姓名登记在债券名册

上的债券。企业偿还本金或支付利息时，要根据债券名册付款，债券转让也要办理过户手续。

无记名债券则在债券上不记载债券持有人姓名，还本付息时仅以债券为凭证，企业见票即还本或付息。企业发行无记名债券不必登记债权人的姓名，只需在债券存根簿中载明债券总额、发行日期、债券编号及其他有关事项。

8.1.2 债券发行

债券发行按发售过程分为直接募集和间接募集。直接募集是指由债券发行者直接在证券市场上经办一切发行业务，承办债券发行的具体手续。间接募集是指以银行或证券经营机构为媒介来发行债券，由它们包销或助销全部债券。银行和证券经营机构具有发行债券的丰富经验，发行债券影响大，筹集资金速度快，效果较好。

债券发行按募集对象分为私募发行和公募发行。私募发行是企业以特定的少数投资者为对象发行债券，公募发行则是在证券市场上以非特定的广大投资者为对象公开发行债券。

我国《企业债券管理条例》规定，企业发行债券应当由证券经营机构承销，并须通过公开发行的形式进行。

8.1.3 债券发行价格的确定

债券发行价格的高低取决于以下四项因素。

（1）债券面值。债券售价的高低从根本上取决于债券面值的大小。债券面值是企业将来需要归还的资金数额，而售价是企业现在收到的资金数额。

（2）债券票面利率。债券票面利率乘以债券面值即债券利息，是企业在债券发行期内付给债券购买者的投资收益。债券票面利率越高，售价也越高。

（3）债券市场利率。债券市场利率是确定债券售价的重要依据（表现为债券售价计算时的折现率），与债券售价成反比。

（4）债券期限。债券发行的期限越长，风险越大，售价越低。

企业债券通常是按债券的面值出售的，称为等价发行。但在实践中往往要按低于或高于债券面值的价格出售，即折价发行或溢价发行。这是因为债券票面利率是参照市场利率制定的，一经确定就不能变更，而市场利率经常变动。也就是说，从决定债券发行、开印到债券发售的期间里，如果市场利率发生变化，就要依靠调整发行价格（折价或溢价）来调节债券购销双方的利益。具体来说，如果市场利率大于债券利率，债券将折价发行；如果市场利率小于债券利率，债券将溢价发行。

从内容上讲，债券的发行价格由两部分组成：（1）债券到期还本（即债券面值）的复利现值；（2）债券各期利息的年金现值。计算公式如下：

$$债券发行价格=\frac{债券面值}{(1+市场利率)^n}+\sum_{t=1}^{n}\frac{债券面值\times债券票面利率}{(1+市场利率)^t} \tag{8-1}$$

式中，n 为债券期限；t 为付息期数；市场利率是指债券发售时的市场利率；债券票面利率通常为年利率。

[例 8-1]

某企业发行面值为 1 000 元的债券，债券票面利率为 10%，每年末付息一次，5 年到期。债券发售时市场利率有以下三种情况：

(1) 市场利率与债券利率一致，等价发行。

该企业决定发行债券时是根据市场利率 10%来确定债券利率的，到债券出售时，如市场利率没有变化，即与债券利率一致，则可按票面价值出售债券。债券发行价格可计算如下：

$$\begin{aligned}债券发行价格&=\frac{1\,000}{(1+10\%)^5}+\sum_{t=1}^{5}\frac{1\,000\times10\%}{(1+10\%)^t}=1\,000\times0.621+100\times3.791\\&=1\,000(元)\end{aligned}$$

这就是说，该企业到期还本的现值和每年支付利息的现值合计为 1 000 元，所以债券出售应得 1 000 元。

(2) 市场利率高于债券利率，折价发行。

如果债券出售时，市场利率上升到 12%，而此种上升又是合理的，则按债券利率 10%付给债权人利息，债权人就要遭受损失，因此要使债券出售价格低于票面价值，给债权人以补偿。这时，债券发行价格可计算如下：

$$\begin{aligned}债券发行价格&=\frac{1\,000}{(1+12\%)^5}+\sum_{t=1}^{5}\frac{1\,000\times10\%}{(1+12\%)^t}\\&=1\,000\times0.567+100\times3.605=927(元)\end{aligned}$$

这就是说，按市场现行利率 12%计算，该企业到期还本的现值和每年支付利息的现值合计为 927 元，所以债券发行价格应降为 927 元。

(3) 市场利率低于债券利率，溢价发行。

如果债券出售时，市场利率下降到 8%，而此种下降又是合理的，则按债券利率 10%付给债权人利息，企业就要遭受损失，因此要使债券出售价格高于票面价值，给企业以补偿。这时，债券发行价格可计算如下：

$$\begin{aligned}债券发行价格&=\frac{1\,000}{(1+8\%)^5}+\sum_{t=1}^{5}\frac{1\,000\times10\%}{(1+8\%)^t}\\&=1\,000\times0.681+100\times3.993=1\,080(元)\end{aligned}$$

这就是说，按市场现行利率 8%计算，该企业到期还本的现值和每年支付利息的现值合计为1 080元，所以债券发行价格应升为1 080元。

8.1.4 发行公司债券对企业的影响

1. 发行公司债券的优点

发行公司债券是企业筹集借入资金的重要方式。其优点主要有：

（1）资本成本较低。债券利率通常比股利率低，而且债券利息按规定在税前支付，从而可以享受减税利益，因此企业实际负担的债券成本明显低于股票成本。

（2）具有财务杠杆作用。债券利率往往是固定的，不论企业盈利多少，债券持有人只收取固定的利息，超过利息的利润归股东所有，因而可以增加股东财富。

（3）可保障控制权。债券持有人拥有债权而不拥有管理权，无权参与公司的管理决策，因而发行债券不会像增发新股票那样可能分散股东对公司的控制权。

2. 发行公司债券的缺点

（1）财务风险高。债券有固定的到期日，并需要定期支付利息。利用债券筹资要承担还本付息的义务。在企业经营不景气时，向债券持有人还本付息无异于釜底抽薪，会给企业带来更大困难，甚至导致企业破产。

（2）限制条件多。发行债券的契约书中往往规定一些限制条款。这种限制比优先股及长期借款要严得多，可能会影响企业的正常发展和以后的筹资能力。

（3）筹资额有限。利用债券筹资在数额上有一定限制，当公司的负债超过一定数额后，债券筹资的成本会迅速上升，有时甚至导致债券难以发行。

8.2 发行股票

股票是股份公司为筹集自有资金而发行的有价证券，是持股人拥有公司股份的入股凭证。它代表持股人在股份公司中拥有的所有权。股票持有者为公司的股东。股东按照公司章程，参加或监督公司的经营管理，分享红利，并依法承担以购股额为限的企业经营亏损的责任。

8.2.1 股票的种类

1. 按股东权利和义务的不同，分为普通股和优先股

普通股是公司发行的具有管理权而股利不固定的股票。普通股符合一般股

权的基本标准，是公司资本结构中的基本部分。普通股在权利义务方面的特点是：(1) 普通股股东对公司有经营管理权。在股东大会上有表决权，可以选举董事会，从而实现对公司的经营管理。(2) 普通股股利分配在优先股分红之后进行，股利多少取决于公司的经营情况。(3) 公司解散、破产时，普通股股东的剩余财产求偿权位于公司各种债权人和优先股股东之后。(4) 在公司增发新股时，有优先认股权，可以优先购买新发行的股票。

优先股是较普通股而言有某些优先权利，同时也有一定限制的股票。其优先权利表现在：(1) 优先获得股利。优先股股利的分发通常在普通股之前，其股利率是固定的。(2) 优先分配剩余财产。当公司解散、破产时，优先股剩余财产的求偿权虽位于债权人之后，但位于普通股之前。优先股股东在股东大会上无表决权，在参与公司经营管理上受到一定限制，仅对涉及优先股权利的问题有表决权。优先股属于权益资金，优先股股东的权利与普通股股东有相似之处，两者的股利都是在税后利润中支付，而不能像债券利息那样在税前列支；同时优先股具有债券的某些特征。

2. 按票面有无记名，分为记名股票和无记名股票

记名股票在票面上载有股东姓名，并将股东姓名记入公司股东名册。记名股票的转让、继承要办理过户手续。

无记名股票在票面上不记载股东姓名，公司也要设置股东名册，记载股票的数量、编号和发行日期。凡是持有无记名股票的人就成为公司的股东。无记名股票的转让、继承无须办理过户手续，只要买卖双方办理交割手续，就可完成股权的转移。

我国公司法规定，公司向发起人、国家授权投资的机构、法人发行的股票，应当为记名股票。对社会公众发行的股票，可以为记名股票，也可以为无记名股票。

3. 按票面是否标明金额，分为面值股票和无面值股票

面值股票是指在股票票面上标明金额的股票。这种股票可以确定所持股票在企业资金总额中所占的份额。如某企业发行股票票面价值为 100 万元，每股股票票面价值均为 100 元，则每股股票对应于企业财产万分之一的所有权。另外，股票的面值还表明股东在股份有限责任公司中对每股股票所负责任的最高限额。

无面值股票不标明股票的面值，而仅将企业资金分为若干股份，在股票上载明股数。在企业经营过程中，股份的实际价值与股票发行时的价值往往不一致，只要根据股票股数即可确定股份的实际价值（但每股的发行价值仍需固定）。

4. 按投资主体的不同，分为国家股、法人股、个人股和外资股

国家股为有权代表国家投资的部门或机构以国有资产向公司投资形成的股

份。国家股由国务院授权的部门或机构，或根据国务院的决定由地方人民政府授权的部门或机构持有，并委派股权代表。

法人股为企业法人以其依法可支配的资产向公司投资形成的股份，或具有法人资格的事业单位和社会团体以国家允许用于经营的资产向公司投资形成的股份。

个人股为社会个人或本公司职工以个人合法财产投入公司形成的股份。

外资股为外国投资者和我国香港、澳门、台湾地区投资者以购买人民币特种股票形式向公司投资形成的股份。

5. *按发行对象和上市地点，分为 A 股、B 股、H 股、N 股和 S 股*

A 股即人民币普通股票。它由我国境内的公司发行，供境内机构、组织和个人以人民币认购和交易，不向外国和我国港澳台地区的投资者出售。

B 股即人民币特种股票。它以人民币标明面值，以外币认购和进行交易，在境内（上海、深圳）证券交易所上市交易。它的投资人限于：外国和我国港澳台地区的机构、组织和个人，定居在国外的中国公民，中国证监会规定的其他投资人。

H 股是注册地在内地、上市地在香港的外资股。取香港英文 Hong Kong 字首，在香港上市的外资股就标为 H 股。在纽约和新加坡上市的外资股股票，分别称为 N 股和 S 股。

8.2.2 股票的发行方法

1. *有偿增资*

有偿增资是指投资人须按股票面额或市价，用现金或实物购买股票。有偿增资又可分为公募发行、股东优先认购、第三者分摊三种。

（1）公募发行。即向社会公众公开招募认股人认购股票，又分为直接公募和间接公募两种。

直接公募发行是发行公司通过证券公司等中介机构，向社会公众发售股票，发行公司承担发行责任与风险，证券公司不承担风险而只收取一定手续费。

间接公募发行是发行公司通过投资银行发行、包销，投资银行承担发行风险，由投资银行先将股票购入再售予社会公众。在美国，90%以上的新股票采用这种办法发行。

（2）股东优先认购。即发行公司对现有股东按一定比例配给公司新发行股票的认购权，准许其优先认购新股。凡发行新股时在股东名册上记载的股东，均有优先认购新股的权利。股东可以优先认购的新股股数的比例与现持旧股股数的比例相同。例如，某股东现持公司 1.5%的旧股，他就有权认购新股的 1.5%。股东若不想认购，可转让其认购权。这种办法有利于维护股东在公司的原有地位，不会引起股权结构发生大的变化，但会相对降低公司的公众性。

（3）第三者分摊。即股份公司在发行新股时，给予本公司有特殊关系的第三者（如其他公司或银行）新股摊认权。在美国，这种做法多在公司经营不景气、筹资困难时采用。

2. 股东无偿配股

股东无偿配股是指公司不向股东收取现金或实物财产，而是无代价地将公司发行的股票配予股东。公司采用这种做法的目的不是增资，而是调整资本结构，提高公司的社会地位，增强股东的信心。按照国际惯例，无偿配股通常有三种，即无偿交付、股票派息、股票分割。

（1）无偿交付。即股份公司用资本公积金转增股本，按股东现有股份比例无偿交付新股票。

（2）股票派息。即股份公司以当年利润分派新股代替对股东支付现金股利。这种做法可使股份公司避免资本外流，扩大股本规模。但增加股份数额也意味着加重股利分配负担。

（3）股票分割。即将大面额股票分割为若干股小面额股票。例如，将原来的一股划分为两股或若干股。其结果是增加了股份总数，但并不改变股本总额。股票分割的目的在于降低股票票面金额，便于个人投资者购买，以促进股票的发行和流通。

3. 有偿无偿并行增股

采用这种做法时，股份公司发行新股，股东只需交付一部分股款，其余部分由公司公积金抵充，即可获取一定量的新股。例如，新股每股面额 100 元，规定其中 50 元为有偿部分，由股东交付现金，其余 50 元无偿部分由公司公积金抵充转入。这时，股东只需交付 50 元现金即可获取面额为 100 元的一股新股票。这种做法兼有增加资本和调整资本结构的作用，可鼓励股东缴纳股款购入新股。

8.2.3　股票发行价格的确定

股票的发行价格是股份公司将股票出售给投资者所采用的价格，也就是投资者认购股票时所支付的价格。股票发行价格通常由发行公司根据股票面额、股市行情和其他有关因素决定。公司设立首次发行股票时，由发起人决定；公司增资发行新股时，由股东大会或董事会决定。

1. 股票价值的种类

股票的价值通常有票面价值、账面价值、市场价值，企业清算时还有反映每股股份实际价值的清算价值。

票面价值（简称面值）是股票票面上标明的金额，以股为单位，用每股的资本数额来表示。它在公司经营过程中只表明股东投入资本在公司资本总额中所占的比例，作为确定股东所有权、表决权、收益分配权的依据，与企业资产并无直接联系。

账面价值（即净资产价值）是指股票所包含的实际资产价值。它是根据公司会计报表资料计算出来的结果，数字准确，可信度高，所以是证券经营者分析股票价格、股票投资者进行投资评估分析的依据之一。公司的账面价值高，股东可能享受的收益就多，这时，如果股票售价较低，则对投资者有利。

市场价值（又称市价）是股票在股票市场上进行交易而具有的价值。它通常与企业的盈利能力直接有关，并受许多因素的影响，是一种经常变动的数值。它直接反映股票市场行情，成为投资者的直接参考依据。

2. 新股发行价格的计算

新股发行价格的作价方法主要有以下三种：

（1）分析法。以资产净值为基础计算，接近账面价值。计算公式如下：

$$每股价格=\frac{资产总值-负债总值}{投入资本总额}\times 每股面值 \tag{8-2}$$

（2）综合法。以公司收益能力为基础计算，接近市场价值。计算公式如下：

$$每股价格=\frac{年平均利润\div 行业资本利润率}{投入资本总额}\times 每股面值 \tag{8-3}$$

（3）市盈率法。以市盈率为基础，乘以每股利润计算确定，能充分反映市价和盈利之间的关系。计算公式如下：

$$每股价格=市盈率\times 每股利润 \tag{8-4}$$

[例 8-2]

东方公司投入资本总额为 800 万元，每股股票面值为 10 元，资产总额为 1 360 万元，负债总额为 400 万元。按分析法计算，每股价格为：

$$每股价格=\frac{1\,360-400}{800}\times 10=1.2\times 10=12(元)$$

[例 8-3]

沿用例 8-2 中东方公司的资料。如果行业资本利润率为 15%，该公司年平均利润为 156 万元。按综合法计算，每股价格为：

$$每股价格=\frac{156\div 15\%}{800}\times 10=13(元)$$

[例 8-4]

大鹏公司每股利润为 1.5 元，市盈率为 11。按市盈率法计算，每股价格为：

每股价格＝11×1.5＝16.5(元)

3. 股票发行价格的决策

股票发行价格可根据面值和有关计算方法求得，但发行时还要结合具体情况确定。股份公司在不同时期、不同状态下对不同种类的股票可采用不同的方法确定发行价格。

股票发行价格通常有等价、时价和中间价三种。

(1) 等价。即以股票面值为发行价格发行股票，即股票的发行价格与其面值等价，亦称平价发行。等价发行股票一般比较容易推销，但发行公司不能取得溢价收入。在股票市场不发达的情况下，设立公司首次发行股票时，选用等价发行可确保及时足额地募集资本。

(2) 时价。即以公司原发行同种股票的现行市场价值为基准来选择增发新股的发行价格。选用时价发行股票，考虑了股票的现行市场价值，可促进股票的顺利发行。综观全球股市的现状与趋势，按时价发行股票颇为流行。

(3) 中间价。即取股票市场价值与面值的中间值作为股票的发行价格。例如，某种股票的现行市价为 75 元，每股面值 50 元，如果发行公司按每股 62.5 元的价格增发该种新股票，就是按中间价发行。显然，中间价兼具等价和时价的特点。

选择时价或中间价发行股票，可能属于溢价发行，也可能属于折价发行。溢价发行是指按超过股票面值的价格发行股票，折价发行是指按低于股票面值的价格发行股票。如属溢价发行，则发行公司获得发行价格超过股票面值的溢价款列入资本公积金。

按照国际惯例，股票通常采取溢价发行或等价发行，很少折价发行，即使在特殊情况下折价发行，也要施加严格的折价幅度和时间等限制。我国公司法规定，股票发行价格可按票面金额（即等价），也可以超过票面金额（即溢价），但不得低于票面金额（即折价）。

8.2.4　发行股票对企业的影响

1. 发行股票的优点

(1) 能提高公司的信誉。发行股票筹集的是权益资金，而权益资金是公司借入一切债务的基础。有了较多的权益资金，就可为债权人提供较大的损失保障。因而，发行股票既可以提高公司的信用程度，又可为使用更多的债务资金提供有力的支持。

(2) 没有固定的到期日，不用偿还。发行股票筹集的资金是永久性资金，在公司持续经营期间可长期使用，能充分保证公司生产经营的资金需求。

(3) 没有固定的利息负担。公司有盈余，并且认为适合分配股利，就可以分给股东；公司盈余少，或虽有盈余但资金短缺，或者存在有利的投资机会，就可以少支付或不支付股利。

(4) 筹资风险小。由于普通股股票没有固定的到期日，不用支付固定的利息，不存在不能还本付息的风险。

2. 发行股票的缺点

(1) 资本成本较高。一般来说，股票筹资的成本要大于债务资金，股票投资者要求有较高的报酬。股利要从税后利润中支付，而债务资金的利息可在税前扣除。另外，普通股的发行费用也较高。

(2) 容易分散控制权。当企业发行新股时，出售新股票，引进新股东，会导致公司控制权的分散。

另外，新股东分享公司未发行新股前积累的盈余，会降低普通股的净收益，可能引起股价下跌。

8.3 混合性融资

企业在筹资过程中发行的一些证券的基本性质是股票，但又具有债券的某些特点，而另一些证券的基本性质是债券，但又可能转化为股票。对于这种具有双重性质的筹资活动，人们称之为混合性融资。混合性融资主要有：发行优先股、发行认股权证和发行可转换债券。

8.3.1 发行优先股

[案例思考]

2015 年 11 月，中国工商银行股份有限公司非公开发行优先股，发行数量不超过 4.5 亿股，募集资金不超过 450 亿元。每股票面金额为人民币 100 元，按票面金额平价发行，无到期期限。该次发行的优先股向符合《优先股试点管理办法》及其他法律法规的合格投资者发行。

该次发行的优先股采用分阶段调整的票面股息率定价方式，票面股息率为基准利率加固定息差，首 5 年的票面股息率从发行日起保持不变，其后基准利率每 5 年重置一次，每个重置周期内的票面股息率保持不变。固定息差等于本次优先股发行时票面股息率与基准利率之间的差值，其在存续期内保持不变。该次发行优先股的票面股息率通过市场询价确定为 4.50%，其中基准利率为

2.94%，固定息差为 1.56%。优先股票面股息率将不高于发行前该行最近两个会计年度的年均加权平均净资产收益率。

优先股股东按照约定的票面股息率获得股息后，不再与普通股股东一起参加剩余利润分配。优先股股东无权出席任何股东大会且所持股份没有表决权，也不参与经营决策。根据中国银监会《资本管理办法》等相关法律法规和公司章程规定，任何情况下，经股东大会审议通过后中国工商银行有权取消优先股的派息，且不构成违约事件。

本次发行的优先股自发行结束之日起 5 年后，经中国银监会批准并符合相关要求，该行有权行使赎回权，全部或部分赎回本次优先股，则优先股投资者可能无法按照既定的投资计划持有本次优先股，并可能难以获得与本次发行优先股投资收益水平相当的投资机会，从而面临持有期限不确定和预期收益下降的风险。反之，也可能根据自身经营状况及意愿不行使赎回权，或由于不能获得中国银监会批准或满足相关条件而无法行使赎回权。本次发行的优先股不设置投资者回售条款，优先股股东无权向该行回售其所持有的优先股。

思考：公司发行优先股的原因是什么？对企业经营将产生哪些影响？

优先股是一种特别股票，它具有普通股的基本特征，但与债券又有许多相似之处。从法律地位来看，优先股属于企业自有资金。

1. 优先股的种类

（1）累积优先股和非累积优先股。累积优先股是指在某个营业年度内由于经营成果较差而未支付的股利可以累积起来，由以后的营业年度补发其股利的优先股股票。通常发行这种股票的公司只有把积欠的优先股股利全部支付以后，才能支付普通股股利。非积累优先股是仅按当年净利润分配股利，而不予以积累留待以后补付的优先股股票。如果年度净利润不足以支付全部优先股股利，公司对积欠的股利不再在以后年度补发。

对投资者来说，累积优先股更具吸引力，因而发行比较广泛，非积累优先股则因认购者少而发行量不大。

（2）可转换优先股和不可转换优先股。可转换优先股是股东可在一定时期内按一定比例把股票转换为普通股的优先股股票。转换比例是事先确定的，其比值取决于当时优先股与普通股的现行价格。例如，发行股票时，可转换优先股每股价格为 100 元，普通股每股价格为 25 元，可规定在今后一定时期内（如 2 年内），1 股优先股转换为 4 股普通股。在规定时期内，如普通股价格超过 25 元，优先股价格不超过 100 元，则对优先股股东有利。不可转换优先股是不能转换成普通股的优先股股票。持有这种股票只能获得固定的股利，不能获得转换收益。

（3）参加优先股和不参加优先股。参加优先股是指不仅能取得固定股利，而且有权与普通股一起参加净利润分配的优先股股票。按照参与利润分配的方式不同，又可分为全部参加分配的优先股和部分参加分配的优先股。全部参加分配是指优先股股东有权与普通股股东共同等额分享本期全部净利润；部分参加分配是指优先股股东仅按规定额度参与本期净利润分配，超过规定额度的利润归普通股股东所得。不参加优先股是指对公司的净利润只分得固定股利，对分配固定股利后的剩余利润不能参加分配的优先股股票。

（4）可赎回优先股和不可赎回优先股。可赎回优先股又称可收回优先股，是指股份公司可按一定价格收回的优先股股票。在发行这种股票时，一般都附有收回性条款，规定赎回该股票的价格，赎回价格一般略高于股票面值。至于是否收回，何时收回，则由发行股票的公司决定。不可赎回优先股是指不能收回的优先股股票。优先股都有固定股利，不可赎回优先股一经发行便会成为永久性的财务负担，因此，在实际工作中不可赎回优先股很少发行。

显然，发行累积优先股、可转换优先股、参加优先股对股东有利，发行可赎回优先股则对公司有利。

2. 优先股的权利

优先股的“优先权”是相对于普通股而言的，主要有以下几项：

（1）优先分配股利的权利。优先分配股利的权利是优先股的主要特征。优先股的股利通常为固定股利，是按面值的一定比例计算的；而且优先股股利必须在支付普通股股利之前支付。至于累积优先股、参与优先股的优先权就更为突出了。

（2）对剩余资产的求偿权。在企业破产清算时，对出售资产所得的收入，优先股的求偿权在债权人之后，但先于普通股股东。其金额为优先股的票面价值加上积累未支付的股利。

为了保护优先股的这种优先权，发行优先股的协议有时也会有一些限制性条款，如禁止发行对剩余资产拥有更优先或同等求偿权的证券。

（3）管理权。优先股股东的管理权是有严格限制的。通常，在公司的股东大会上，优先股股东没有表决权。但是当公司研究与优先股有关的问题时，如讨论将一般优先股改为可转换优先股、推迟优先股股利的支付时，优先股股东有权参加股东大会并有权表决。

3. 优先股的性质

优先股的性质比较复杂，既属于自有资金，又具有债务资金的特性。

从法律地位来看，优先股是企业自有资金的一部分。优先股持有人是公司的股东，优先股股东拥有的权利同普通股股东近似，优先股的股利不能像债券利息那样从税前扣除，而必须从税后利润中支付。但优先股又具有债券的特征。优先股有固定的股利，类似于债券的利息；优先股对利润的分配和对剩余财产的求偿具有优先权，这也类似于债券。

另外，公司的不同利益集团对优先股往往有不同的认识，侧重点也有所不同。普通股股东一般把优先股看成是一种特殊债券，因为它必须在普通股之前分得收益、分享剩余资产。投资人在购买普通股股票时往往把优先股看作债券。债券持有人则认为优先股属于股票，属于股权资金，因为它对债券起保护作用，可以减少债券投资的风险。从公司管理者和财务人员的角度看，优先股股利具有双重性质，因为优先股虽没有固定的到期日，不用偿还本金，但需要支付固定的股利，成为财务上的一项负担。所以，当公司利用优先股筹资时，一定要考虑这两方面的特性。

4. 发行优先股对企业的影响

（1）发行优先股的优点。

①优先股没有固定的到期日，多数可根据需要收回。优先股本身没有偿还本金的义务，因而不需要做再筹资计划，等于使用一笔无限期的贷款。但大多数优先股附有收回条款，这就使得这种资金的来源更有弹性。当财务状况较紧时发行，而财务状况较好时收回，既有利于满足公司的资金需求，也能主动控制公司的资本结构。

②股利的支付既固定又有一定弹性。优先股一般采用固定股利，但固定股利的支付并不构成公司的法定义务。如果公司财务状况不佳，则可暂时不支付优先股股利，优先股股东不至于像债权人那样迫使公司破产。

③有利于提升公司信誉。从法律上讲，优先股属于自有资金，因而，优先股扩大了权益基础，可适当提升公司的信誉，增强公司的借款能力。

④能保持普通股股东的控制权。当公司既想向外界筹集主权资金，又不想丧失原有股东控制权时，利用优先股筹资比较恰当。

（2）发行优先股的缺点。

①筹资成本高。优先股的股利要从税后净利润中支付，不像债券利息那样可在税前列支，因而优先股成本很高。

②财务负担重。优先股需要支付固定股利，又不能在税前列支，因而当盈余下降时，优先股股利会成为一项较重的财务负担，有时不得不延期支付。

③限制条件多。发行优先股通常有许多限制条款，如对普通股股利支付上的限制、对公司借债的限制等，不利于公司的自主经营。

8.3.2　发行认股权证

1. 认股权证的含义

认股权证是一种以特定的认购价格购买规定数量的普通股份的选择权。认股权证类似于购买选择权。认股权证与它所伴随的证券（例如债券）既可分开，也可不分开，这样便于它们分别交易。认股权证是一种购买普通股的选择权，在行使选择权之前，其持有人并不拥有普通股股东的权利。

认股权证是一种有价证券。其持有人可行使认股权，也可不行使认股权，还可将认股权证转让出去。

2. 认股权证的定价

认股权证类似于购买选择权，具有选择权的性质。认股权证的公式值（或计算价格）可使用下列表达式：

$$公式值=(普通股的市场价格-认购价格)\times\frac{每份认股权证}{可以认购的股票数} \quad (8-5)$$

[例 8-5]

某公司发行的认股权证到期日为 2017 年 2 月 25 日，每股约定价格为 27.50 元，每个认股权证允许持有人购买 2 股股票，假如在某一分析日期（2016 年 6 月 18 日）的普通股价格是 26.25 元。

在此例中，由于分析日期普通股价格 26.25 元低于约定价格 27.50 元，持有人不会行使认股权，因此此认股权证的公式值为 0。

但如果约定价格为 16.50 元，则此认股权证的公式值为：

$$公式值=(26.25-16.5)\times 2=19.5(元)$$

此时，持有人可能会行使认股权。

3. 认股权证在筹资中的运用

认股权证常被企业用来改善筹资条件，例如，一些大公司销售附有认股权证的债券，从而以较低的利率出售债券。

新建和处于发展阶段的公司具有较大的不确定性。因为它们的前景是不确定的，所以投资者不愿购买这些公司发行的低利率债券，但如果公司发行附在债券上的认股权证，则会改善低利率债券的发行状况。如果公司发展迅速并很快取得成功，它们的普通股价值会提高，那么认股权证就给了购买者获得较高收益率的机会。另外，认股权证对处在高所得税档次的投资者特别有吸引力，因为他们可以通过行使认股权取得资本利得，从而负担一部分资本利得税；如果直接从高利率债券中取得债息，则要负担个人所得税。一般来说，他们的个人所得税税率要高于资本利得税税率。

认股权证被认购时，公司会收到增加的资金。

[例 8-6]

某公司认股权证在筹资中的运用情况如表 8-1 所示。

表 8-1　　认股权证在筹资中的运用　　单位：万元

筹资来源 (1)	筹资前 (2)	债券的销售 (3)	认购认股权证 (4)
债券		7 500	7 500
普通股（每股 1 元）	1 200	1 200	1 500
资本公积	4 800	4 800	6 000
留存收益	24 000	24 000	24 000
股东权益	30 000	30 000	31 500
资本总额	30 000	37 500	39 000

筹资前的状况如表 8-1 第（2）栏所示，该公司拥有 1 200 万股发行在外的普通股，每股面值 1 元，资本公积 4 800 万元，留存收益 24 000 万元，股东权益 3 亿元，资本总额 3 亿元。第（3）栏描述出售附有认股权证的 7 500 万元的债券。第（3）栏类似于第（2）栏，但增加了 7 500 万元债券，资本总额增加到 3.75 亿元。每份 10 000 元面值的债券附有 400 份认股权证，允许以每股 5 元购买 1 股普通股。因为 7 500 份债券已发行在外，每份附有 400 份认股权证，如果认股权证均认购，那么将出售 300 万股新股。如第（4）栏所示，由于每股面值为 1 元，普通股将增加 300 万元，资本公积将增加 1 200 万元。股东权益将从 3 亿元增加到 3.15 亿元，资本总额将上升到 3.9 亿元。

4. 发行认股权证对企业的影响

（1）发行认股权证的优点。

①可降低筹资成本。发行附有认股权证的债券时，由于认股权证的吸引作用，债券利率可以降低，因而降低了债券发行成本。

②有利于吸引投资者向公司投资。只要认股权证的约定价格低于股票价格，认股权就会被行使，从而增加公司的资本金。

③有助于调整资本结构，扩大股权。认股权被行使后，公司发行在外的股票数会增加；同时，公司的资本金增加，股东权益在资产中的比重会上升，从而调整了资本结构。

（2）发行认股权证的缺点。

①当认股权被行使后，公司的股东数增加，这将会稀释股东对公司的控制权。

②在认股权被行使时，若普通股股价高于认股权证约定价格较多，则公司筹资成本较高，会产生实际的筹资损失。

8.3.3　发行可转换债券

[案例思考]

三一重工股份有限公司属工程机械制造行业，公司主要产品为混凝土机械、挖掘机械、起重机械、桩工机械、路面机械等。经中国证监会证监许可

〔2015〕3090 号文件核准，三一重工发行可转换债券的总额不超过人民币 45 亿元，具体发行数额由股东大会授权公司董事会在上述额度范围内确定，发行期限为自发行之日起 6 年，即自 2016 年 1 月 4 日至 2022 年 1 月 3 日。可转债每张面值为人民币 100 元，按面值发行。债券利率第一年为 0.2%，第二年为 0.5%，第三年为 1.0%，第四年为 1.5%，第五年为 1.6%，第六年为 2.0%。付息方式为每年付息一次。

该次发行的可转债的初始转股价格为 7.50 元/股，不低于募集说明书公告日前 20 个交易日公司股票交易均价（若在该 20 个交易日内发生过因除权、除息引起股价调整的情形，则对调整前交易日的收盘价按经过相应除权、除息调整后的价格计算）和前一个交易日公司股票交易均价。

该次发行还包括有条件的赎回条款，情形之一为：在转股期内，如果公司股票在任何连续 30 个交易日中至少 15 个交易日的收盘价格不低于当期转股价格的 130%（含 130%）。有条件回售条款之一为：自本次可转债第五个计息年度起，如果公司股票在任何连续 30 个交易日的收盘价格低于当期转股价格的 70%，可转债持有人有权将其持有的可转债全部或部分按面值的 103%（含当期计息年度利息）回售给公司。

思考：公司发行可转债的原因是什么？对企业经营将产生哪些影响？

1. 可转换债券的含义和基本原理

（1）可转换债券的含义。公司债券的发行合同中，有时规定债券持有人可依照规定条件把债券转换成公司的普通股股票，这种债券称为可转换债券。可转换债券有事先约定的转换比率和转换价格。转换比率指每张公司债券可以转换成普通股的股数，转换价格则是债券面值除以转换比率。转换比率和转换价格通常都是固定不变的。例如，公司债券发行合同规定，每张票面价值为 1 000 元的公司债券，可由持券人转换债券发行公司的普通股票 80 股，则转换比率为 80，转换价格为 12.50 元（1 000÷80）。

股票转换价格的计算公式如下：

股票转换价格＝债券面值÷转换比率　　(8－6)

（2）可转换债券的基本原理。可转换债券可看成是一般债券加上一个相关的选择权。直接债务价值与一个选择权的价值随风险变动的方向是相反的，直接债务成本与一个选择权的成本随风险变动的方向也是相反的，因此，直接债务证券与一个选择权的结合会降低这种组合证券的价值和成本对风险的敏感度。可转换债券正是这样一种组合证券。

2. 可转换债券的特征

（1）固定利息。在换股之前，可转换债券与纯债券一样支付固定年息。然而，其利息通常低于纯债券。

（2）期满赎回。如果转换没有实现，可转换债券与纯债券一样在期满时将被赎回，投资者本金的安全由此得到保障（前提是公司仍有清偿能力）。如果发行公司的股价上升，投资者可将其债券转换为股票以获取股价长期上升之利。

（3）换股溢价。可转换债券的换股溢价一般在 5%～20%，具体的比例视债券期限、利息及发行地而定。换股溢价越低，投资者尽快将债券转换为股票的可能性越大。

（4）发行人的期前回赎权。发行人大多保留在债券最终期满之前赎回债券的权利。由于发行人支付低于纯债券的利息，因此它通常只会在股价大幅高于转换价的情况下行使回赎权，以迫使投资者尽快将债券转换为股本。

（5）投资者的期前回售权。此权利使投资者有机会在债券到期之前，在某一指定日期将债券回售给发行人，这通常是以一定的溢价售出。投资者一般是在发行人股票表现欠佳时行使回售权。

3. 可转换债券的价格

可转换债券的价格有两种：一是转换股票前的价格；二是转换股票时的价格。

转换股票前的价格用一般债券价格的计算公式计算。

[例 8-7]

某可转换债券的面值 2 000 元，期限 20 年，年利率 4%，收益贴现率 4.5%。则此债券转换成股票前的价格应为：

$$PV=\sum_{t=1}^{20}\frac{2\,000\times 0.04}{(1+0.045)^t}+\frac{2\,000}{(1+0.045)^{20}}$$
$$=80\times 13.007\,9+2\,000\times 0.414\,6=1\,869.84(\text{元})$$

如果可转换债券已发行数年但尚未到期，则转换前的价格也用一般债券价格的计算公式计算。转换股票时的价格计算公式如下：

$$PV_t=PV_0\,(1+g)^t\times q$$

式中，PV_t表示转换股票时的价格；PV_0表示股票的现行市场价格；g 表示股票价格增长率；q 表示转换率；t 表示转换时间。

[例 8-8]

如果股票的市价为 44.02 元，股票价格增长率为 6%，转换比率为 18.52。则 5 年后的转换价格应为：

$$PV_5=44.02\times(1+0.06)^5\times 18.52$$
$$=44.02\times 1.338\,2\times 18.52=1\,090.97(\text{元})$$

4. 发行可转换债券对企业的影响

（1）发行可转换债券的优点。

①债券成本低。发行可转换债券可使公司在换股之前以较低费用筹集资

金，因为公司能获得相对于纯债券而言利率较低且限制条款较不苛刻的负债。

②公司可获得股票溢价利益。可转换债券设定的每股普通股的转换价格通常高于每股普通股当期价格，因此若债券能换股，公司便可以高于当期价格的溢价发行股票。即当公司发行股票或配股时机不好时，可以先发行可转换债券，延缓股权融资。

（2）发行可转换债券的缺点。

①实际筹资成本较高。虽然可转换债券可使公司以较高股价出售普通股，但换股时普通股股价随之上涨，则其实际筹资成本会高于发行纯债券的成本。

②业绩不佳时债券难以转换。若公司经营业绩较差，则可转换债券大部分不会转换为普通股，因此公司将会处于困境，轻则资信和形象受损，导致今后股权或债务筹资成本增加，重则会被迫出售资产偿还债务。

③债券低利率的期限不长。可转换债券拥有的低票面利率会随着债券转换而消失；而利用认股权证筹资，可使公司的低票面利率长期存在，直到债券到期。

8.4 个别资本成本与融资顺序

8.4.1 个别资本成本的计算

个别资本成本是指根据各种筹资方式计算的资本成本，它既是衡量各种筹资方式资本成本高低的尺度，又是计算加权平均（综合）资本成本的重要依据。

1. 银行借款筹资的资本成本

银行借款筹资的资本成本包含支付给银行的手续费用和利息费用，其中利息费用是最重要的构成内容。按照会计制度规定，利息费用作为财务费用在缴纳所得税前支付，具有减税效应。其计算公式为：

$$k_l=\frac{I(1-T)}{L(1-f)}=\frac{L\times i\times(1-T)}{L(1-f)} \tag{8-7}$$

式中，k_l表示银行借款筹资的资本成本；I 表示银行借款利息；L 表示银行借款筹资总额；T 表示所得税税率；i 表示银行借款利率；f 表示银行借款筹资费用率。

［例 8－9］

某企业从银行取得长期借款 100 万元，年利率为 8%，期限为 3 年，每年付息一次，到期一次还本。如果筹资费用率为 2%，企业所得税税率为 25%，则借款成本为：

$$k_l=\frac{100\times 8\%\times(1-25\%)}{100\times(1-2\%)}\times 100\%=6.12\%$$

2. 债券筹资的资本成本

债券筹资资本成本的计算要求与银行借款基本一样，但在计算中应注意：由于债券票面利率与市场利率可能不一致，债券将会溢价发行，面值发行和折价发行，因而债券支付的利息要按面值和券面利率计算，债券筹资额则按发行价格计算。其计算公式为：

$$k_b=\frac{I(1-T)}{B_0(1-f)}=\frac{M\times i\times(1-T)}{B_0(1-f)} \tag{8-8}$$

式中，k_b 表示债券的资本成本；I 表示债券利息；T 表示所得税税率；M 表示债券面值；i 表示债券票面利率；B_0 表示债券筹资额，按发行价格确定；f 表示债券筹资费用率。

[例 8－10]

某公司拟溢价发行债券，总面额为 1 000 万元，发行价为 1 100 万元，票面利率为 8%，期限为 5 年，每年付息一次。发行费用为发行价格的 5%，公司所得税税率为 25%，该债券的成本为：

$$k_b=\frac{1\,000\times 8\%\times(1-25\%)}{1\,100\times(1-5\%)}\times 100\%=5.74\%$$

3. 优先股筹资的资本成本

优先股筹资的资本成本由筹资费用和优先股股利构成，其中优先股股利按契约约定每年在税后固定支付。其计算公式为：

$$k_p=\frac{D}{P_0(1-f)} \tag{8-9}$$

式中，k_p 表示优先股的资本成本；D 表示优先股股利；P_0 表示发行优先股总额；f 表示优先股筹资费用率。

[例 8－11]

某公司拟发行优先股 1 000 万股，每股面值为 20 元，固定股息为 10%，发行价格为 25 元/股，筹资费用率为 5%，则优先股成本为：

$$k_p=\frac{20\,000\times 10\%}{25\,000\times(1-5\%)}\times 100\%=8.42\%$$

4. 普通股筹资的资本成本

普通股筹资的资本成本有多种计算方法，其主要方法为估价法。估评法利用普通股现值的估价公式来计算普通股成本。普通股现值的计算公式为：

$$V_0 = \sum_{i=1}^{n} \frac{D_i}{(1+k_s)^i} + \frac{V_n}{(1+k_s)^n} \tag{8-10}$$

由于股票没有到期日，当 $n \to \infty$ 时，股票现值的公式为：

$$V_0 = \sum_{i=1}^{n} \frac{D_i}{(1+k_s)^i} \tag{8-11}$$

以上两式中，V_0 表示普通股现值；D_i 表示第 i 期支付的股利；V_n 表示普通股终值；k_s 表示普通股成本。

许多公司的股利都是不断增加的，假设年增长率为 g，则普通股成本的计算公式为：

$$k_s = \frac{D_1}{V_0(1-f)} + g \tag{8-12}$$

式中，D_1 表示第 1 年的股利；f 表示普通股筹资费用率。

[例 8-12]

某公司新发行股票，每股市场价格 10 元，发行费用率为股票市价的 5%，若预计当年股利为 1 元，未来每年股利按 6%的比率增长，该公司新发行普通股的成本为：

$$k_s = \frac{1}{10 \times (1-5\%)} \times 100\% + 6\% = 16.53\%$$

5. 留用利润筹资的资本成本

留用利润又称留存收益，包括盈余公积和未分配利润，其最终所有权归普通股股东。其资本成本的计算与普通股基本相同，但不用考虑筹资费用。其计算公式为：

$$k_e = \frac{D}{V_0} \tag{8-13}$$

式中，k_e 表示留存收益的资本成本；D 表示支付的股利；V_0 表示股票现值。

如果是股利不断增加的企业，则计算公式为：

$$k_e = \frac{D_1}{V_0} + g \tag{8-14}$$

式中，D_1 表示第 1 年的股利。

8.4.2 融资顺序

当企业有各种筹资方式（如短期借款、长期借款、债券、优先股、留用利润、普通股等）可以使用时，存在一个决策问题：利用哪种筹资方式的成本更低？

利用个别资本成本的计算可以解决这一决策的顺序问题：

短期借款＜长期借款＜债券＜优先股＜留用利润＜普通股(个别资本成本)

各种筹资方式按个别资本成本排序，最低的是短期借款，最高的是普通股。由于负债利息费用在税前列支，具有减税效应，在企业所得税税率为25%的情况下，前三种筹资方式的资本成本比后三种筹资方式的资本成本要低；短期借款比长期借款的资本成本低的原因是利率低（短期借款的风险小因而利率低）；留用利润比普通股的资本成本低的原因是没有筹资费用。

那么有没有比短期借款的成本更低的筹资方式？有，商业信用（如应付票据、应付账款、应交税金、应交水电费、应付工资等）是成本最低的。以商业信用形式形成的资金虽然需要归还，但一般不需要支付利息。

另外，企业如能改变固定资产折旧政策、无形资产摊销政策、利润分配政策，也能获得成本最低的资金。

8.4.3　梅耶斯的融资顺序理论

梅耶斯（Myers）的融资顺序理论（pecking order theory）揭示了企业融资的规律：如果公司存在有利可图的投资项目，其融资方式首先选择内部资金（留存收益与折旧等摊销资金），然后选择低风险的债券和借款，最后才选择股票。

梅耶斯的融资顺序的确定实际上建立在个别资本成本的计算和比较的基础之上。

8.5　加权平均资本成本与边际资本成本

8.5.1　加权平均资本成本

企业的筹资方式往往是多样的，企业总的资本成本应是各类资本成本的加权平均数（又称综合资本成本）。加权平均资本成本是以各类资本在全部资本中所占比重为权数，对各类资本成本进行加权平均后形成的，其计算公式为：

$$k_w = \sum_{j=1}^{n} k_j w_j \tag{8-15}$$

式中，k_w 表示加权平均资本成本；k_j 表示第 j 类个别资本的成本；w_j 表示第 j 类个别资本占全部资本的比重。

在计算加权平均资本成本时需要考虑权数（即个别资本占全部资本的比重）的选择问题，通常可以考虑以账面价值、市场价值、目标价值为基础计算。实务中，通常以账面价值为基础确定资金价值来计算加权平均资本成本。

[例8-13]

某公司资本总量为1 000万元，其中长期借款200万元，年利息20万元，手续费忽略不计；企业发行总面额为100万元的3年期债券，票面利率为12%，由于票面利率高于市场利率，故该批债券溢价10%出售，发行费用率为5%；此外公司发行普通股500万元，预计第一年的股利率为15%，以后每年增长1%，筹资费用率为2%；发行优先股150万元，股利率固定为20%，筹资费用率也是2%；公司未分配利润总额为58.5万元。所得税税率为40%。计算该公司的加权平均资本成本。

长期借款成本为：

$$k_l=\frac{I(1-T)}{L(1-f)}=\frac{20\times(1-40\%)}{200}=6\%$$

长期债券成本为：

$$k_b=\frac{I(1-T)}{B_0(1-f)}=\frac{100\times12\%\times(1-40\%)}{100\times(1+10\%)\times(1-5\%)}=6.89\%$$

普通股成本为：

$$k_s=\frac{D_1}{V_0(1-f)}+g=\frac{500\times15\%}{500\times(1-2\%)}+1\%=16.31\%$$

优先股成本为：

$$k_p=\frac{D}{P_0(1-f)}=\frac{150\times20\%}{150\times(1-2\%)}=20.41\%$$

留用利润成本为：

$$k_e=\frac{D_1}{V_0}+g=\frac{58.5\times15\%}{58.5}+1\%=16\%$$

加权平均资本成本为：

$$\begin{aligned}k_w &= \sum_{j=1}^{n}k_jw_j\\ &= 6\%\times\frac{200}{1\,000}+6.89\%\times\frac{100\times1.1\times(1-5\%)}{1\,000}\\ &\quad+16.31\%\times\frac{500\times(1-2\%)}{1\,000}+20.41\%\times\frac{150\times(1-2\%)}{1\,000}\\ &\quad+16\%\times\frac{58.5}{1\,000}=6\%\times\frac{200}{1\,000}+6.89\%\times\frac{104.5}{1\,000}+16.31\%\times\frac{490}{1\,000}\\ &\quad+20.41\%\times\frac{147}{1\,000}+16\%\times\frac{58.5}{1\,000}\end{aligned}$$

$$=1.2\%+0.72\%+7.99\%+3\%+0.936\%=13.846\%$$

8.5.2 边际资本成本

1. 边际资本成本的概念

边际资本成本是指资金增加一个单位而增加的成本。

2. 边际资本成本的计算步骤

边际资本成本的计算按如下步骤进行：

(1) 确定公司最优的资金结构。每个企业都有自己最优的资金结构，此时的加权平均资本成本最低。按最优资金结构融资，在满足需要的情况下可以获得最佳的经济效益。

(2) 确定各种筹资方式的资本成本。根据个别资本成本的计算公式计算各种筹资方式的资本成本。

(3) 计算筹资总额分界点。筹资总额分界点是公司的边际资本成本发生变化时能够筹集到的资金数额，其计算公式如下：

$$\text{筹资总额分界点}=\frac{\text{某种筹资方式的成本分界点}}{\text{目标资本结构中该种筹资方式所占比重}} \tag{8-16}$$

筹资总额分界点的意义在于：明确某种筹资方式在保持某一资本成本的条件下可以筹措的资金总额。一旦确定筹资总额超过筹资总额分界点，即使维持现有的资本结构，该种筹资方式的资本成本也会增加，进而导致加权平均资本成本（即综合资本成本）增加。

(4) 计算资金的边际资本成本。根据计算出的筹资总额分界点，可以得出若干筹资范围，而对各筹资范围分别计算加权平均资本成本，即可获得各筹资范围的边际资本成本。

(5) 进行方案的最优决策。在计算出各备选方案的内含报酬率的基础上，将各备选方案的内含报酬率与各方案的边际资本成本进行比较，就可以确定最优方案。

3. 边际资本成本的计算举例

[例 8-14]

甲公司目前拥有资本 10 000 万元，其中借款筹资 2 000 万元，债券筹资 3 000 万元，股票筹资 5 000 万元。为了适应未来发展的需要，公司准备筹措新的资金。其决策步骤如下：

(1) 确定公司最优的资金结构。经分析研究，公司认为目前的资金结构为最优的资金结构，在满足需要的情况下可以获得最佳的经济效益，应维持不变。因此，公司的资金结构应保持为：借款占 20%，债券占 30%，股票占 50%。

（2）确定各种筹资方式的资本成本。个别资本成本随企业规模、筹资能力、资本市场的状态、宏观经济等因素的变化而变化，并不是一成不变的。公司经测算得出，随着筹资数额的变动，个别资本成本也在变动，测算结果见表8－2。

表8－2　　　甲公司的筹资范围及其个别资本成本测算

资本来源	资本结构	筹资数额	资本成本
借款	0.2	1 000万元以内	5%
		1 000万～5 000万元	6%
		5 000万元以上	7%
债券	0.3	3 000万元以内	8%
		3 000万～10 000万元	9%
		10 000万元以上	10%
股票	0.5	8 000万元以内	11%
		8 000万～15 000万元	12%
		15 000万元以上	13%

（3）计算筹资总额分界点。甲公司筹资总额分界点的计算见表8－3。

表8－3　　　甲公司的筹资总额分界点及筹资总额范围的测算

资本来源	资本结构	各种筹资方式的筹资范围	资本成本	筹资总额分界点（万元）	筹资总额范围
借款	0.2	1 000万元以内	5%	1 000/0.2=5 000	5 000万元以下
		1 000万～5 000万元	6%	5 000/0.2=25 000	5 000万～25 000万元
		5 000万元以上	7%	—	25 000万元以上
债券	0.3	3 000万元以内	8%	3 000/0.3=10 000	10 000万元以下
		3 000万～10 000万元	9%	10 000/0.3=33 333	10 000万～33 333万元
		10 000万元以上	10%	—	33 333万元以上
股票	0.5	8 000万元以内	11%	8 000/0.5=16 000	16 000万元以下
		8 000万～15 000万元	12%	15 000/0.5=30 000	16 000万～30 000万元
		15 000万元以上	13%	—	30 000万元以上

在表8－3中，以借款为例，如果以借款方式筹集1 000万元以内的资金，则企业的筹资总额在5 000万元之内，借款方式的资本成本为5%。如果以借款方式筹集1 000万～5 000万元的资金，则企业的筹资总额达到5 000万～25 000万元，借款方式的资本成本上升为6%。

（4）计算资金的边际资本成本。根据筹资总额的范围重新排序，企业的筹资区间分为七个，各区间的边际资本成本的计算见表8－4。

表 8-4　　筹资区间及其边际资本成本

序号	筹资总额范围	资本来源	资本结构	资本成本	边际资本成本
1	5 000 万元以下	借款	0.2	5%	1.0%
		债券	0.3	8%	2.4%
		股票	0.5	11%	5.5%
			1.0		8.9%
2	5 000 万～10 000 万元	借款	0.2	6%	1.2%
		债券	0.3	8%	2.4%
		股票	0.5	11%	5.5%
			1.0		9.1%
3	10 000 万～16 000 万元	借款	0.2	6%	1.2%
		债券	0.3	9%	2.7%
		股票	0.5	11%	5.5%
			1.0		9.4%
4	16 000 万～25 000 万元	借款	0.2	6%	1.2%
		债券	0.3	9%	2.7%
		股票	0.5	12%	6.0%
			1.0		9.9%
5	25 000 万～30 000 万元	借款	0.2	7%	1.4%
		债券	0.3	9%	2.7%
		股票	0.5	12%	6.0%
			1.0		10.1%
6	30 000 万～33 333 万元	借款	0.2	7%	1.4%
		债券	0.3	9%	2.7%
		股票	0.5	13%	6.5%
			1.0		10.6%
7	33 333 万元以上	借款	0.2	7%	1.4%
		债券	0.3	10%	3.0%
		股票	0.5	13%	6.5%
			1.0		10.9%

从表 8-4 可以看出在任何筹资总额范围内的边际资本成本的变化，从而引导决策。如当筹资总额为 15 000 万元时，边际资本成本为 9.4%。而当筹资总额为 28 000 万元时，边际资本成本则为 10.1%，提高了 0.7 个百分点。

可见，边际资本成本说明了筹资总额的变化引起资本成本的变化，从而对资本收益产生不同的影响。

（5）进行方案的最优决策。边际资本成本只说明筹资总额的变化引起资本成本的变化，而要评价某一投资方案是否可取，还要将该方案的内含报酬率与边际资本成本比较以确定资本收益，从而选择最优方案。

例如甲公司计划投资A项目，投资总额24 000万元，内含报酬率为18%，公司要求的必要报酬率为6%。这时对照表8-4可以看出，投资总额24 000万元时的边际资本成本为9.9%，资本收益为8.1%（即18%－9.9%），高于公司要求的必要报酬率6%，因而该方案可取。

思考题

1. 企业选择不同的融资方式是基于对哪些重要因素的考量?

2. 负债融资对企业经营有哪些贡献? 有可能给企业造成哪些损失?

3. 按梅耶斯的融资顺序理论，普通股筹资的成本最高。但为什么有人说：在中国，利用普通股筹资成本最低。理由是什么?

4. 在实践中，很多企业并没有按照梅耶斯的融资顺序理论去融资，为什么?

5. 除在初级财务管理学和中级财务管理学中学到的融资方式，你还知道哪些融资方式? 它们都有什么特点和适应性?

6. 互联网对企业融资渠道和融资方式将产生什么影响?

案例分析

增发回购，捆绑筹资——青岛啤酒的筹资策略

企业经营的根本目的在于盈利，但企业若没有资本投入是难以实现盈利的，因此筹资对于任何企业来说都是决定其生存和发展的重要问题，而筹资又是有代价的，融资方式不同，企业付出的代价也有所不同。

目前中国上市公司仍将配股和增发新股作为主要的融资手段，这与发达国家“内源融资优先，债务融资次之，股权融资最后”的融资顺序大相径庭。

青岛啤酒股份有限公司突破陈规、勇于创新，创造性地采取了增发与回购捆绑式操作的筹资策略。

2001年2月5—20日，青岛啤酒公司上网定价增发普通A股1亿股，每股7.87元，筹集资金净额为7.59亿元。其筹资效率较高，筹资主要用于收购部分异地中外合资啤酒生产企业的外方投资者权益，以及对公司全资厂和控股子公司实施技术改造等，由此可以大大提高公司的盈利能力。2001年6月，青岛啤酒股份公司召开股东大会，做出了关于授权公司董事会于公司下次年会前最多可购回公司发行在外的境外上市外资股10%的特别决议。公司董事会

计划回购H股股份的10%，即3 468.5万股，虽然这样做会导致公司注册资本减少，但是当时H股股价接近于每股净资产值，若按每股净资产值2.36元计算，两地市场存在明显套利空间，仅花8 185.66万元就可以缩减股本3.46%，而且可以在原来预测的基础上增加每股盈利。如果把它与公司2月5—20日增发的1亿股A股联系起来分析，可以看出，回购H股和增发A股进行捆绑式操作，是公司的一种筹资策略组合，股本扩张的“一增一缩”，使青岛啤酒股份公司的股本仅增加约3.43%，募集资金却增加近7亿元，融资效果十分明显，这种捆绑式筹资策略值得关注。

资料来源：改编自增发回购　捆绑筹资——青岛啤酒的筹资策略. https//www. gaodun. com/guoshui/647779. html.

思考：青岛啤酒股份公司采用回购H股和增发A股这种捆绑式筹资策略的动因是什么？产生的财务结果和影响表现在哪些方面？

第9章

资本结构决策

[引导案例]

青岛海尔自1993年上市以来取得骄人的业绩，已经成长为我国乃至全球家电领域的龙头企业。公司主营业务逐步扩展为白色家电产品的研发、生产和销售，产品线覆盖冰箱/冷柜、洗衣机、空调、热水器、厨房电器、小家电、智能家居业务等。世界权威市场调查机构欧睿国际（Euromonitor）2015年全球大型家用电器品牌零售量数据显示：海尔大型家用电器2015年品牌零售量占全球市场的9.8%，第7次蝉联全球第一；同时，冰箱、洗衣机、酒柜、冷柜零售量继续蝉联全球第一。

青岛海尔的财务状况如何呢？不妨看一下海尔公司近20年来的负债比率（见表9-1）。

表9-1　　青岛海尔1996年以来的负债比率　　单位：元

年份	负债总计	资产总计	负债比率
1996	372 462 901	1 312 594 298	28.38%
1997	1 607 554 720	3 377 998 124	47.59%
1998	1 384 301 757	3 392 305 197	40.81%
1999	966 339 009	3 780 550 806	25.56%
2000	827 436 107	4 035 092 737	20.51%
2001	1 615 518 251	6 942 405 040	23.27%
2002	1 903 107 387	7 394 136 945	25.74%
2003	1 536 871 895	7 372 706 301	20.85%
2004	930 323 140	7 107 063 291	13.09%
2005	723 092 210	6 777 497 498	10.67%
2006	2 146 739 648	8 476 751 800	25.33%
2007	4 132 836 028	11 188 965 146	36.94%
2008	4 529 540 037	12 230 597 778	37.03%

续前表

年份	负债总计	资产总计	负债比率
2009	8 744 913 487	17 497 152 530	49.98%
2010	19 778 368 761	29 267 156 192	67.58%
2011	28 184 535 341	39 723 484 084	70.95%
2012	34 262 177 685	49 688 316 696	68.95%
2013	41 021 718 551	61 015 859 731	67.23%
2014	45 886 490 077	75 006 457 051	61.18%
2015	43 558 410 745	75 960 672 801	57.34%

从表9-1可以看出，1996年以来，青岛海尔的负债和资产总价值都呈现上升趋势；负债比率最低时大约10%，最高时超过70%。

思考：对于青岛海尔来说，最优负债比率应该是多少？是否在10%～70%之间都是合理范围？如果有方法可以计算和确定青岛海尔的最优负债比率，那么从目前的负债比率调整到最优负债比率，青岛海尔的价值增值潜力有多大，将增加多少？

资本结构是企业融资决策的重要内容，资本结构决策的实质就是最优资本结构的决策问题。相关探讨主要涉及：究竟是否存在使公司价值最大化的最优资本结构？如果确实存在，应该如何定量计算？调整资本结构的价值增值潜力究竟有多大？

9.1 最优资本结构难题

一般认为，投资和融资是事关企业生存发展的两大重要决策。在投资决策中，通过计算净现值可以清晰计量出一个投资项目带来的（期望）价值增值。在融资决策中，是否也可以找到一个简单清晰的模型计算资本结构变化带来的（期望）价值增值？

9.1.1 资本结构的概念

广义而言，资本结构是指企业各种不同来源的资本构成或比例。狭义而言，资本结构特指股权资本和债务资本的构成或比例。

股权资本与债务资本之和即企业的总资本。因此，在企业的总资本中，只要确定了一种资本所占比例，另一种资本的比例也就确定了。在长期的财务研究理论和实践中，约定俗成地以负债比率代表资本结构，最优资本结构问题也就是如何计算或确定公司的最优负债比率。

负债比率可以从两个口径来计量和表达。一个是账面价值口径，即债务账面价值与总资本账面价值的比率；另一个是市场价值口径，即债务市场价值与总资本市场价值的比率。按照业内惯例，债务的账面价值即债务的账面本金。对于健康或正常的企业而言，这个账面本金通常与债务的市场价值接近，按照理论研究的惯例，通常假设两者相等。本章也借用这个假设，即假设一般情况下债务的账面本金等于其账面价值，也等于其市场价值。另外，股权资本的市场价值通常远高于其账面价值，从而总资本的市场价值高于其账面价值，进而市场价值的负债比率通常低于账面价值的负债比率。

这里的市场价值可以简单理解为市场价格，严格讲应该是合理价值或理论价值。如前所述，财务研究的核心就是资产的价值，当然指的是资产的合理价值或理论价值，而不是特定时间的资产市场价格，更不可能是其账面价值。在关于资本结构的研究中，国际惯例是计算市场价值（合理价值）下的负债比率，而不是账面价值下的负债比率。本章遵循这一惯例，在不特别说明的情况下，探讨的都是市场价值的负债比率。当然，在得到基于市场价值的最优负债比率模型的基础上，可以考虑实际的思考和决策习惯，进一步探讨账面价值口径的最优负债比率或最优资本结构模型。

9.1.2 债务资本的利与弊

最优负债比率等同于债务资本的最优利用。要在数量上最优地利用债务资本，就要权衡债务资本的利与弊。债务资本的利弊正好与股权资本的利弊相对或相反，这也说明从债务和股权角度考虑最优资本结构问题是一样的。另外，利与弊在财务中往往对应收益与风险。所以，债务的利与弊也就是债务资本的收益与风险。

在财务中，通常是基于投资者角度探讨收益与风险。为探讨债务资本的最优利用，需要换一个角度，从融资者角度探讨债务资本的收益与风险。假定资本或证券市场是零和游戏，对于同一资产（资本）而言，融资者角度的收益和风险与投资者角度的收益和风险正好相反。换言之，投资者角度的收益高对应融资者角度的成本高或收益低，投资者角度的风险大对应融资者角度的风险小。

从投资者角度看，与投资股权类资产相比，投资债务类资产风险低、收益低。从融资方即公司角度看，股权资本成本高，但没有到期本息归还的压力，即风险小。而债务资本成本低，同时由于债务利息在税前作为成本列支，可以抵减所得税，有利于降低融资成本，但债务资本会带来到期归还本息的压力和破产的风险。所以，对公司而言，债务资本是高风险、高收益（即低成本）的选择。

财务学在本质上是定量科学，利弊或风险与收益必须量化，才能得到最优标准，才会有应用价值。归纳上面的分析，债务资本的主要好处有两个，即低成本和节税，而主要缺点是会带来破产风险。这是普遍的共识。

如何对成本低和税收节省以及破产风险进行定量呢？财务的定量通常是将有关风险和收益转化为以货币单位计量的价值。在财务管理中，收益和成本往往逐年计量，连续数年的总收益和总成本则可以通过折现加总得到总价值。多年来的资本结构研究形成一个惯例，将多年节税收益的总价值称为节税收益，而将破产风险的价值直接称为破产成本（bankruptcy cost）。从概念上讲，收益和成本当然以货币单位表示。所以，最初的节税收益和破产成本的概念为后来的定量研究做好了准备。

根据上面的分析，除了节税收益和破产成本，要探讨债务资本的最优利用，还需要量化债务资本的低成本优势的价值。但财务学研究至今没有对应的概念，这并不是学术研究的疏漏，而是因为在资本结构研究的早期就有理论证明，这个低成本优势不必考虑，这就是 MM 模型Ⅰ。到目前为止，我们梳理出债务资本有两利一弊，分别为：低成本、节税收益和破产成本。

后来有人提出财务困境成本（financial distress cost），试图从概念上修正破产成本，原因是债务资本的利用常常引发财务困境，却较少导致破产的发生。财务困境成本是指公司在破产之前可能会造成财务上的困难和不便，这些困难和不便也会产生相应的成本。其实，资本结构中探讨的破产成本并不是单指因为发生破产而产生的成本。公司在破产之前造成的财务上的困难和不便都是破产风险的影响，由此产生的成本恰恰是破产成本的重要组成部分。因此，以下不特别区分财务困境成本与破产成本，统称破产成本。

9.1.3　最优资本结构难题

随着融资活动的完成，企业在客观上形成了一个资本结构。至于这个资本结构是否接近最优，企业可能并不清楚。企业管理者通常凭经验或直觉认为，极端的负债比率不利于企业发展，因此不会选择过高或过低的负债比率。但究竟最优负债比率是多少，目前公司的负债比率是高了还是低了，可能无法判断。

实践中的决策往往有时间限制，不能等什么都搞明白了再决策，换句话说，有些情况下时间或机会比对错更重要。但对于理论研究而言，正确地揭示本质没有时间限制，正确与否永远应该放在首位。理论与实践的不同决定了现实中难题的解决由理论研究负责。在理论未解决问题的情况下，在实践中只能凭经验或直觉决策，难免有盲目性。一旦理论研究解决了相关问题，就可以应用于相应的决策，减少（但往往不能消除）盲目性。因此，理论研究的进展意味着理论与实践的共同进步，而实践应用的意义在于可以检验理论的有效性或正确性。

20 世纪 50 年代，财务学从经济学中分离出来作为独立学科，不久学术领域就发现并开始研究企业资本结构问题。然而，自 MM 模型提出之后，资本结构研究没有取得实质性进展。学术领域的一个基本共识是，这个问题同时具有理论上和实践上的重要性，这个问题的解决将代表财务理论的重大进展。

最优资本结构问题在理论上就是要解决如何定量权衡债务资本的利与弊的问题。通俗而言，需要确切回答如下问题：安排或调整负债比率是否可以增加公司价值？如果这个问题的答案是肯定的，那么，公司价值（增值）与其负债比率之间的定量关系（模型）是什么？如何安排或调整负债比率才能增加公司价值？或者说公司的最优负债比率是多少？如果安排或调整负债比率不能增加公司价值，原因又是什么？

投资决策需要权衡风险与收益，同样，资本结构决策的核心也是风险与收益的权衡。根据上面的分析，债务资本的风险与收益具体化为债务资本的两利和一弊。所以，解决最优资本结构问题就是要解决如何权衡这两利和一弊的问题。

9.2 最优资本结构研究回顾

在长达 60 年的资本结构研究中，最为杰出的发现是莫迪利安尼（Modigliani）和米勒（Miller）的 MM 模型Ⅰ和Ⅱ（1958，1963）。MM 模型Ⅰ和Ⅱ虽然没有解决资本结构问题，但为后续资本结构研究开辟了道路。

9.2.1 MM 模型Ⅰ及其贡献

经过长时间的讨论和推理，莫迪利安尼和米勒发现，在不考虑公司所得税节约和破产风险的情况下，如果增加使用低成本的债务资本（此时资产负债率即负债比率将上升，同时股权资本及其比率将下降），就会增加公司的固定利息（即债务资本成本）负担，从而在公司业务内容和规模、收益规模（如息税前收益即 EBIT）及其风险一定的情况下，增加股权收益的波动性即风险，股权投资的要求收益率即股权资本成本就会上升。

依据无套利原则严格推导，莫迪利安尼和米勒发现，在资本市场达到均衡即无套利均衡的状态下，利用债务资本所获得的低成本优势正好被股权资本成本的增加抵消，公司的加权平均资本成本（WACC）保持不变。由于公司业务及其 EBIT 不会因资本结构的变化而变化，因此 WACC 保持不变意味着公司价值保持不变。也就是说，在公司业务和总资本不变的情况下，提高或降低债务比率都不能提高公司价值，原因是增加负债带来的好处正好被其同时带来的股权成本的上升抵消。

这个发现发表于 1958 年，其证明过程如下：

设　　$EBIT_L = EBIT_U = X, V_L = S_L + D, V_U = S_U$

式中，$EBIT$ 表示息税前收益；V 表示公司价值；S 表示股权资本价值或规模；D 表示债务资本价值或规模；下标 L（levered）表示负债公司即利用财务杠杆的公司；下标 U（unlevered）表示无负债公司即不利用财务杠杆的公司。

用 i 表示债务的利率，则 L 公司股权的年收益为 $X-iD$。

假设投资者持有 L 公司比例为 a 的股权，则年收益为：

$$Y_L = a(X-iD) \tag{9-1}$$

卖掉 L 公司的股票，得 aS_L；借入现金 aD，则借款利息为 iaD；拥有资金 $a(S_L+D)$，可以买入比例为 $[a(S_L+D)]/S_U$ 的 U 公司股票。注意 U 公司股票的总收益为 X，所以投资收益为：

$$Y_U = \frac{a(S_L+D)}{S_U}X - iaD = a[(V_L/V_U)X - iD] \tag{9-2}$$

对照公式（9－1）和公式（9－2）可发现：

如果 $V_L > V_U$，则 $Y_L < Y_U$，则应该购买 U 公司的股票，从而 V_U 升值。

如果 $V_L < V_U$，则 $Y_L > Y_U$，则应该购买 L 公司的股票，从而 V_L 升值。

显然，最后的均衡状态为：

$$V_L = V_U$$

进一步，用 K 表示资本成本，下标 S 表示股权资本，下标 D 表示债务资本，则 K_{SU} 代表无负债公司的股权资本成本，K_{SL} 代表负债公司的股权资本成本。由于

$$V_U = V_L = S_L + D$$
$$X = V_U \times K_{SU} = (S_L + D)K_{SU}$$

因此

$$\begin{aligned} K_{SL} &= \frac{X - K_D D}{S_L} \\ &= \frac{(S_L+D)K_{SU} - K_D D}{S_L} \\ &= K_{SU} + (K_{SU} - i)D/S \end{aligned}$$

综上所述，莫迪利安尼和米勒得到以下研究结论：

$$(1) V_L = EBIT/WACC = EBIT/K_{SU} = V_U \tag{9-3}$$

$$(2) K_{SL} = K_{SU} + (K_{SU} - i)D/S \tag{9-4}$$

公式（9－3）表示负债公司的价值等于无负债公司的价值，公式（9－4）表示负债公司的股权资本成本等于无负债公司的股权资本成本加上额外的风险补偿，即 $(K_{SU}-i)D/S$。

这个研究发现在资本结构研究中具有开创性意义。它第一次针对资本结构

问题建立了清晰的定量逻辑，同时也是第一次在这个领域应用无套利均衡思想。这个研究结论称为MM模型Ⅰ，又称资本结构无关论或公司价值守恒论。理解和掌握MM模型Ⅰ，不要忽略了它的前提，即不考虑债务带来的节税收益以及破产成本。

可以验证，在公司有负债的情况下，加权平均资本成本为：

$$
\begin{aligned}
WACC &= \frac{S}{S+D}K_{SL} + \frac{D}{S+D}i \\
&= \frac{S}{S+D}\left[K_{SU} + (K_{SU} - i)\frac{D}{S}\right] + \frac{D}{S+D}i \\
&= \frac{S}{S+D}K_{SU} + \frac{D}{S+D}(K_{SU} - i) + \frac{D}{S+D}i \\
&= \frac{S}{S+D}K_{SU} + \frac{D}{S+D}K_{SU} \\
&= K_{SU}
\end{aligned}
$$

负债公司的加权资本成本正好等于无负债公司的股权资本成本，因此，债务资本与股权资本的替换不影响公司的资本成本，在同样的息税前收益下也就不影响公司的价值。

虽然莫迪利安尼和米勒在1963年又研究建立了MM模型Ⅱ，但MM模型Ⅰ的理论贡献远超MM模型Ⅱ。也许有很多人感到不可思议：MM模型Ⅰ只指出资本结构不影响公司价值，这样的结论对公司资本结构决策没有什么指导意义，却能获得诺贝尔经济学奖？

MM模型Ⅰ究竟有什么贡献呢？MM模型Ⅰ的理论贡献在于定量描述了增加债务资本带来的股权资本成本的变化，以及资本总成本和公司价值不随资本结构变化而改变的原理。这个研究发现的精妙和关键之处在于：由于债务资本的低成本总是被股权资本成本的上升抵销，债务资本的优势就只剩下节税收益。因此，要权衡债务资本的利与弊，只需权衡节税收益与破产成本就可以了。这就为最优资本结构的后续研究扫除了一大障碍（即债务资本的低成本优势可以不必考虑）。这是莫迪利安尼和米勒对资本结构研究的突出贡献。

9.2.2 MM模型Ⅱ及其贡献

MM模型Ⅰ为资本结构研究提供了思路，同时也为后续研究扫除了障碍，由此激发了众多财务学者的研究热情，最优资本结构的研究很快成为财务研究的一大热点。如何计量节税收益和破产成本并将其纳入资本结构的最优解模型成为研究关注的重点。

后来，还是莫迪利安尼和米勒率先有了突破。1963年，他们将公司所得税纳入MM模型Ⅰ，提出了考虑节税收益的资本结构模型，即MM模型Ⅱ，又称资本结构有关论。虽然MM模型Ⅱ理论贡献方面逊色于MM模型Ⅰ，但仍表明最优资本结构研究方面有了新进展。

MM模型Ⅱ将债务利息的有利影响即抵税作用纳入考虑，在计算负债公司的净收益时多了一笔收益，即债务资本的节税收益。另外，债务资本的不利影响是增加了破产风险，财务和资本结构研究中习惯称之为破产成本。破产成本的定量难度极大，莫迪利安尼和米勒在这方面没有取得突破，也就没有将其纳入模型。因而MM模型Ⅱ的结论是公司价值随着负债的增加而增加。照此推理，在EBIT一定的情况下，负债100%时公司价值达到最大。

MM模型Ⅱ中的公司价值和资本成本模型分别为：

$$(1)V_L=V_U+TD \tag{9-5}$$

$$(2)K_{SL}=K_{SU}+(K_{SU}-i)(1-T)D/S \tag{9-6}$$

在MM模型Ⅰ的基础上，MM模型Ⅱ的证明如下。

假定公司债务规模为D，利率为i，所得税税率为T，因此每年利息成本为iD。由于利息在税前入账，每年可获节税收益TiD。将每年的节税额看作永续年金，即假设公司可以在未来无限长时间里获得节税收益，则其价值为$TiD/i=TD$。因此

$$V_L=V_U+TD,\ V_U=V_L-TD$$

关于负债公司的年现金流量，从资产负债表左边看：

$$EBIT+TiD=V_U\times K_{SU}+TiD$$

从资产负债表右边看为：

$$S\times K_{SL}+Di$$

因此

$$V_U\times K_{SU}+TiD=S\times K_{SL}+Di \tag{9-7}$$

$$K_{SL}=(V_U/S)\times K_{SU}-(1-T)(D/S)i$$

且

$$V_U=V_L-TD=(S+D)-TD=S+(1-T)D \tag{9-8}$$

因此

$$\begin{aligned}K_{SL}&=[S+(1-T)D]/S\times K_{SU}-(1-T)(D/S)i\\&=K_{SU}+(K_{SU}-i)(1-T)D/S\end{aligned}$$

MM模型Ⅱ考虑了债务的节税收益，但仍然没有考虑破产成本。MM模型Ⅱ的理论贡献在于，它在MM模型Ⅰ的基础上定量描述了债务的节税收益及其对公司价值以及加权平均资本成本的影响。在没有公司所得税和破产风险的前提下，MM模型Ⅰ是成立的；在考虑所得税但不考虑破产成本的前提下，

MM 模型Ⅱ是成立的。但是，要想求解最优资本结构（模型），必须同时考虑债务资本带来的节税收益和破产成本。

9.2.3 权衡模型及其错误

众多财务决策的核心思路都是利弊权衡，大多数情况下也就是风险与收益的比较，最优资本结构决策自然也遵循这一思路。这种思路早在 MM 模型提出之前就已经存在，只是随着 MM 模型的提出，严格定量地进行债务资本的利弊权衡才有了可行性。MM 模型提出之后，一批学者强调应该同时考虑节税收益和破产成本得出最优资本结构，后被称为“权衡学派”，权衡学派的思想和主张称为权衡理论。

权衡学派描述了节税收益、破产成本以及公司价值随负债比率提高而变化的基本特征：随着债务资本从无到有逐渐增加，破产成本开始低于节税收益，随后以高于节税收益的速度增长。在破产成本抵消掉所有的节税收益之前，债务比率会提高到一点，在这一点，债务资本带来的净收益达到最大，此时公司价值也达到最大。因此，这一点代表债务资本得到最优利用，相应的负债比率就代表公司的最优资本结构（如图 9－1 所示）。

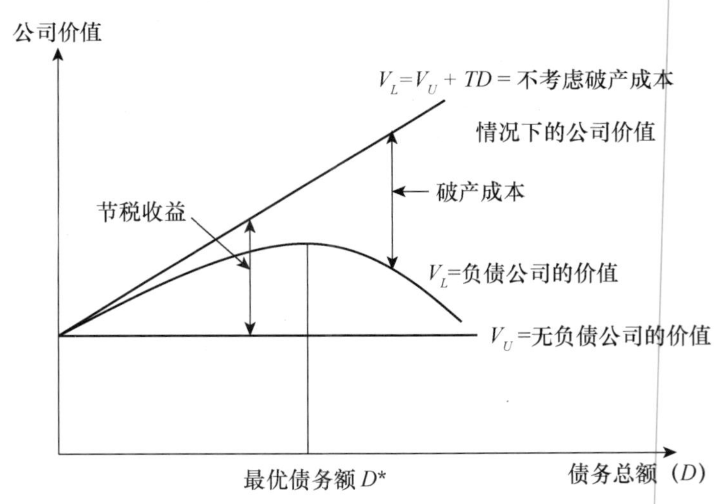

图 9－1　考虑节税收益和破产成本的公司价值

按照利弊权衡的观念，MM 模型Ⅱ只考虑了节税收益，其不妥之处为当时的金融领域所共知。因此，权衡理论对 MM 模型Ⅱ进行了修正，即

$$V_L=V_U+TD-\text{破产成本} \tag{9-9}$$

权衡模型可以理解为：负债公司的价值等于其不负债时的价值加节税收益的价值再减去破产成本的价值。

然而，公式（9－9）只强调了一个常识（当然也是莫迪利安尼和米勒所知道的），即应该同时考虑债务资本的利和弊，但没有推进破产成本的定量，更没有推进债务资本利和弊的定量权衡。

不仅如此，权衡模型还存在严重的错误。在权衡模型中，减号前面是 MM 模型Ⅱ的表达式。在不考虑破产风险的前提下，MM 模型Ⅱ假定公司可以在未来无限长时间里获得节税收益，其总价值为 TD。这是一种可以简化计算的假设，在没有解决破产成本计量问题从而不考虑破产风险的情况下可以接受。然而，权衡模型强调要考虑破产风险和破产成本，同时还“假定”节税收益为 TD，这显然自相矛盾。

9.2.4　米勒修正公式

MM 模型Ⅱ之所以没有解决最优资本结构问题，或者之所以推导出一个不正确的结论，即公司负债率为 100%时价值达到最大，根本原因是对债务资本只考虑利（节税收益）而不考虑弊（破产成本）。

在 MM 模型Ⅱ之后，资本结构研究的主攻方向仍然清晰，这就是要将破产成本量化并纳入资本结构（或公司价值）模型。然而，破产成本量化的难度远超过财务学者的设想，除了发表的论文数量显著增加，这方面的研究缺少实质性进展。

在久攻不下的情况下，米勒尝试通过将个人所得税方面的负面效应纳入模型，作为节税收益的“减项”来求解最优资本结构。现实中债务收益一般比股票收益纳更高的个人所得税，米勒将这种现象称为“个人所得税惩罚”（personal tax penalty）。1976 年，米勒在 MM 模型Ⅱ的基础上推出了一个综合考虑公司所得税和个人所得税的公司价值模型，对 MM 模型Ⅱ做了修正。考虑个人所得税情况下负债公司的价值为：

$$V_L=V_U+\left[1-\frac{(1-T)(1-T_S)}{(1-T_D)}\right]D \tag{9-10}$$

式中，T 是公司所得税税率；T_S，T_D 分别表示股权收益和债权收益的所得税税率。对照公式（9-5）可知，在公司所得税的基础上再考虑个人所得税就是用 $[1-(1-T)(1-T_S)/(1-T_D)]$ 替代公司所得税税率 T。公式（9-10）也称为米勒修正公式或米勒公式。

由于现实中股权收益的所得税税率通常低于债权收益的所得税税率，即 $T_S<T_D$，简单推导得到 $(1-T_S)/(1-T_D)>1$，$(1-T)(1-T_S)/(1-T_D)>(1-T)$，因此，$1-(1-T)(1-T_S)/(1-T_D)<T$。这意味着考虑个人所得税后公司所得税的节税收益净额将会有所减少。然而，$1-(1-T)(1-T_S)/(1-T_D)$ 尽管小于 T，但仍然是一个常数。也就是说，公司价值仍然会随着债务规模的增加而直线上升，只是上升速度有所减缓，因而公司价值仍然是在债务比例为 100%的情况下达到最大。公式（9-10）仍然没有解决最优资本结构问题，也不可能有实际决策支持作用。

9.2.5 融资顺序理论

由于长期研究没有进展，有人开始怀疑最优资本结构的存在，从而寻找最优资本结构不存在的各种理由，其中最为权威的论述是融资顺序理论。

1. 融资顺序理论

1984 年，梅耶斯和马基卢夫（Majluf）猜测，公司是否根本没有最优的资本结构，只是按照一定的融资顺序选择利用股权资本还是债务资本。基于样本数据的研究发现，多数公司的融资选择顺序是先内后外，先债后股。也就是说，当公司需要补充资本时，通常先选择内部资本，如折旧和留存收益等；在内部资本不能满足需要的情况下，再考虑外部融资。在需要外部融资的情况下，优先选用债务资本，最后选用股权资本。

在实证检验的基础上，梅耶斯和马基卢夫运用信息不对称理论对西方公司的融资顺序做出了解释。这里的信息不对称特指在资本市场涉及的委托代理关系中，投资者作为委托方与企业管理者作为代理方之间存在信息不对称，即投资者对企业不够了解，居于信息弱势地位，企业管理者对企业了解较多，居于信息优势地位。梅耶斯和马基卢夫意识到，这种信息不对称会造成外部投资者对企业决策的不信任，当然包括对企业融资行为的不信任。在这种情况下，企业在融资顺序上就应该考虑投资者的顾虑，尽可能选择能够避免信息不对称的方式。

企业的内部资本可以说是企业自己挣的钱。自己挣钱自己花，没有什么信息不对称问题。因此，内部资本成为企业首选的资本来源。在债权和股权两种外部资本中，债权投资的风险低，其收益由还本付息的债权-债务条款规定；而股权投资的风险高，其收益多取决于企业未来的前景，部分还取决于管理者的努力程度。由此可见，债权融资的信息不对称程度低，而股权融资的信息不对称程度高。梅耶斯和马基卢夫由此判断，企业应该按照内部资本、债务资本、股权资本的顺序进行融资。

2. 融资顺序理论的问题

融资顺序理论自 20 世纪 80 年代发表以来，对资本结构乃至财务研究产生了深远的、巨大的影响。然而，略加分析不难发现，梅耶斯和马基卢夫的研究目的主要是描述企业的融资行为，解释现实的资本结构，而不是研究和权衡债务融资的利弊，为企业的资本结构决策提供理论支持。① 更重要的是，融资顺序理论在基本概念和逻辑上存在多方面的严重问题，实在难副盛名。表现在：

① 决策有面向未来的特性。对于决策问题而言，研究事先如何分析和决策是有意义的；研究事后如何合理解释过去的决策并非完全没有意义，但绝对不应该成为研究的全部或主要追求。实际上，理论研究经过严格逻辑推导出的模型一定有很强的解释功能；相反，以解释为目的的研究往往难以正确或透彻地解释现实决策，无论是针对个案的决策结果还是针对群体平均的决策结果。

第一，公司的根本目标是价值增值，即价值最大化，这一点在多数财务教材的第一章或第二章就会讲清楚（MM 模型Ⅰ和Ⅱ也严格遵循这个目标进行研究），绝对不是融资顺序理论所说的“减少信息不对称”。如果以减少信息不对称为目标，那公司什么都不做实现目标的程度最高，决策选择将极其简单，就是卖掉所有资产，将钱存到银行拿利息。可见，所谓的融资顺序是在偷换了错误目标的情况下得出的结论，由于目标是错的，这个结论就不太可能是正确的。

第二，投资者与公司管理者之间的确存在信息不对称，即公司管理者比投资者更了解公司，更清楚公司的前景和公司股票的价值。可是，在信息不对称的情况下，究竟谁怕谁呢？是投资者怕公司管理者，还是公司管理者怕投资者呢？这个问题其实不难想清楚。如果市场交易中双方存在信息不对称，通常是居于信息劣势的一方怕居于信息优势的一方。比如二手车市场历来如此，我国证券市场也是一样。由于在交易中上市公司居于信息优势，相对于债务融资而言，公司通过股权融资更为“划算”，因此就长期而普遍地存在上市公司的“股权融资偏好”，而不是优先通过债务资本融资。所以，即便财务研究可以用“猜测”代替推理，融资顺序理论似乎也没有“猜”对。

第三，融资顺序理论以及后来的追随者都认为，信奉了融资顺序理论，也就没有了最优资本结构的“烦恼”，因为公司只是按照一个顺序来进行融资，没有最优负债比率的问题。这其实只是融资顺序理论及其追随者的主观想象而已。在需要进行外部融资的情况下，如果真如融资顺序理论所说，公司先利用债务资本，然后利用股权资本，那么不可避免的一个问题是：这个“然后”在什么时候或什么条件下发生？也就是当负债比率为多少时公司融资应该由债务资本转向股权资本，即负债比率为多少时进行转换最好？所以，最优负债比率问题仍然存在，仍然需要解答。

当然，这个研究最严重的问题也许是搞错了学科性质。财务是决策学科，旨在解决实践中的决策难题，比如资本结构问题。融资顺序理论意在描述现实决策，这与解决决策问题的学科性质与功能几乎背道而驰。按照这种统计描述的思路，无论到何年何月，资本结构问题都不可能解决，因为大家不会做资本结构决策。实践中资本结构决策有盲目性、主观随意性，也有客观条件的限制，这种情况下“选择”的资本结构怎么可能是“最优”的？数据不是“最优”的，统计或拟合数据能是“最优”的吗？

9.3 资本结构决策的流行方法

从理论上讲，资本结构决策是在可行的资本结构中选取最佳资本结构。作为一般原则，可以这样考虑：就资本的期限构成而言，在确保公司资本周转顺畅的情况下，应该尽可能多地利用短期资本，因为正常情况下，短期资本成本低，长期资本成本高。就资本的性质构成而言，在确保公司按时还本付息的情况下，应该尽可能多地利用债务资本，因为正常情况下，债务资本成本低，股权资本成本高。

如前所述，资本结构决策问题特指总资本中债务资本的占比问题。虽然理论上没有解决资本结构决策问题，但实践中不能因此避免资本结构决策。在财务决策实践中，通常采用一些较为便捷的方法进行决策。这些方法主要包括资本成本比较法、每股收益分析法以及企业价值比较法三种。

9.3.1 资本成本比较法

资本成本比较法假定，能够降低企业资本成本的资本结构就有合理性。因此企业在筹资决策时，先拟定多个备选方案，分别计算各个方案的加权平均资本成本，再相互比较，选择综合资本成本最低的资本结构作为最佳资本结构。

[例 9-1]

X 公司目前拥有长期资本 1 200 万元，其资本结构为长期债务 400 万元，普通股价值 800 万元，每股面值 1 元，流通在外普通股 80 万股，目前市场价每股 10 元。债务利息率为 9%，股东要求收益率为 15%，公司所得税税率为 25%。公司由于扩大业务规模准备追加长期资本筹资 600 万元，有三种融资方案：

A. 发行普通股 60 万股，股价为 10 元。

B. 向银行贷款 600 万元，因风险增加银行要求贷款利率为 10%。

C. 保持原来的债务比率，发行普通股 40 万股，股价为 10 元；向银行贷款 200 万元，贷款利率为 10%。

不考虑短期资本对总资本成本的影响，分别计算三种融资方案的资本成本。

A 方案：$K_A=15\%$

B 方案：$K_B=10\%\times(1-25\%)=7.5\%$

C 方案：$K_C=2/3\times15\%+1/3\times10\%\times(1-25\%)=12.5\%$

由于 $K_A>K_C>K_B$，即 B 方案资本成本最低，因此应当选择 B 方案，通过债权融资满足此次 600 万元的资本需求。如此决策决定的负债比率代表公司的最优资本结构。可以看出，这样的决策下公司没有一定的最优负债比率。上述三个方案也许是现实中具体的方案，但一方面它们显然不能代表所有可能的方案，另一方面这些方案的债股比例以及各自的成本都有一定随意性和偶然性。

值得注意的是，运用资本成本比较法，以成本为决策依据，没考虑风险，没有考虑公司价值最大化。按照财务学科的标准，这相当于决策没有达到起码的水平。通常，公司的财务决策即投融资决策应该追求公司价值最大化而不是资本成本或某个成本最小化。只有以公司价值最大化为目标进行决策，才能权衡或综合考虑风险和收益，理论上才是全面的、均衡的，而不是偏颇的。

另外，在实际计算中往往难以确定各种融资方式的资本成本。在某种程度上，例 9-1 中各种资本的成本数据是一种简单估计，在具体案例中即便是真实的，也是偶然的，无法证明其合理性。比如，B 方案的债务融资会增加公司的负债比率，这除了会引起债务资本成本上升，还有可能引起股权资本成本上升，所以，数据对 B 方案考虑的增量成本估计不全。此外，公司债务资本和股权资本成本的上升应该是一个渐变的过程，这意味着 C 方案中的贷款利率其实应该小于 B 方案。因此，全面地考虑各种融资方式的风险与收益后，B 方案就未必是最优方案。

9.3.2 每股收益分析法

每股收益分析法假定，能够提高每股收益的资本结构就有合理性。这种方法通过计算每股收益无差别点进行资本结构决策。每股收益无差别点是指不同筹资方式下每股收益相同的销售水平或业务规模。每股收益相等的两个融资方案满足以下公式：

$$(EBIT-I_1)(1-T)/N_1=(EBIT-I_2)(1-T)/N_2 \qquad (9-11)$$

式中，$EBIT$ 表示息税前利润平衡点，即每股收益无差别点；I_1，I_2表示两种筹资方式下的债务年利息；N_1，N_2表示两种筹资方式下的普通股股数。

根据每股收益无差别点与增资后的预计息税前利润的大小关系来作出选择，若增资后的预计息税前利润大于每股收益无差别点，选择债务融资；若增资后的预计息税前利润小于每股收益无差别点，选择增发普通股。依此类推，可知股权和债务资本组合融资情况下的选择方式。如此决策决定的负债比率代表公司的最优资本结构。

[例 9-2]

X 公司目前总资本为 1 200 万元，其中债务资本为 400 万元，普通股为 800 万元，即负债比率为 33.33%。又知公司股票每股面值 1 元，普通股为 80 万股，目前市场价每股 10 元。债务利息率为 9%，股东要求收益率为 15%，公司所得税税率为 25%。公司由于扩大业务规模准备追加长期资本筹资 600 万元，有三种融资方案：

A. 发行普通股 60 万股，股价为 10 元。

B. 向银行贷款 600 万元，因风险增加银行要求贷款利率为 10%。

C. 保持原来的债务比率，发行普通股 40 万股，股价为 10 元；向银行贷款 200 万元，贷款利率为 10%。

经公司财务人员测算，投资后企业息税前利润（EBIT）可达到 400 万元。

分析：增发普通股会导致净利润不变但普通股股数增加，向银行贷款会导致净利润减少但普通股股数不变。每股收益无差别点就是使两种增资方式下每股收益相等的息税前利润。由于 C 方案是 A 方案和 B 方案结合形成的，因此可以按照这样的思路决策：A 方案和 B 方案分别与 C 方案相比较，从中选择最优方案。

（1）A 方案与 C 方案相比较。整理数据，$I_A=400\times9\%=36$ 万元，$I_C=400\times9\%+200\times10\%=56$ 万元，$N_A=80+60=140$ 万股，$N_C=80+40=120$ 万股，$T=25\%$。将数据代入$(EBIT-I_A)(1-T)/N_A=(EBIT-I_C)(1-T)/N_C$，得

$$(EBIT-36)(1-25\%)/140=(EBIT-56)(1-25\%)/120$$

解得 $EBIT=176$ 万元，此时每股收益为：

$$(176-36)(1-25\%)/140=(176-56)(1-25\%)/120=0.75(\text{元})$$

（2）B 方案与 C 方案相比较。整理数据，$I_B=400\times9\%+600\times10\%=96$ 万元，$I_C=400\times9\%+200\times10\%=56$ 万元，$N_B=80$ 万股，$N_C=80+40=120$ 万股，$T=25\%$。将数据代入$(EBIT-I_B)(1-T)/N_B=(EBIT-I_C)(1-T)/N_C$，得

$$(EBIT-96)(1-25\%)/80=(EBIT-56)(1-25\%)/120$$

解得 $EBIT=176$ 万元，此时每股收益为：

$$(176-96)(1-25\%)/80=(176-56)(1-25\%)/120=0.75(\text{元})$$

综上所述，三种融资方式在息税前利润达到 176 万元时每股收益相等，都为 0.75 元。现在预计息税前利润可以达到 400 万元，如图 9－2 所示，应选择 B 方案即长期债务融资。融资结束后公司债务资本为 1 000 万元，股权资本为 800 万元。因此，负债比率为 55.56%，这个负债比率可以视为公司此次融资决策的最优负债比率。

可以看出，每股收益无差别点的分析只能考虑资本投入的相关收益（EBIT），不能考虑资本投入的风险。显然，按照这样的方法进行决策，在债务资本成本低于股权成本的情况下，只要公司有正常或超额盈利，就应该采用债务融资，而且债务融资比率越高越好。这种结论的偏颇与不合理显而易见，因为负债比率提高会引起相应风险的增加。债务资本的风险表现为债务资本的还本付息在时间和数额上固定，公司负债比率过高容易引发破产。因此，与资本成本比较法类似，每股收益分析法也是在理论上解决问题之前在实践中的权宜之计，即在资本结构问题真正解决之前姑且先这么做。也就是说，上述两种传统的方法实际上都不是真正解决问题

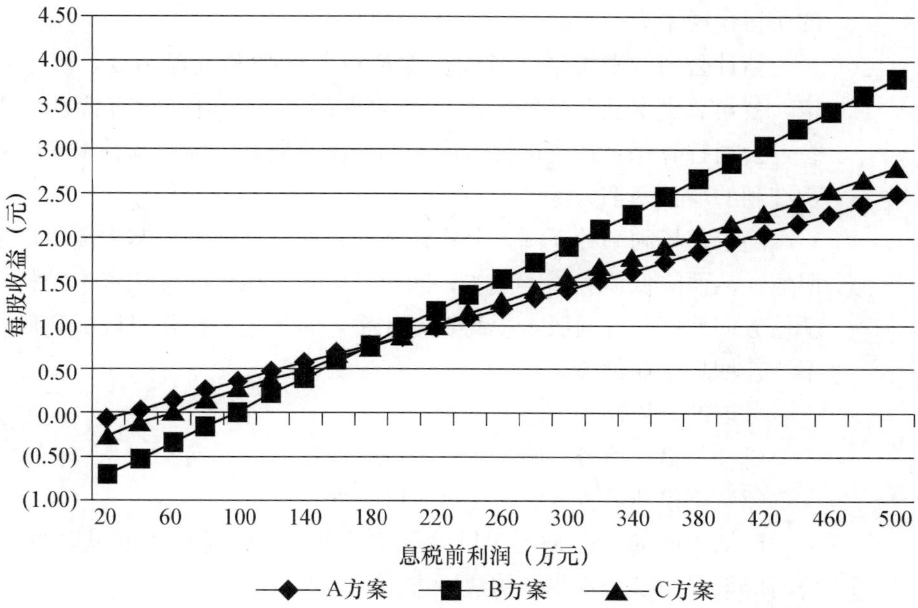

图9-2　X公司每股收益无差别点的分析示意图

的方法，真正解决问题的方法应该能综合考虑或权衡债务资本的风险和收益。

9.3.3　企业价值比较法

企业价值比较法是通过计算和比较各种资本结构下公司的总价值，选择使公司价值最大的那个融资方案的决策方法，按照这种决策方法形成的负债比率代表公司的最优资本结构。这种方法虽然表面上有利于实现公司价值最大化，但与前面的方法类似，是随机和有限个方案的比较，并没有穷尽所有可能的方案，也许备选方案之外的方案才是最优方案。

企业价值等于股权的市场价值加债务的市场价值。为简化起见，通常假定长期债务的市场价值等于其账面价值并等于债务本金。因此，该方法的关键是计算股权价值。为此，要估计股权的年收益以及股权的资本成本（假定合理，因而可以作为贴现率）。资本结构不同，公司股权或股票的风险不同，贝塔（β）系数也会不同。根据资本结构的不同调整β值也是该方法计算中的要点之一。

[例9-3]

恒久公司正在考虑是否要优化公司的资本结构，有关情况如下：

公司目前债务的账面价值2 000万元，利息率为7%，假定债务的市场价值与账面价值相同；普通股800万股，每股价格10元，股权账面金额4 000万元，市场价值8 000万元；每年的息税前利润基本稳定在1 000万元。该公司的所得税税率为 25%。

估计公司未来相当长时间会保持业务种类和规模不变，由于市场较为稳定，公司总资本及其息税前利润率也保持不变。由于没有特别理想的投资机会，公司打算每年将全部税后净利润分派给股东，因此预计未来收益、资产以及红利的增长率都为零。

随着市场利率的下降，公司认为原来的长期债务成本太高，需要借新债还旧债，从而降低债务资本成本；同时，公司也想借此优化资本结构，用举借的新债务回购部分普通股，提高负债比率，希望这些操作可以提高股权资本收益率，并增加企业价值。

考虑的具体操作方案有两个：

（1）举借新债务 4 000 万元，利息率为 5%。

（2）举借新债务 6 000 万元，利息率为 6%。

已知当前资本市场上无风险利率为 4%，市场总体的风险补偿率为 5%。公司应该采用哪个资本结构决策方案呢?

分析：公司净利润全部发放红利，未来增长率基本为零，因此，红利收益率就是公司股权的资本成本。

$$
\begin{aligned}
\text{净利润} &= (EBIT-I)(1-T) \\
&= (1\,000-2\,000\times 7\%)\times(1-25\%) \\
&= 860\times 75\% \\
&= 645(\text{万元})
\end{aligned}
$$

因此，年度现金红利为 645 万元。

$$\text{每股红利}=645/800=0.806(\text{元})$$

$$\text{股权资本成本}=645/8\,000\times 100\%=8.062\,5\%$$

已知当前资本市场上无风险利率为 4%，市场总体的风险补偿率为 5%，则可以推算出公司股权的贝塔系数。

根据资本资产定价模型（CAPM），$8.062\,5\%=4\%+\beta\times 5\%$，则 $\beta=0.812\,5$。

为方便计算各种资本结构下的股权资本成本，可以先根据公式推算全部资产的贝塔系数，即无负债情况下股权的贝塔系数，进而计算无负债的股权资本成本。

$$\beta_{\text{股权}}=\beta_{\text{资产}}\times[1+\text{负债}/\text{股权}\times(1-\text{所得税税率})] \tag{9-12}$$

式中，负债/股权即债务资本价值与股权资本价值之比，也称产权比率。因此

$$\beta_{\text{资产}}=\beta_{\text{股权}}\div[1+\text{产权比率}\times(1-\text{所得税税率})] \tag{9-13}$$

代入恒久公司的数据，有

$$\beta_{\text{资产}}=0.812\,5\div[1+2\,000/8\,000\times(1-25\%)]=0.684\,2$$

无负债股权资本成本＝4%＋0.684 2×5%＝7.42%

下面就可以计算两种方案下的股权贝塔系数、股权资本成本以及公司总价值。

(1) 举借新债务 4 000 万元，利息率为 5%。

新债务 4 000 万元除了替换旧债务 2 000 万元，还可以回购股份 2 000 万元。公司保持其总资本价值 10 000 万元（债务 2 000 万元与股权 8 000 万元之和）不变的情况下，资本结构变为：债务资本占 40%，股权资本占 60%。

$\beta_{股权}$＝$\beta_{资产}$×[1＋负债/股权×(1－所得税税率)]
＝0.684 2×[1＋40%/60%×(1－25%)]
＝1.026 3

股权资本成本＝4%＋5%×1.026 3＝9.131 5%

现金红利＝净利润
＝(1 000－4 000×5%)×(1－25%)
＝800×75%
＝600(万元)

每股红利＝600/600＝1.00(元)

假定公司可以永远保持目前的盈利水平和股权规模，则公司股票红利就是一个永续年金，其价值为年度现金红利除以股权资本成本。即

股权价值＝600/9.131 5%＝6 570.66(万元)

此方案下，债务价值为 4 000 万元。因此，公司总价值为 10 570.66 万元 (4 000＋6 570.66)。注意，公司原来的资本价值为 10 000 万元，调整后增加了 570.66 万元 (10 570.66－10 000)。这意味着第一个方案优于原方案。

(2) 举借新债务 6 000 万元，利息率为 6%。

新债务 6 000 万元除了替换旧债务 2 000 万元，还可以回购股份 4 000 万元。公司保持其总资本价值 10 000 万元不变的情况下，资本结构变为，债务资本占 60%，股权资本占 40%。

$\beta_{股权}$＝$\beta_{资产}$×[1＋负债/股权×(1－所得税税率)]
＝0.684 2×[1＋60%/40%×(1－25%)]
＝1.453 9

股权资本成本＝4%＋5%×1.453 9
＝11.269 6%

现金红利＝净利润
＝(1 000－6 000×6%)×(1－25%)
＝640×75%
＝480(万元)

每股红利＝480/400＝1.20(元)

同样将公司股票红利看作一个永续年金，其价值为：

股权价值＝480/11.269 6%＝4 259.24(万元)

此方案下，债务价值为 6 000 万元。因此，公司总价值为 10 259.24 万元（6 000＋4 259.24）。注意，公司原来的资本价值为 10 000 万元，调整后增加了 259.24 万元（10 259.24－10 000）。这意味着第二个方案也优于原方案。

（3）选择与决策。

两个调整方案都优于原方案，但第一个方案获得的价值增值大于第二个方案，因此应该选择第一个方案。注意，4 000/10 570.66＝37.84%，1－37.84%＝62.16%。公司的最优资本结构为：债务资本占 37.84%，股权资本占 62.16%。

之所以两个调整方案都优于原方案，是因为债务资本的成本降低了。之所以第一个方案优于第二个方案，主要是因为第一个方案债务资本的成本更低；第二个方案贝塔系数的增大造成股权资本的成本上升。

企业价值比较法将风险因负债比率的提高而增加的因素纳入考虑，与前面两种方法相比更为科学合理。但应该注意的是，企业价值比较法与前面两种方法类似，只是现实中的简单处理，缺少严谨的合理性。比如，借新债 4 000 万元会优于借新债 6 000 万元，那是否存在借新债 5 000 万元或 3 000 万元会优于借新债 4 000 万元呢？再比如，随着风险的增加，公司更有可能破产倒闭，怎么可能保持目前的收益水平不变呢？

思考题

1. 有人说，债务资本的一个“利”是不稀释股权，你认为呢？为什么传统资本结构研究在权衡债务资本利弊时没考虑这个“利”？

2. 财务学通常承认债务资本的一个“利”是成本低，为什么传统资本结构研究在权衡债务资本利弊时没考虑这个“利”？

3. 将要破产的公司的“最优”负债比率应该为多少？为什么？这个问题靠调查或统计能解决吗？为什么？

4. 对一家公司而言，到底有无最优资本结构（负债比率）？如果一家公司目前的负债比率不符合最优标准，你是否建议向最优标准调整？为什么？

5. 根据本章所学，说明以下因素对公司最优资本结构的方向性影响：公司收益的规模、稳定性及增长速度，公司资产的规模与安全性，公司所得税。

案例分析

根据本章开头青岛海尔资本结构的实际情况，结合其战略和业务发展情况（可适当上网查阅），对青岛海尔的资本结构决策和表现给予评价。

第10章

营运资金管理

[引导案例]

从最高接近每股80元，跌至接近贾跃亭的平仓价，乐视的股价暴跌背后是资金链断裂的危机。这家疯狂扩张的公司卖手机、电视、汽车，甚至卖贝加尔湖的淡水，曾经创造“3 000亿超级生态圈”的童话故事。

如今，童话已然成为烟雾笼罩的资本迷局。2016年11月6日，乐视创始人、董事长贾跃亭发布公开信，承认乐视遇到资金问题，“我们的资金和资源其实非常有限，乐视汽车前期投入巨大，陆续花掉100多亿元的自有资金”。早在当年10月，乐视与法拉利合资成立的汽车公司收到警告信，内容是关于拖欠的2 100万美元工程款。11月2日，又有媒体曝出乐视欠供应商100多亿元，不得不通过缓发工资等方式保证工厂开工的资金。

在公开信中，贾跃亭还称乐视的融资方式单一，资本结构不合理。从资产负债表上可以看到，截至2016年9月，公司资产负债率为65.72%，其中长期借款较上年同期增长649.6%。股权资本方面，自2010年上市以来，乐视累计募集资金近150亿元。

思考： 乐视的资金周转问题对其造成了何种严重影响？其营运资金的主要来源是什么？怎样对企业的营运资金进行科学的管理？

营运资金管理的本质是对流动资产、流动负债以及两者关系的管理，并不只是对流动资产或流动负债的简单管理。营运资金是从循环角度管理的，有利于对风险的把握和掌控。

10.1　营运资金与资金周转

10.1.1　营运资金

营运资金是指流动资产减流动负债后的余额。但营运资金管理并不是对流动资产减流动负债后的余额进行管理。

10.1.2　流动资产

流动资产是指企业可以在一年内或超过一年的一个营业周期内变现或者运用的资产，具有占用时间短、周转快、易变现等特点，属于生产经营过程中短期置存的资产，是企业资产的重要组成部分。

1. 流动资产的组成

流动资产在企业的再生产过程中以各种不同的形态存在，这些不同的存在形态就是流动资产的组成内容。具体项目包括：

(1) 货币资金。是指企业在再生产过程中由于种种原因而持有的停留在货币形态的资金，包括库存现金和存入银行的各种存款。

(2) 应收及预付款项。是指在商业信用条件下企业延期收回和预先支付的款项，如应收票据、应收账款、其他应收款等。

(3) 存货。是指企业在再生产过程中为销售或者耗用而储备的物资，包括原材料、燃料、包装物、低值易耗品、修理用备件、在产品、自制半成品、产成品、外购商品等。

(4) 短期投资。是指各种能够随时变现、持有时间不超过一年的有价证券以及不超过一年的其他投资，如各种短期债券、股票等。

2. 流动资产的特点

从周转角度看，流动资产有以下特点：

(1) 流动资产占用形态具有变动性。流动资产在企业再生产过程中是不断循环的，流动资产的循环是流动资产各种资金占用形态的统一。企业的流动资产必须同时分别占用在生产储备资金、未完工产品资金、成品资金、结算资金和货币资金等形态上，并且不断地由货币资金转化为生产储备资金，由生产储备资金转化为未完工产品资金，由未完工产品资金转化为成品资金，再由成品资金转化为结算资金或货币资金。流动资产占用形态的不断变动，形成流动资金运动的周而复始，为资金的保值和增值创造了条件。

研究流动资产占用形态的变动性，有助于合理地配置各种资产占用形态，促使企业流动资产周转顺利进行。

（2）流动资产占用数量具有波动性。在企业再生产过程中，随着供产销的变化，流动资产占用的数量有高有低，起伏不定，具有波动性。季节性企业如此，非季节性企业也是如此。

研究流动资产占用数量的波动性，在考虑流动资金的来源和供应方式时，要注意既要使企业有稳定的资金来源，又要给企业一定的机动性和灵活性，以便合理安排资金的供需平衡。

（3）流动资产循环与生产经营周期具有一致性。企业的生产经营过程也是劳动对象等物质要素的消耗过程。完成一次生产经营周期，流动资产也完成一次循环，所以，流动资产完成一次循环的时间与生产经营周期具有一致性。生产经营周期决定着流动资金的循环时间，而流动资产周转又综合反映企业供产销全过程。

研究流动资产的循环与生产经营周期的一致性，有助于通过合理组织供产销过程来加速流动资产周转，充分发挥流动资产促进生产经营活动的积极作用。

（4）流动资金来源具有灵活多样性。由于流动资产占用数量具有波动性，因而企业筹集流动资金的方式（例如短期借款、商业信用、应交款项、票据贴现等）较筹集长期资金更具灵活多样性。

3. 流动资产管理的要求

管好用好流动资产，必须认真贯彻以下几项要求：

第一，既要保证生产经营需要，又要节约、合理地使用资金。流动资产管理必须首先保证企业完成生产经营任务的合理资金需要。凡是企业供应、生产、销售各职能部门的合理需要，应该千方百计地予以满足，促进生产经营。

增产与节约是辩证统一的关系。在流动资产管理中，既要保证生产经营发展的需要，又要节约、合理地使用资金，提高资金使用效果，这两方面要统一起来。必须正确处理保证生产经营需要和节约、合理地使用资金二者之间的关系。要在保证生产经营需要的前提下，遵守勤俭节约的原则，挖掘资金潜力，精打细算地使用流动资金。这样就能充分发挥流动资金管理促进生产的作用。

第二，管理资金的要管资产，管资产的要管资金，资金管理和资产管理相结合。流动资产是流动资金赖以存在的物资形态。一方面，财务部门要管好流动资产，只有各项流动资产安全完整，使用合理，流动资金才能完整安全，效益提高。另一方面，财务部门还必须做到管理流动资金的部门和人员参与管理流动资产，同时，管理流动资产的部门和人员也应参与管理流动资金，把流动资金管理和流动资产管理结合起来。为此，必须在实行财务管理部门集中统一管理的同时，实行分口分级的管理，建立有关部门管理责任制度。

第三，保证资金使用和物资运动相结合，坚持钱货两清，遵守结算纪律。

资金是物资的货币表现，资金使用同物资运用有密切的联系。在流动资金管理工作中，必须把资金使用同物资运用结合起来，做到钱出去、货进来，货出去、钱进来，坚持钱货两清的原则，企业必须严格遵守结算纪律，不得无故拖欠。长期发生商业信用而不及时清理，会使企业的资金被对方占用，不能保证生产经营需要。企业长期互相占用资金，不仅会削弱经济核算，而且会影响国民经济的顺利发展。只有坚持钱货两清，遵守结算纪律，才能保证每个企业的生产经营顺利进行。

10.1.3　流动负债

流动负债是指企业向银行、非银行金融机构、其他企业（或单位）及其他债权人等吸收，在一年内使用并归还的资金，具有使用时间短、周转速度快、灵活性强等特点，是形成企业流动资产的最重要的组成部分。

1. 流动负债的组成

流动负债是以不同的形式表现在企业经营过程中的短期负债，包括：银行短期借款、应付账款、应付票据、应付工资、应缴税金、其他应付账款等，其中最主要的有银行短期借款、应付账款、应付票据。

（1）银行短期借款是指企业从银行或其他金融机构借入的偿还期在一年以内（特殊情况下在长于一年的一个营业周期以内）的款项。企业取得短期借款而发生的利息费用一般应作为财务费用处理，计入当期损益。

（2）应付账款是指企业采用商业信用结算方式购入货物而延期支付给供应商的款项。在我国，利用应付账款获得短期资金是很普遍的行为。应付账款是一种口头约定的商业信用行为，对资金的安全保障性较差。

（3）应付票据是指企业采用商业汇票结算方式购入货物而延期支付的票据款。在我国，商业汇票的付款期限最长为 6 个月。应付票据是短期应付票据，一般是指商业汇票。商业汇票按承兑人的不同分为银行承兑汇票和商业承兑汇票；按票面是否注明利率分为带息票据和不带息票据。应付票据是一种书面约定的商业信用行为，对资金的安全保障性较强。

2. 流动负债的特点

从周转角度看，流动负债有以下特点：

（1）手续简单，筹资速度快。与长期借款或发行证券相比，流动负债手续简单，所需时间较短，可以迅速地获取资金。例如利用应付账款筹措资金，只要口头约定即可。

（2）无息或低息，筹资成本低。如能有效利用应付账款、应付票据、应付工资、应缴税金、其他应付账款等方式，往往无息或低息；而利用银行借款所支付的利息比发行债券所支付的利息要低，无须支付发行费用。

（3）弹性好，适应性强。企业有效地利用流动负债，可以在时间、数额等方面与临时性资金需求相配合。当企业的经营情况发生变化时，企业可以与有关方面进行协商，调整时间、数量和条件。

但应清楚地看到，流动负债也有偿还期较短、偿债压力大、筹资数额有限的缺点。

确认流动负债的目的主要是将其与流动资产进行比较，反映企业的短期偿债能力。短期偿期能力是短期债权人非常关心的财务指标，在资产负债表上必须将流动负债与长期负债分别列示。

10.1.4 营运资金周转

营运资金周转的管理有三层含义：一是对形成营运资金的重要组成部分即流动资产的管理；二是对形成流动资产的资金来源即流动负债的管理；三是对流动资产与流动负债相互关系（即资金循环）的管理。

首先，营运资金管理旨在解决流动资产合理有效使用的问题。从对利润贡献的角度看，流动资产管理的重点在于提高使用效率和效果。其中使用效率对流动资产而言就是周转速度，表现为流动资产周转率、存货周转率、应收账款周转率等考核指标。

其次，营运资金管理旨在解决合理有效利用流动负债的问题。流动负债既有经营中产生的（如应付账款、应付票据、应付工资、应缴税金等），也有外部借入的（如银行短期借款、短期融资券等），它们对企业的风险和收益产生不同的影响。

最后，营运资金管理是为了解决流动资金的正常循环、周转的问题。流动资金就使用而言，形成流动资产；就形成的基本来源而言，表现为流动负债。资金从哪来，用到哪去，永远是资金循环、周转的基本问题。流动资产与流动负债的不同相互关系形成不同的营运资金管理政策。

10.2 现金管理

现金是指在生产过程中暂时停留在货币形态的资金，在我国称货币资金，在西方称现金，包括库存现金、各类银行存款、银行本票、银行汇票等。

10.2.1 现金的持有动机

企业持有一定数量的现金，主要基于以下三个方面的需要。

（1）支付动机，即企业为正常生产经营而需要保持的现金支付能力。企业为了组织日常生产经营活动，必须保持一定数额的现金余额，用于购买原材料、支付工资、缴纳税款、偿付到期债务、派发现金股利等。由于企业每天的现金流入量与现金流出量在时间上、数额上通常存在一定程度的差异，因此，为满足上述需要，企业持有一定数量的现金余额是十分必要的。一般来说，企业为满足支付动机所持有的现金余额主要取决于企业销售水平。企业销售额增加，所需现金余额也随之增加。

（2）预防动机，即企业为应对意外情况而需要保持的现金支付能力。由于财务环境的复杂性，企业通常难以对未来现金流入量与流出量做出准确的估计和预期。一旦企业对未来现金流量的预期与实际情况发生较大偏离，必然对企业的正常经营秩序产生极为不利的影响。因此，在正常现金需要量的基础上追加一定数量的现金余额以应对未来现金流量的波动，是企业现金管理必须考虑的因素。企业为应对意外情况所必需的现金数额主要取决于以下三个方面：一是企业愿意承担风险的程度：二是企业临时举债能力的强弱；三是企业对现金流量的预测的可靠程度。

（3）投机动机，即企业为了抓住稍纵即逝的市场机会，以获取较大的利益而保持的现金支付能力。如在证券市价大幅下跌时购入有价证券，以期在价格反弹时卖出有价证券获取高额资本利得（价差收入）。投机动机是企业确定现金余额时所需考虑的次要因素之一，其持有量的大小往往与企业在金融市场的投资机会及企业对待风险的态度有关。

除了以上原因，企业也会为满足将来某一特定要求（如为在银行维持补偿性余额）而持有现金。企业在确定现金余额时一般应综合考虑各方面的持有动机。由于各种动机所需的现金可以相互调节，因此，企业持有的现金总额并不等于各种动机所需现金的简单相加。另外，上述各种动机所需持有的现金，既可以是货币资金，也可以是能够随时变现的有价证券或随时能够在资金市场上融入现金的各种机会（如可随时借入的银行信贷资金）。

10.2.2　现金静态管理

现金管理的基本目的是满足未来的需要，因此收支平衡、略有节余是现金管理的基本原则。现金静态管理又称现金余额管理，是指对节余现金的有效管理。

1. 现金持有成本

持有任何资源都会发生一定种类、一定数量的成本。持有现金的成本通常由以下四个部分组成：

（1）管理成本。是指企业因持有一定数量的现金而发生的管理费用，如管理人员工资及必要的安全措施费，这部分费用在一定范围内与现金持有量的多少关系不大，一般属于固定成本。

（2）机会成本。是指企业因持有一定数量的现金而丧失的再投资收益。由于现金属于非盈利性资产，保留现金必然丧失再投资的机会及相应的投资收益，从而形成持有现金的机会成本，这种成本在数额上等同于资金成本。比如企业欲持有 5 万元现金，就只能放弃 5 000 元的投资收益（假设企业平均收益率为 10%）。可见，放弃的再投资收益属于变动成本，它与现金持有量的多少密切相关，即现金持有量越大，机会成本越高，反之就越小。

（3）转换成本。是指企业用现金购入有价证券以及转让有价证券换取现金时付出的交易费用，如委托买卖佣金、委托手续费、证券过户费、交割手续费等。转换成本与证券变现次数呈线性关系，即转换成本总额＝证券变现次数×每次的转换成本。证券转换成本与现金持有量的关系是：在现金需要量既定的前提下，现金持有量越少，证券变现的次数越多，相应的转换成本就越大；反之，现金持有量越多，证券变现的次数越少，需要的转换成本也就越小。因此，现金持有量的不同必然通过证券变现次数多少对转换成本产生影响。

（4）短缺成本。是指在现金持有量不足而又无法及时通过有价证券变现加以补充时给企业造成的损失，包括直接损失与间接损失。现金的短缺成本随现金持有量的增加而下降，随现金持有量的减少而上升，即与现金持有量负相关。

2. 最佳现金持有量的确定

[案例思考]

某公司老板请一位财务专家到公司进行财务诊断，该专家看到公司保险柜中有巨额现金，又看到报表揭示：资产总额 5.6 亿元，负债仅占 18%，货币资金约占资产总额的 20%；经营利润颇丰，现金流量极佳。财务专家告诉公司老板，如果这样继续下去，对企业来说很危险。老板急问：你看到公司财务状况极佳，为何这么说？

思考：企业拥有的现金越多越好吗？企业拥有超过正常需求的现金意味着什么？

基于支付、预防、投机等动机的需要，企业必须保持一定数量的现金余额。但是，现金作为盈利性最差的资产，数额太多会导致企业盈利水平下降；数额太少可能出现现金短缺，影响生产经营。因此，确定最佳现金持有量，就必须权衡收益和风险。

（1）成本分析模式。成本分析模式是根据现金持有的相关成本，分析和预测其总成本最低时现金持有量的一种方法。成本分析模式只考虑持有一定数量的现金发生的管理成本、机会成本和短缺成本，而不考虑转换成本。其中，管理成本具有固定成本的性质，与现金持有量不存在明显的线性关系；机会成本（因持有现金而丧失的再投资收益）与现金持有量成正比，机会成本＝现金持有量×有价证券利率（或报酬率）；短缺成本同现金持有量负相关，现金持有量越大，现金短缺成本越小，反之，现金持有量越小，现金短缺成本越大（如图 10－1 所示）。

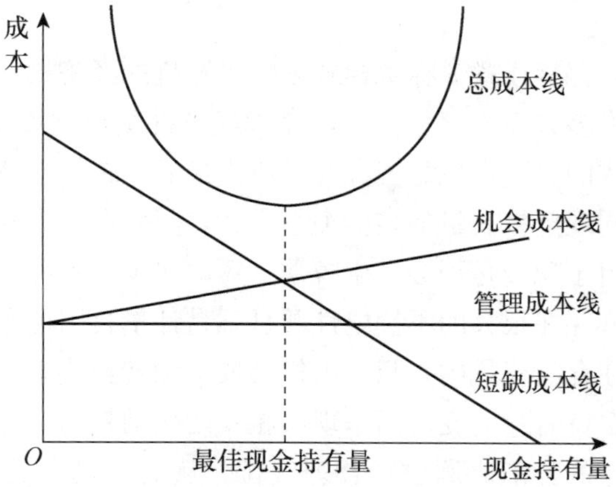

图 10－1　各种现金成本与现金持有量的关系

在实际工作中运用该模式确定最佳现金持有量的具体步骤为：

①根据不同现金持有量测算并确定有关成本数值。

②按照不同现金持有量及其有关成本资料编制最佳现金持有量测算表。

③在测算表中计算并找出总成本最低时的现金持有量，即最佳现金持有量。

[例 10－1]

某企业现有 A，B，C，D 四种现金持有方案，有关成本资料如表 10－1 所示。

表 10－1　　**现金持有方案表**　　单位：元

	项目			
	A	B	C	D
现金持有量	10 000	20 000	30 000	40 000
机会成本率	10%	10%	10%	10%
管理成本	1 800	1 800	1 800	1 800
短缺成本	4 300	3 200	900	0

根据表 10－1 编制最佳现金持有量测算表，如表 10－2 所示。

表 10－2　　**最佳现金持有量测算表**　　单位：元

方案	现金持有量	机会成本	管理成本	短缺成本	总成本
A	10 000	1 000	1 800	4 300	7 100
B	20 000	2 000	1 800	3 200	7 000
C	30 000	3 000	1 800	900	5 700
D	40 000	4 000	1 800	0	5 800

通过分析比较表 10－2 中各方案的总成本可知，C 方案的总成本最低，因此企业持有 30 000 元的现金时，各方面的总代价最低，30 000 元为最佳现金持

有量。

（2）存货模式。存货模式来源于存货的经济批量模型，它认为公司现金持有量在许多方面与存货相似，存货经济批量模型可用于确定目标现金持有量。存货模式的着眼点也是现金有关成本最低。在现金持有成本中，管理成本相对稳定并同现金持有量的多少关系不大，因此存货模式将其视为无关成本而不予考虑。由于现金是否会发生短缺、短缺多少、各种短缺情形发生时可能的损失如何等都存在很大的不确定性并且不易计量，因此存货模式对短缺成本也不予考虑。在存货模式中，只考虑机会成本和转换成本。由于机会成本和转换成本随着现金持有量的变动而呈现出相反的变动趋向，这就要求企业必须对现金与有价证券的分割比例进行合理安排，从而使机会成本与转换成本保持最佳组合。也就是说，凡是能够使现金管理的机会成本与转换成本之和保持最低的现金持有量，即为最佳现金持有量。

假设：T 为一定期间内现金总需求量；F 为每次转换有价证券的固定成本（即转换成本）；Q 为最佳现金持有量（每次证券变现的数量）；K 为有价证券利息率（机会成本）；TC 为现金管理总成本。则

现金管理总成本＝机会成本＋转换成本

即 $$TC=\frac{Q}{2}\times K+\frac{T}{Q}\times F \tag{10-1}$$

持有现金的机会成本与证券变现的交易成本相等时，现金管理的总成本最低，此时的现金持有量为最佳现金持有量，即

$$Q=\sqrt{2T\times F/K} \tag{10-2}$$

将公式（10－2）代入公式（10－1）得：

$$\text{最佳现金管理总成本}=\sqrt{2T\times F\times K} \tag{10-3}$$

[例 10－2]

某企业预计全年（按 360 天计算）需要现金 400 000 元，现金与有价证券的转换成本为每次 800 元，有价证券的年利率为 10%，则

$$\text{最佳现金持有量}=\sqrt{2\times 400\,000\times 800/10\%}$$
$$=80\,000(\text{元})$$

$$\text{最佳现金管理总成本}=\sqrt{2\times 400\,000\times 800\times 10\%}$$
$$=8\,000(\text{元})$$

（3）现金周转模式。现金周转模式是从现金周转的角度出发，根据现金的周转速度来确定最佳现金持有量的一种方法。利用这一模式确定最佳现金持有量，包括以下三个步骤：

第一，计算现金周转期。现金周转期是指企业从购买材料支付现金到销售商品收回现金的时间。

现金周转期＝应收账款周转期－应付账款周转期＋存货周转期

（1）应收账款周转期是指从应收账款形成到收回现金所需要的时间。

（2）应付账款周转期是指从购买材料形成应付账款开始直到以现金偿还应付账款为止所需要的时间。

（3）存货周转期是指从以现金支付购买材料款开始直到销售产品为止所需要的时间。

第二，计算现金周转率。现金周转率是指一年中现金的周转次数，其计算公式为：

$$现金周转率=\frac{日历天数(360)}{现金周转天数}$$

第三，计算最佳现金持有量。其计算公式为：

最佳现金持有量＝年现金需求额÷现金周转率

[例 10－3]

某公司计划年度预计存货周转期为 90 天，应收账款周转期为 40 天，应付账款周转期为 30 天，每年现金需求额为 720 万元，则最佳现金持有量为：

现金周转期＝90＋40－30＝100(天)

现金周转率＝360÷100＝3.6(次)

最佳现金持有量＝720÷3.6＝200(万元)

也就是说，如果企业持有 200 万元现金，它将既能有足够的现金满足各种需要，又能节约、有效地使用资金。

10.2.3　现金动态管理

现金动态管理又称现金流量管理，是对一定期间（月、旬、日）现金流入和现金流出的管理，其目的是保障任何期间的现金流出有相应现金流入来满足，从而做到“收支平衡，略有节余”。

现金流量管理通常采用现金预算的控制方法。现金预算是对预算期内现金流入、流出、结存及其调度使用的预算，其目的是保障任何时点的现金流出有相应的现金流入，并确保资金得到充分有效的使用。

[例 10－4]

假定 A 公司预计在第 1 季度购置设备 94 000 元。期末现金余额不得少于 25 000 元，否则将向银行借款，借款年利率为 10%。预计预算期初现金余额为 45 000 元。预算期按季度编制现金预算。

根据上述资料可编制现金预算表，如表 10－3 所示。

表 10－3　　2016 年现金预算表　　单位：元

	第 1 季度	第 2 季度	第 3 季度	第 4 季度	全年
期初现金余额	45 000	26 257.8	58 236	86 288.4	45 000
加：现金收入					
收回赊销款和现销收入	60 000	102 000	92 000	87 000	341 000
可动用现金合计	105 000	128 257.8	150 236	173 288.4	386 000
减：现金支出					
直接材料	16 267.2	22 036.8	22 137.6	20 577.6	81 019.2
直接人工	4 650	8 700	6 075	6 675	26 100
间接制造费用	12 325	17 185	14 035	14 755	58 300
销售和管理费用	4 000	4 600	4 200	4 300	17 100
购置设备	94 000				94 000
支付所得税	17 500	17 500	17 500	17 500	70 000
现金支出合计	148 742.2	70 021.8	63 947.6	63 807.6	346 519.2
现金节余或不足	(43 742.2)	58 236	86 288.4	109 480.8	39 480.8
筹措资金					
向银行借款	70 000				70 000
归还借款				70 000	70 000
支付利息				7 000	7 000
期末现金余额	26 257.8	58 236	86 288.4	32 480.8	32 480.8

10.2.4 现金的日常管理

在现金管理中，企业除合理确定最佳现金余额、编制现金预算外，还必须进行现金收支的综合管理。

1. 加速现金收款

（1）为了提高现金的使用效率，加速现金周转，企业应尽量加速账款的收回。企业加速收款的任务不仅是要尽量使顾客早付款，而且要尽快地使这些付款转化为可用现金。为此，必须满足如下要求：缩短顾客付款的时间，缩短企业收到顾客开来支票与支票兑现之间的时间，加速资金存入自己往来银行的过程。

（2）成立财务公司或结算中心。大型企业或企业集团通常由跨行业、跨地区、多层次分支机构组成，下属分支机构设立之初大多数会在当地银行开设银行账户，进行资金结算，从而会在银行账户中或多或少留存一些资金余额。虽然从单个账户看资金量一般不会很大，但从企业整体看资金总量可能非常可观。此外，下属分支机构处于不同的行业和地域，它们面临的发展机遇有可能不同：有些单位由于发展机遇好业务增长迅速，出现资金短缺；有些单位由于业务平稳出现大量资金结余。因此，利用财务公司或结算中心实行资金集中管理能够有效地使用企业的全部存量资金，把各下属单位暂时闲置和分散的资金集中起来，统一调配和平衡，实现企业内部各成员单位资金余缺的相互调剂，从更高层次参与成员单位的管理，强化资本经营意识，成员单位也可以从资金集中与资本经营中受益，加强内部各成员单位的联系，更好地发挥整体优势。

（3）按时区管理和调度资金。跨地区或跨国企业可以按时区管理并统一调度资金，例如位于北京的子公司下午六点下班后，可以将资金调到乌鲁木齐的子公司，因为乌鲁木齐的子公司下午八点下班；同样，乌鲁木齐的子公司下午八点下班后，可以将资金调到北京的子公司，于是资金在一天内使用的时间就是 10 个小时，资金使用的效率大大提高。同样的方法也可以运用于跨国子公司。

（4）资金池。资金池是指按最佳现金余额的要求进行限额管理并按现金预算调度、使用资金的管理方法。但资金池不同于以往的定额备用金制度，除有限额管理的要求外，还要求有效地调度、使用资金。例如 A 企业在银行有1 000 万元人民币存款，但急需 100 万美元，如果美元对人民币汇率是 1∶6.5，这时可以将 650 万元人民币换出 100 万美元。这样做的结果是闲置资金减少 650 万元，而且节约了存贷利差。

除以上方法外，还可以采取其他有效加速收现的方法。例如，对于金额较大的货款，可采用电汇、直接派人前往收取支票并送存银行的方法加速收款；通过减少不必要的银行账户等方法加快现金回收。

2. 控制现金支出

企业在管理支出时，应严格按照预算要求安排现金支出的时间和数额，资金的提前支付和延后支付都会给企业造成损失。控制现金支出的具体方法有以下几种。

（1）运用浮游量。现金浮游量是指企业账户上存款余额与银行账户上所示的存款余额之间的差额。有时，企业账簿上的现金余额已为零或负数，而银行账簿上该企业的现金余额还有不少。这是因为有些支票企业虽已开出，但顾客还没有到银行兑现。如果能正确预测浮游量并加以利用，可节约大量资金。

当一个企业在同一国家内有多个银行存款户时，可选用一个能使支票流通在外的时间最长的银行来支付货款，以扩大浮游量。

（2）推迟支付应付款项。为了最大限度地利用现金，企业在不影响信誉的情况下应尽可能推迟应付款项的支付期。例如，企业在采购材料时，如果付款条件是“2/10，n/45”，应安排在发票开出日期后的第 10 天付款，这样，企业可以最大限度地利用现金而又不丧失现金折扣。

（3）采用汇票结算方式付款。在使用支票付款时，只要受票人将支票放进银行，付款人就要无条件地付款。但汇票不是“见票即付”的付款方式，在受票人将汇票放进银行后，银行要将汇票送交付款人承兑，付款人将一笔相当于汇票金额的资金存入银行，银行才会付款给受票人，这样就有可能合法地延期付款。

企业应尽量使现金流入与现金流出发生的时间趋于一致，以使其持有的交易性现金余额降到较低水平，这就是现金流量同步。基于这种认识，企业可以重新安排付出现金的时间，尽量使现金流入与现金流出同步。

3. 闲置现金投资管理

企业现金管理的目的首先是保证主营业务的现金需求，其次是使这些现金获得最大的收益。这两个目的要求企业把闲置资金投入流动性高、风险性低、交易期限短的金融工具，在保持流动性的同时获得较多的收入。

10.3 应收账款管理

[案例思考]

某年，国内一所大学的老师集体到新马泰旅游，在马来西亚一家旅游品商店发生了下面的一幕。该旅游品商店出售锡器（以金属锡制作的各种器皿），琳琅满目、美不胜收。但一部分人囊中羞涩，无法购买。当老板见到人们进进出出、问价却不买时，不禁问：是我的货不好吗？为什么你们不买？游客回答：货虽好，但没钱怎么买？老板略做思考，问：你们从哪里来？在什么单位工作？游客回答：在大学工作，当老师。老板转身问领队：你们旅行社愿意担保吗？领队说：愿意担保。老板大声说：那你们就签单吧，先拿货后给钱。最后的结果是商店增加了收入，减少了库存。

思考：老板是如何对应收账款进行科学管理的？其应收账款管理包括哪些步骤和内容？考虑了哪些影响因素？

应收账款是企业因对外销售商品、提供劳务等而应向购货或接受劳务的单位收取的款项。应收账款形成企业之间的直接商业信用，是商品销售及劳务提供过程中的货与钱在时间上分离的直接结果。商品和劳务的赊销一方面增加了销售收入，另一方面又因形成应收账款而增加了经营风险。因此，应收账款管理的基本目标是，在发挥应收账款强化竞争、扩大销售功能的同时，尽可能降低投资的机会成本、坏账损失与管理成本，最大限度地发挥应收账款投资的效益。

10.3.1　应收账款的功能

应收账款的功能是指它在企业生产经营中所具有的作用，主要有：

1. 增加销售

企业销售产品可以采取现金销售方式或赊销方式。现金销售方式的最大优点是收入实现与实际现金流入完全吻合，既能避免呆坏账损失，又能及时地将收回的款项投入再增值过程。然而，在市场竞争激烈的条件下，单纯依赖现金销售方式往往使企业处于不利地位。而采用赊销方式意味着企业在销售产品的同时，向买方提供可以在一定期限内无偿使用资金的优惠条件（即商业信用），这对于购买方而言具有极大的吸引力，对企业扩大产品销售、开拓并占领市场、增强企业竞争力都具有重要意义。

2. 减少存货

赊销可以加速产品销售的实现，加快产成品向销售收入转化的速度，从而对降低存货中的产成品数额有积极的作用。这有利于缩短产成品的库存时间，降低产成品存货的管理费用、仓储费用和保险费用等各方面的支出。因此，当产成品存货较多时，企业可以采用较为优惠的信用条件进行赊销，尽快实现产成品存货向销售收入的转化，变持有产成品存货为持有应收账款，以节约各项存货支出。

10.3.2　应收账款的成本

企业在采取赊销方式促进销售的同时，会因持有应收账款而付出一定的代价，这种代价即应收账款的成本。应收账款的成本包括以下三项。

1. 机会成本

机会成本是指资金投放在应收账款上而不能用于其他投资时所丧失的收益，如投资于有价证券所能获得的利息收入。应收账款机会成本的大小通常与企业维持赊销业务所需要的资金数量、资金成本率或有价证券利息率有关。其数量可按下列步骤计算：

第一，计算应收账款周转率。

$$\text{应收账款周转率}=\text{日历天数}\div\text{应收账款周转期}$$

第二，计算应收账款平均余额。

$$\text{应收账款平均余额}=\text{赊销收入净额}\div\text{应收账款周转率}$$

第三，计算维持赊销业务所需要的资金。

$$\begin{array}{c}\text{维持赊销业务}\\\text{所需要的资金}\end{array}=\begin{array}{c}\text{应收账款}\\\text{平均余额}\end{array}\times\frac{\text{变动成本}}{\text{销售收入}}=\begin{array}{c}\text{应收账款}\\\text{平均余额}\end{array}\times\begin{array}{c}\text{变动}\\\text{成本率}\end{array}$$

第四，计算应收账款的机会成本。

应收账款的机会成本＝维持赊销业务所需要的资金×资金成本率

式中，资金成本率一般可按有价证券利息率计算。

［例 10－5］

假设某企业预测的年度赊销收入净额为 4 800 000 元，应收账款周转期（或收账天数）为 60 天，变动成本率为 70％，资金成本率为 10％，则应收账款机会成本可计算如下：

应收账款周转率＝360/60＝6(次)

应收账款平均余额＝4 800 000/6＝800 000(元)

维持赊销业务所需要的资金＝800 000×70％＝560 000(元)

应收账款机会成本＝560 000×10％＝56 000(元)

上述计算表明，企业投放 560 000 元的资金可维持 4 800 000 元的赊销业务，相当于垫支资金的 8 倍多。这一较高的倍数在很大程度上取决于应收账款的周转速度。在正常情况下，应收账款周转率越高，一定数量资金所维持的赊销额就越大；应收账款周转率越低，维持相同赊销额所需要的资金数量就越大。应收账款的机会成本在很大程度上取决于企业维持赊销业务所需要资金的多少。

2. 管理成本

管理成本是指企业对应收账款进行管理而耗费的开支，是应收账款成本的重要组成部分，主要包括：事前的管理成本，即对客户的资信进行调查的费用和收集相关信息的费用；事中的管理成本，即对客户应收账款账簿加以记录的费用和进行信用分析的费用；事后的管理成本，即在客户逾期后产生的收账费用等。

3. 坏账成本

坏账成本是指应收账款由于某些原因无法收回而给应收账款持有企业带来的损失。应收账款的坏账成本一般同应收账款数量成正比，即应收账款越多，坏账成本也越高。因此，为规避坏账给企业生产经营活动的稳定性带来的不利影响，企业应按应收账款余额的一定比例提取坏账准备。

10.3.3 信用政策的内容

制定合理的信用政策，是加强应收账款管理，提高应收账款投资效益的重要前提。信用政策即应收账款的管理政策，是指企业对应收账款投资进行规划与控制而确立的基本原则与行为规范，包括信用标准、信用条件和收账政策三部分内容。

1. 信用标准

信用标准是客户获得企业商业信用所应具备的最低条件，通常以预期的坏账损失率表示。如果企业的信用标准过高，将使许多客户因信用品质达不到所设的标准而被企业拒之门外，其结果尽管有利于降低应收账款的机会成本、管理成本及坏账成本，但也会影响企业市场竞争力的提高和销售收入的增加。相反，如果企业采取较低的信用标准，虽然有利于企业扩大销售，提高市场竞争力和占有率，但同时也会导致应收账款机会成本、管理成本及坏账成本的增加。

客户资信程度的高低通常取决于五个方面，即客户的信用品质（character）、偿付能力（capacity）、资本（capital）、抵押品（collateral）、经济状况（conditions）等，简称“5C”。

2. 信用条件

信用标准是企业评价客户等级，决定给予或拒绝客户信用的依据。一旦企业决定给予客户信用优惠，就需要考虑具体的信用条件。信用条件是指企业接受客户信用时所提出的付款要求，主要包括信用期限、折扣期限及现金折扣等。信用条件的基本表现方式如“2/10，n/30”，意思是：若客户能够在发票开出后的 10 日内付款，可以享受 2%的现金折扣；如果放弃折扣优惠，则全部款项必须在 30 日内付清。在此，30 天为信用期限，10 天为折扣期限，2%为现金折扣率。

（1）信用期限。信用期限是指企业为客户规定的最长付款时间，是基于经济利益给予客户的利益让渡。产品销售量与信用期限之间存在一定的依存关系，通常延长信用期限可以在一定程度上扩大销售从而增加毛利。但不恰当地延长信用期限也会给企业带来不良后果：一是使平均收账期延长，占用在应收账款上的资金相应增加，导致机会成本增加；二是导致管理成本及坏账成本增加。因此，企业是否给客户延长信用期限，应视延长信用期限增加的边际收入是否大于增加的边际成本而定。

（2）现金折扣和折扣期限。由于延长信用期限会增加应收账款占用的时间和金额，因而许多企业为了加速资金周转，及时收回货款，减少坏账损失，往往在延长信用期限的同时采用一定的优惠措施，即在规定的时间内提前偿付货款的客户可按销售收入的一定比率享受折扣。折扣期限是指为顾客规定的可享受现金折扣的付款时间，现金折扣是指在顾客提前付款时所给予的价格优惠。如上例的“2/10，n/30”表示赊销期限（即信用期限）为 30 天，若客户在 10 天内付款，则可享受 2%的折扣。现金折扣实际上是企业利益的让渡，企业决定是否提供以及提供多大程度的现金折扣，应着重考虑提供折扣后所得的收益是否大于现金折扣的成本。

企业究竟应当核定多长的现金折扣期限，以及给予客户多大程度的现金折扣优惠，必须将信用期限及加速收款所得到的收益与付出的现金折扣成本结合起来考察。同延长信用期限一样，采取现金折扣方式有利于刺激销售，但也需要付出一定的成本代价，即给予现金折扣造成的损失。如果加速收款带来的机会收益大于应收账款机会成本、管理成本及坏账成本的增加数与现金折扣成本之和，企业就可以采取现金折扣或进一步改进当前的折扣方针；否则，有关优惠条件便被认为是不恰当的。

（3）信用条件备选方案的评价。虽然企业在信用管理政策中已对可接受的信用风险水平作了规定，但当企业的生产经营环境发生变化时，就需要对信用管理政策中的某些规定进行修改和调整，并对改变条件的各种备选方案认真地作出评价。

[例 10-6]

某企业预测的年度赊销收入净额为 1 800 万元，其信用条件是：n/30，变动成本率为 60%，资金成本率（或有价证券利息率）为 12%。假设企业收账政策不变，固定成本总额不变。该企业准备了三个信用条件的备选方案：A. 维持 n/30 的信用条件；B. 将信用条件放宽到 n/60；C. 将信用条件放宽到 n/90。

为各备选方案估计的赊销水平、坏账百分比和收账费用等有关数据见表 10-4。

表 10-4　　信用条件备选方案表　　单位：万元

项目	A 方案（n/30）	B 方案（n/60）	C 方案（n/90）
年赊销额	1 800	1 980	2 160
应收账款周转率（次数）	12	6	4
应收账款平均余额	1 800/12=150	1 980/6=330	2 160/4=540
维持赊销业务所需要的资金	150×60%=90	330×60%=198	540×60%=324
坏账损失/年赊销额	2%	3%	5%
坏账损失	1 800×2%=36	1 980×3%=59.4	2 160×5%=108
收账费用	20	38	52

根据以上资料，可计算以下指标，见表 10-5。

表 10-5　　信用条件分析评价表　　单位：万元

项目	A 方案（n/30）	B 方案（n/60）	C 方案（n/90）
年赊销额	1 800	1 980	2 160
变动成本	1 080	1 188	1 296
信用成本前收益	720	792	864
信用成本：			
应收账款机会成本	90×12%=10.8	198×12%=23.76	324×12%=38.88

续前表

项目	A方案（n/30）	B方案（n/60）	C方案（n/90）
坏账损失	36	59.4	108
收账费用	20	38	52
小计	66.8	121.16	198.88
信用成本后收益	653.2	670.84	665.12

根据表10-5中的资料可知，在这三种方案中，B方案（n/60）的获利最大，它比A方案（n/30）增加收益17.64万元（670.84－653.2）；比C方案（n/90）增加收益5.72万元（670.84－665.12）。因此，在其他不变的情况下，应以B方案为最佳。

［例10-7］

沿用例10-6的资料，如果企业选择了B方案，但为了加速应收账款的回收，决定将赊销条件改为"2/10，1/20，n/60"（D方案），估计约有60%的客户（按赊销额计算）利用2%的折扣，15%的客户利用1%的折扣，坏账损失降为2%，收账费用降为30万元。根据上述资料可计算如下指标：

应收账款周转期＝60%×10＋15%×20＋25%×60＝24(天)

应收账款周转率＝360/24＝15(次)

应收账款平均余额＝1 980/15＝132(万元)

维持赊销业务所需要的资金＝132×60%＝79.2(万元)

应收账款机会成本＝79.2×12%＝9.504(万元)

坏账损失＝1 980×2%＝39.6(万元)

现金折扣＝1 980×(2%×60%＋1%×15%)＝26.73(万元)

根据以上资料可编制表10-6。

表10-6　　**信用条件分析评价表**　　单位：万元

项目	B方案（n/60）	D方案（2/10，1/20，n/60）
年赊销额	1 980	1 980
减：现金折扣	—	26.73
年赊销净额	1 980	1 953.27
减：变动成本	1 188	1 188
信用成本前收益	792	765.27
减：信用成本		
应收账款机会成本	23.76	9.504
坏账损失	59.4	39.6
收账费用	38	30
小计	121.16	79.104
信用成本后收益	670.84	686.166

计算结果表明，实行现金折扣后，企业的收益增加 15.326 万元（686.166－670.84），因此，企业应选择 D 方案（2/10，1/20，n/60）作为最佳方案。

3. 收账政策

收账政策是指当客户违反信用条件，拖欠甚至拒付账款时企业所采取的收账策略与措施。企业向客户提供商业信用时必须考虑三个问题：第一，客户是否会拖欠或拒付账款，程度如何；第二，怎样最大限度地防止客户拖欠账款；第三，一旦账款遭到拖欠甚至拒付，企业应采取怎样的对策。前两个问题的解决主要靠信用调查和严格信用审批制度。第三个问题则必须通过制定完善的收账政策、采取有效的收账措施予以解决。

企业对拖欠应收账款进行催收，需要付出一定的代价，即收账费用，如收款所花的邮电通讯费、派专人收款的差旅费和不得已时的法律诉讼费等。通常，企业为了扩大销售、增强竞争力，往往对客户的逾期未付款项规定一个允许的拖欠期限，超过规定的期限，企业就应采取各种方式进行催收。如果企业的收款政策过宽，会导致拖欠款项的客户增多、拖延款项的时间延长，从而增加应收账款和坏账损失，但会减少收账费用；而收账政策过严，会使拖欠款项的客户减少、拖延款项的时间缩短，从而减少应收账款和坏账损失，但会增加收账费用。因此，企业在制定收账政策时要权衡利弊得失，掌握好宽严界限。

因此，制定合理的收账政策就是要在增加收账费用与减少坏账损失及应收账款机会成本之间进行权衡，若前者小于后者，则说明制定的收账政策是可取的。

[例 10－8]

假设某企业应收账款现行收账政策和拟改变的收账政策如表 10－7 所示。

表 10－7　　收账政策备选方案表　　单位：万元

项目	现行收账政策	拟改变的收账政策
年收账费用	8	12
平均收账期（天）	90	60
坏账损失占赊销额	3%	2%
赊销额	520	520
变动成本率	60%	60%

假设资金利润率为 12%，根据表 10－7 中的资料计算两种方案的收账总成本（如表 10－8 所示）。

表 10－8　　收账政策分析评价表　　单位：万元

项目	现行收账政策	拟改变的收账政策
赊销额	520	520
应收账款周转次数（次）	360÷90=4	360÷60=6

续前表

项目	现行收账政策	拟改变的收账政策
应收账款平均余额	520÷4=130	520÷6=86.67
维持赊销业务所需要的资金	130×60%=78	86.67×60%=52
收账成本：		
应收账款机会成本	78×12%=9.36	52×12%=6.24
坏账损失	520×3%=15.6	520×2%=10.4
年收账费用	8	12
收账总成本	32.96	28.64

从表 10－8 可以看出，由于采用积极的收账政策，虽然收账费用增加了 4 万元，但加速了资金周转，减少了应收账款的机会成本和坏账损失（8.32 万元），使总收益增加了 4.32 万元。可见，采用积极的收账政策是有利的。

10.3.4　综合信用政策的制定和管理

企业应在以上分析的基础上制定综合信用政策，以制度去约束企业的销售行为（如表 10－9 所示）。

表 10－9　　　　综合信用政策

信用标准（%）	信用条件	收账政策
0～1	从宽信用条件：60 天付款	消极收账政策：20 天后催收
1～5	一般信用条件：30 天付款	一般收账政策：10 天后催收
5～10	从严信用政策：担保	积极收账政策：拖欠立即催收
10 以上	不予赊销	—

表 10－9 中的信用标准（%）是用预期坏账损失率表示的，可以采用信用评分法确定（如表 10－10 所示）。

表 10－10　　　　信用评分法

项目	指标数	分数	权数	加权平均数
流动比率	1.9	90	0.20	18.00
资产负债率	50%	85	0.10	8.50
销售净利率	10%	85	0.10	8.50
信用等级	AA	85	0.25	21.25
付款历史	尚好	75	0.25	18.75
企业未来	尚好	75	0.05	3.75
其他	好	85	0.05	4.25
合计	—	—	1.00	83.00

如果根据该企业的历史资料测算，信用总分每降低 8 分就会降低一档，该企业的信用总分为 83 分，则按表 10－9 中的第三档执行（即 5%～10%）。

10.4 存货管理

[案例思考]

市场调研机构高德纳（Gartner）发布的报告显示，苹果公司的存货周转率为74，也就是说一批iPhone 7 Plus从原材料采购、组装完成到销售一共只需要花5天时间，在整个电子产品行业，这绝对是一个无法匹敌的速度。过去人们津津乐道的实现零库存管理的戴尔和三星，存货周转周期也只分别达到10天和21天。哪怕是快速消费品行业也望尘莫及，因为只有一家公司的存货周转率高于苹果，那就是麦当劳，其存货周转率为142.4，存货周转天数2.5天。

苹果这样令人惊讶的存货周转效率得益于其现任CEO蒂姆·库克。自1998年接管公司的供应链以来，他采取多种措施重建运营流程。比如将仓库从原来的19个减少至9个，以控制存货，此举让苹果的存货周转期从原来的1个月骤降至6天；采用代工制，待回笼资金后再进行下一批生产，而且每一批只生产能覆盖成本的数量。

思考：存货管理对企业的重要性体现在哪些方面？如何进行科学的存货管理？

存货是指企业在生产经营过程中为销售或耗用而储存的各种资产，通常包括原材料、委托加工材料、包装物、低值易耗品、在产品、产成品等。存货在防止停工待料、适应市场变化、降低进货成本、维持均衡生产等方面具有重要的作用。

存货管理的基本任务就是在发挥存货功能的同时，尽可能地节约资金、降低存货成本。

10.4.1 存货成本的构成

存货的成本通常由以下几个部分构成：

1. 采购成本

采购成本是指由购买存货而发生的买价（购买价格或发票价格）和运杂费（运输费用和装卸费用）构成的成本，其总额取决于采购数量和单位采购成本。由于单位采购成本一般不随采购数量的变动而变动，因此，在采购批量决策中，存货的采购成本通常属于无关成本；但当供应商为扩大销售而采用数量折扣等优惠方法时，采购成本就成为与决策相关的成本了。

2. 订货成本

订货成本是指为订购货物而发生的各种成本，包括采购人员的工资、采购部门的一般性费用（如办公费、水电费、折旧费、取暖费等）和采购业务费（如差旅费、邮电费、检验费等）。订货成本可以分为两部分：为维持一定的采购能力而发生的各期金额比较稳定的成本（如折旧费、水电费、办公费等），称为固定订货成本；随订货次数的变动而成比例变动的成本（如差旅费、检验费等），称为变动订货成本。

3. 储存成本

储存成本是指为储存存货而发生的各种费用，通常包括两大类：一是付现成本，包括支付给储运公司的仓储费、按存货价值计算的保险费、陈旧报废损失、年度检查费用以及企业自设仓库发生的所有费用；二是资本成本，即由于投资于存货而不投资于其他可盈利方面所形成的机会成本。储存成本也可分为两部分：凡总额稳定、与储存存货数量的多少及储存时间长短无关的成本，称为固定储存成本；凡总额大小取决于存货数量的多少及储存时间长短的成本，称为变动储存成本。

订货成本、储存成本中的固定部分和变动部分，可依据历史成本资料，采用高低点法、散布图法或最小二乘法等方法进行分解。分解确定的固定订货成本和固定储存成本属于存货决策中的无关成本，可不予考虑。

4. 缺货成本

缺货成本是指由于存货数量不能及时满足生产和销售的需要而给企业带来的损失。例如，因停工待料而发生的损失（如无法按期交货而支付的罚款、停工期间的固定成本等），因商品存货不足而失去的创利额，因采取应急措施补足存货而发生的超额费用等。缺货成本大多属于机会成本，由于单位缺货成本往往大于单位储存成本，因此，即使计算比较困难，也应采用一定的方法估算单位缺货成本（短缺一个单位存货一次给企业带来的平均损失），以供决策之用。

在允许缺货的情况下，缺货成本是与决策相关的成本；但在不允许缺货的情况下，缺货成本是与决策无关的成本。

10.4.2 存货经济批量决策的基本公式

存货优化是指以最少的资金占用和最低的成本耗费控制存货数量，以满足生产和销售的合理需要。为此，必须确定经济批量。

经济批量是指每次订购货物（材料、商品等）的最佳数量。在存货全年需求量已定的情况下，降低订货批量必然增加订货批次。这就会使存货的储存成本（变动储存成本）随平均储存量的下降而下降，使订货成本（变动订货成本）随订货批次的增加而增加。反之，减少订货批次必然要增加订货批量，在减少订货成本的同时储存成本将会增加。可见，存货决策的目的就是确定使订货成本、储存成本合计数最低时的订货批量，即经济订货批量（如图 10－2 所示）。

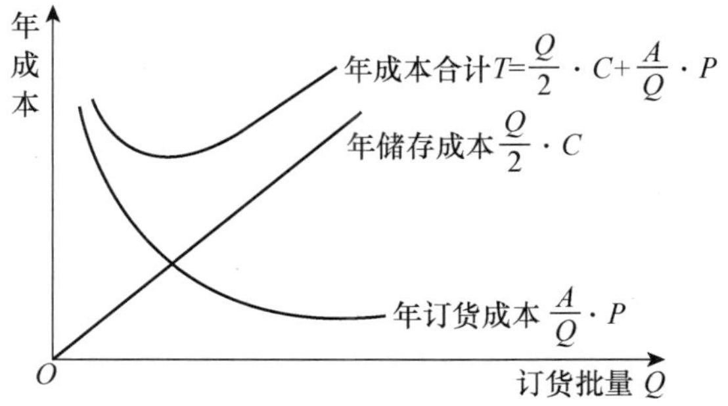

图 10－2　储存成本、订货成本、总成本的关系

经济订货批量 $Q^*=\sqrt{2AP/C}$

经济订货批量的存货总成本 $T_C=\sqrt{2APC}$

年度最佳订货批次 $N=A/Q=\sqrt{AC/2P}$

式中，Q^* 表示经济订货批量；A 表示某种存货年度计划订货总量；P 表示平均每次订货费用；C 表示单位存货年度单位储存成本。

[例 10－9]

某公司全年需要甲零件 1 200 件，每次订货成本为 400 元，每件零件的年储存成本为 6 元。计算该公司经济订货批量和最佳订货批次。

根据存货的经济批量模型，可计算出该公司的经济订货批量为：

$$Q^*=\sqrt{\frac{2\times 1\,200\times 400}{6}}=400(\text{件})$$

该公司全年最佳订货批次为：

$$N=\sqrt{\frac{1\,200\times 6}{2\times 400}}=3(\text{批})$$

10.4.3　有数量折扣时的存货模型的扩展应用

在有数量折扣时，需要对前述基本数学模型进行扩展，以进行正确的决策。由于购买者可以利用数量折扣价，取得较低商品价格、较低运输费和较低年订货费用的机会，并使从大批量中得到的节约可能超过抵偿增支的储存成本，因此，在有数量折扣的决策中，订货成本、储存成本以及采购成本都是订货批量决策中的相关成本。这时，上述三种成本的年成本合计最低的方案才是最优方案。

[例 10－10]

某企业全年需用 A 零件 1 500 个，每件每年的储存成本 0.5 元，每次订货费用 81.67 元。供应商规定：每次订货量达到 750 个，可获 2%的价格优惠；不足 750 个，单价为 50 元。

决策分三步进行：

（1）计算没有数量折扣时的经济订货批量。因为按一般原则，当有可能获取数量削价时，最低订货量可由经济订货批量 Q^* 的计算来确定。

$$Q^* = \sqrt{2\times 1\ 500\times 81.67\div 0.5} = 700(\text{个})$$

于是，最优订货量必然是 700 个或 750 个，没有其他订货数量比这两个数量更经济。

（2）计算不考虑数量折扣时的年成本合计：

采购成本＝1 500×50＝75 000(元)

订货成本＝(1 500÷700)×81.67＝175(元)

储存成本＝(700÷2)×0.5＝175(元)

年成本合计＝75 000＋175＋175＝75 350(元)

（3）计算考虑数量折扣时的年成本合计：

采购成本＝1 500×50×(1－2%)＝73 500(元)

订货成本＝(1 500÷750)×81.67＝163.34(元)

储存成本＝(750÷2)×0.5＝187.5(元)

年成本合计＝73 500＋163.34＋187.5＝73 850.84(元)

比较每次订货量为 700 个与 750 个的年成本合计可知，接受数量折扣可使存货成本降低 1 499.16 元（75 350－73 850.84），因此应该选择接受数量折扣的方案。

在实际工作中需要考虑的因素较多，可采用的方法也较多，应灵活加以运用。

[例 10－11]

某公司全年需用 B 零件 12 500 件，每次订货费用为 1 296 元，每件 B 零件全年储存成本为 5 元，零售价每件 70 元，资本成本率 25%。供应商为扩大销售，现规定折扣如表 10－11 所示。

表 10－11　　折扣表　　单位：元

订购件数	折扣（每件）
0～999	无折扣
1 000～1 999	1.00
2 000～4 999	1.50
5 000～9 999	1.80
10 000 及以上	2.00

在考虑资本成本率的情况下，如果把数量折扣看作机会成本（放弃可获得的最大订货量折扣而形成的机会成本，等于该最大订货量折扣与该公司拟选订货政策的折扣之间的差额），则应采用以下方法：

（1）计算没有数量折扣时的经济订货批量。

$$Q^* = \sqrt{(2\times 12\ 500\times 1\ 296)\div(5+70\times 25\%)}=1\ 200(\text{件})$$

于是，该公司的最优订货量应是 1 200 件，或是 2 000 件、5 000 件、10 000 件。

（2）计算 1 200 件时的成本总额（69 元为该水平的折扣净额）。

储存成本＝(1 200÷2)×(5＋69×25%)＝13 350(元)
订货成本＝(12 500÷1 200)×1 296＝13 500(元)
放弃折扣＝12 500×(2－1)＝12 500(元)
成本总额＝13 350＋13 500＋12 500＝39 350(元)

（3）计算 2 000 件时的成本总额（68.5 元为该水平的折扣净额）。

储存成本＝(2 000÷2)×(5＋68.5×25%)＝22 125(元)
订货成本＝(12 500÷2 000)×1 296＝8 100(元)
放弃折扣＝12 500×(2－1.5)＝6 250(元)
成本总额＝22 125＋8 100＋6 250＝36 475(元)

（4）计算 5 000 件时的成本总额（68.2 元为该水平的折扣净额）。

储存成本＝(5 000÷2)×(5＋68.2×25%)＝55 125(元)
订货成本＝(12 500÷5 000)×1 296＝3 240(元)
放弃折扣＝12 500×(2－1.8)＝2 500(元)
成本总额＝55 125＋3 240＋2 500＝60 865(元)

（5）计算 10 000 件时的成本总额（68 元为该水平的折扣净额）。

储存成本＝(10 000÷2)×(5＋68×25%)＝110 000(元)
订货成本＝(12 500÷10 000)×1 296＝1 620(元)
放弃折扣＝0
成本总额＝110 000＋1 620＝111 620(元)

从上述计算可知，最优订货量就是成本总额最低的那一项，即 2 000 件。当然，本例也可根据年成本合计最低的原理进行决策，其选择结果是一样的。

10.4.4 ABC 控制法

对于一个大型企业来说，常有成千上万种存货项目。在这些项目中，有的价格昂贵，有的不值几文；有的数量庞大，有的寥寥无几。如果不分主次，面面俱到，对每一种存货都进行周密的规划、严格的控制，就抓不住重点，不能有效地控制主要存货资金。ABC 控制法正是针对这一问题提出的重点管理方法。运用 ABC 法控制存货资金，一般分以下几个步骤：

（1）计算每一种存货在一定时间（一般为一年）内的资金占用额。

（2）计算每一种存货资金占用额占全部资金占用额的百分比，并按大小顺序排列。

（3）根据事先测定好的标准，把最重要的存货划为 A 类，把一般存货划为 B 类，把不重要的存货划为 C 类。

（4）对 A 类存货进行重点规划和控制，对 B 类存货进行次重点管理，对 C 类存货只进行一般管理。

[例 10－12]

大华公司共有 20 种材料，共占用资金 100 000 元，按占用资金多少的顺序排列后，根据上述原则划分成 A，B，C 三类，详见表 10－12。

表 10－12　　A，B，C 分类管理

材料品种（用编号代替）	占用资金数额（元）	类别	各类存货		各类存货占用资金	
			种数（种）	比重（%）	数量（元）	比重（%）
1	50 000	A	2	10	75 000	75
2	25 000					
3	10 000	B	5	25	20 000	20
4	5 000					
5	2 500					
6	1 500					
7	1 000					
8	900	C	13	65	5 000	5
9	800					
10	700					
11	600					
12	500					
13	400					
14	300					
15	200					
16	190					
17	180					
18	170					
19	50					
20	10					
合计	100 000		20		100 000	100

把存货划分成 A，B，C 三大类，目的是对存货占用资金进行有效的管理。

A 类存货种类虽少，但占用的资金多，应集中主要力量管理，对其经济订货量要进行认真规划，对收入、发出要进行严格控制；C 类存货虽然种类繁多，但占用的资金不多，不必耗费大量人力、物力、财力去管理，这类存货的经济订货量可凭经验确定，不必花费大量时间和精力去进行规划和控制；B 类存货介于 A 类和 C 类之间，也应重视，但不必像 A 类那样进行非常严格的控制。

10.5 营运资金管理的策略

营运资金管理策略主要包括资产组合策略和筹资组合策略，前者解决多少资产够用的问题，后者解决资金来源与资产的适配性问题。

1. 资产组合策略

企业拥有一定数量的资产是为了满足生产经营的需要。资产组合策略旨在解决企业拥有多少资产既能满足生产经营的需要，又能有效使用资金的问题。有以下三种资产组合策略（如图 10－3 所示）。

□冒险的资产组合

正常需要量＋少量甚至没有保险储备量

□适中的资产组合

正常需要量＋保险储备量

□保守的资产组合

正常需要量＋保险储备量＋额外保险储备量

图 10－3　资产组合策略的种类和内容

（1）冒险的资产组合策略。该策略要求：资产存量只满足生产经营的正常需要，没有或只有少量的保险储备。该策略的优点是减少资产存量，从而节约资金；问题在于没有或只有较少的资产存量，如何在节约资金的情况下保障生产经营的正常运转。

（2）适中的资产组合策略。该策略要求：资产存量在满足生产经营的正常需要以外，还应建立保险储备以满足生产经营的特殊需要。该策略的优点是资产存量能够保障生产经营的正常运转，而且正常的保险储备不会占用过多的资金。

（3）保守的资产组合策略。该策略要求：资产存量在满足生产经营的正常需要以外，在正常的保险储备外还应建立额外的保险储备来满足生产经营的突发需要。该策略的优点是资产存量能够保障任何情况下生产经营的正常运转；问题在于过多的资产存量不仅占用和浪费资金，而且导致资金周转速度减缓。

一个企业到底采用哪一种资产组合策略，取决于该种资产在市场上是否容易购买。如果某种资产在市场上很容易购买，则应采用冒险的资产组合策略；

如果某种资产在市场上比较容易购买，则应采用适中的资产组合策略；如果某种资产在市场上非常不容易购买，则应采用保守的资产组合策略。只有如此，才能有效地使用资金。

2. 筹资组合策略

企业拥有的一定数量的资产总是从一定的来源渠道所获资金形成的。筹资组合策略旨在解决资金来源和资产使用之间在数量上和时间上的匹配性。有以下三种资产组合策略（如图 10－4 所示）。

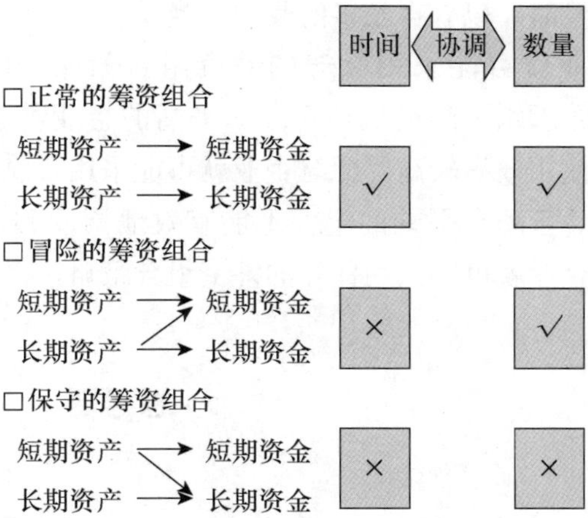

图 10－4　筹资组合策略的种类和内容

（1）正常的筹资组合策略。该策略要求：短期资产使用短期资金，长期资产使用长期资金。该策略的优点是资产使用和资金来源之间在时间上、数量上高度匹配，既能有效使用资金，资金成本又较低。

（2）冒险的筹资组合策略。该策略要求：短期资产使用短期资金，长期资产使用长期资金，但有一部分长期资产使用了短期资金。该策略的优点是在一部分长期资产使用短期资金的情况下，资金成本最低。不过，资产使用和资金来源之间在时间上是不匹配的，虽然能够有效使用资金，但由于资金链断裂造成的财务风险显然增加了。例如，A 企业投资甲项目，项目寿命周期 3 年。可以采用两种方式筹措资金以满足需要：一是借一笔三年期的贷款（利率为 9%）以满足甲项目的需要；二是借三笔一年期的贷款（利率为 6%）以满足甲项目的需要。显然，在企业规模大、管理水平高的情况下，采用第二种方式筹措资金更为有效，因为可以降低利率 3 个百分点。但是问题在于如何续短为长，在三个时点上控制风险。

（3）保守的筹资组合策略。该策略要求：长期资产使用长期资金，短期资产使用短期资金，但有一部分短期资产使用了长期资金。该策略的优点是生产经营的安全性高。但资产使用和资金来源之间在时间上、数量上是不匹配的，从而造成资金使用上的时间浪费和数量浪费，资金成本最高。

一个企业到底采用哪一种筹资组合策略，取决于以下三个影响因素：(1) 企业规模大小。一个企业可运用的短期资金种类在很大程度上取决于企业规模的大小。企业规模越大，可运用的短期资金种类越多，就越可能采用冒险的筹资组合策略。这时，企业可以通过相互拆借、续短为长来降低资金成本。而企业规模越小，可运用的短期资金种类越少，就越可能采用正常的或保守的筹资组合策略。这时，企业可以通过长贷短用来保障生产经营的安全性。(2) 长、短期资金的利率差。当长、短期资金的利率差较大时，值得冒险，企业就可能采用冒险的筹资组合策略，以获得较多的收益。当长、短期资金的利率差较小时，不值得冒险，企业就可能采用保守的筹资组合策略，以保障生产经营的安全性。(3) 企业管理水平的高低。管理水平高的企业善于有效地利用和调度各类资金，资金使用效率较高，此时企业就可能采用冒险的筹资组合策略，以获得较多的收益。管理水平差的企业不能有效地调度和使用资金，资金使用效率低下，此时企业就可能采用保守的筹资组合策略，以保障生产经营的安全性。

思考题

1. 营运资金管理的本质是什么？为什么资金管理要考虑资产？

2. “持有任何资产（或资源）都是有成本的”，对这句话你是如何理解的？

3. 现金管理的基本目的是满足未来的需要，因此收支平衡、略有节余是现金管理的基本原则。这是否与“现金为王”的说法相矛盾？它们之间有何联系？

4. 你是否知道零库存管理？它是在什么情况下应用的？它和经济订货量决策时的库存管理是否矛盾？为什么？

5. 企业在营运资金管理中应如何将资产组合策略与筹资组合策略相结合？

案例分析

长江集团——稳健的“现金为王”战略

长江集团是一家香港的跨国企业，旗下有长江实业、和记黄埔等著名企业。长江集团始终策略性地保持稳健的财务状况，奉行“现金为王”的战略，集团各子公司的财务状况都比同行业的公司要好。稳健的财务状况使集团各子公司比对手更有能力把握时机去完成好的交易。

(1) 1979 年，收购和记黄埔 22.4%的股份和绿岛水泥 40%的股份。

(2) 1985 年，和记黄埔收购香港电灯。

(3) 1999—2002年，长江基建及香港电灯收购澳洲ETSA Utilities及Powercor。

…………

为此，长江集团非常重视对流动比率和营运资本的管理，其财务策略之一就是维持流动资产大于流动负债。

长江集团创始人李嘉诚使用了广泛的资金筹集渠道，特别注意维持充裕的现金流，除了极少数年份，和记黄埔都保证流动资产超过流动负债。李嘉诚对于负债高度敏感，更强调对风险的控制。他最初经营塑胶厂时被银行逼债，险些导致企业破产，这种经历或许令他心有余悸，其后他对于银行贷款的风险一直有所戒备。在随后投资房地产时，他一直保证物业租金收入的业务比例，不轻易采用抵押贷款方式进行房产开发。

长江集团的资产虽然庞大，但一直奉行“高现金、低负债”的财务政策，资产负债率仅保持在12%左右。和记黄埔的资产负债率从未超过60%，长江实业更是低于20%，相对于内地房地产行业动辄70%以上的资产负债率，李嘉诚在财务方面的谨慎可见一斑。

李嘉诚曾对媒体表示：“在开拓业务方面，保持现金储备多于负债，要求收入与支出平衡，甚至要有盈利，我追求的是在稳健与进取中取得平衡。”

资料来源：根据网上相关资料整理。

思考：营运资金管理的核心是什么？企业应如何制定筹资组合策略？

第 11 章

纳税筹划

[引导案例]

《中华人民共和国企业所得税法》第四条规定：企业所得税的税率为25%；第二十八条规定：符合条件的小型微利企业，减按20%的税率征收企业所得税。《中华人民共和国企业所得税法实施条例》第九十二条规定：企业所得税法第二十八条第一款所称符合条件的小型微利企业，是指从事国家非限制和禁止行业，并符合下列条件的企业：（一）工业企业，年度应纳税所得额不超过30万元，从业人数不超过100人，资产总额不超过3 000万元；（二）其他企业，年度应纳税所得额不超过30万元，从业人数不超过80人，资产总额不超过1 000万元。

李明是三角公司的税务筹划师，在2016年年末概算本年度应纳税所得额时，发现年应纳税所得额为301 000元。为了节税，李明提出一个方案：三角公司在年终向希望工程捐款1 000元，取得捐赠免税发票，会计上作营业外支出处理。根据《中华人民共和国企业所得税法实施条例》第五十一条和第五十三条，企业所得税法第九条所称公益性捐赠，是指企业通过公益性社会团体或者县级以上人民政府及其部门，用于《中华人民共和国公益事业捐赠法》规定的公益事业的捐赠；企业发生的公益性捐赠支出，不超过年度利润总额12%的部分，准予扣除。年度利润总额，是指企业依照国家统一会计制度的规定计算的年度会计利润。

从理论上分析，1 000元的捐赠为企业节税15 250元。因为不捐赠，企业应纳税所得额为301 000元，适用25%的税率，应交企业所得税75 250元（301 000×25%），三角公司税后利润为225 750元（301 000－75 250）；捐款1 000元后，应纳税所得额为300 000元，适用20%的税率（小型微利企业税率），应交企业所得税60 000元（300 000×20%），三角公司税后利润为240 000元（300 000－60 000），三角公司通过捐赠产生的税收利益为14 250元

(240 000—225 750)。

思考： 什么是税收筹划？企业为什么要进行税收筹划？

在现代市场经济条件下，野蛮者抗税，愚昧者偷税，唯有精明者筹划纳税。对于国家来讲，税是企业的贡献；对于企业来讲，税是一项费用。随着我国税收制度的不断完善，税收申报、税收代理、税收稽查三位一体的征收格局逐步建立，企业被推向全面税收约束的市场竞争环境。随着竞争的加剧，企业产品销售价格的上涨速度慢于产品成本的提高速度，企业的利润空间越来越小，税收在企业剩余价值中的比例上升，对企业的影响凸显。上述内外两方面因素促使企业必须认真对待税收问题。遵守税法、降低税负、追求企业价值最大化日益成为企业理财活动的行为规范和基本出发点，纳税筹划因此成为经济生活中的一个热门话题。

11.1 中国税制与税收优惠

11.1.1 税收制度的概念

税收制度简称“税制”，是国家以法律和行政法规等形式确定的各种课税办法的总称。

税收制度有狭义和广义之分。狭义的税收制度主要指国家各种税法、暂行条例、实施细则、税收管理体制、征收管理法、征收办法、规定等。广义的税收制度除上述内容外，还包括税务机构设置、计划会计统计、税务行政复议、征管组织形式及税务机关内部各项管理制度。

明确国家和纳税人之间的征纳关系是制定税收制度的主要目的，通过把国家和纳税人的关系法律化、规范化，使之成为国家和纳税人必须共同遵守的法律依据。

11.1.2 税制要素

税制要素是构成税收制度的主要因素，它的具体规定性决定了税收的具体形式。税制要素包括征税对象、纳税人、税目、税率、纳税环节、纳税期限、减免税等。

不同的征税对象和纳税人是一个税种区别于另一个税种的主要标志，也通常是税种名称的由来。同时，每个税种都有特定的功能和作用，都依赖于一定的客观经济条件而存在。我国现行的税种共 18 个（2016 年 5 月 1 日起全面推行“营改增”，营业税退出现行税种），分别是：增值税、消费税、企业所得税、个人所得税、资源税、城市维护建设税、房产税、印花税、城镇土地使用税、土地增值税、车船使用税、船舶吨税、车辆购置税、关税、耕地占用税、契税、烟叶税和环保税。

11.1.3 税收分类

税收分类是按照一定标准对各个具体的税种进行的归类，即将具有相同属性的税种归为一类，以区别于其他的税类。

依据税收负担是否容易转嫁，可将税收分为直接税与间接税。

（1）直接税。直接税是指纳税义务人同时是税收的实际负担人，纳税义务人不能或不便于把税收负担转嫁给别人的税种。直接税的纳税人，既在表面上有纳税义务，也是实际上的税收承担者，即纳税人与负税人一致。各种所得税、房产税、财产税等都是直接税。直接税具有以下优点：首先，纳税人转移税负较难；其次，通过累进税率的形式，纳税人可根据不同的情况适应合适的税率，真正实现直接税调节税收负担的作用。直接税也有一定的缺点：一是纳税人直接负担重，征收阻力较大，易发生逃税、漏税等情况，税收损失较大；二是征收方法复杂，需要有较高的核算与管理水平。

（2）间接税。间接税是指纳税义务人不是税收的实际负担人，纳税义务人能够用提高价格或提高收费标准等方法把税收负担转嫁给别人的税种。间接税的纳税人，虽然表面上负有纳税义务，但是实际上已将自己的税款加于所销售商品的价格上由消费者负担或用其他方式转嫁给别人，即纳税人与负税人不一致。增值税、消费税、关税等都是间接税。间接税有以下优点：首先，操作方便，不需要考虑纳税人的复杂情况；其次，税基大、税源广，它几乎可以对一切商品和劳务征税。间接税也有一定的缺点：由于间接税存在税负转嫁的现象，因此它无法根据税收负担人的实际情况决定其纳税能力。

11.1.4 税收优惠

1. 税收优惠的概念

税收优惠是指政府利用税收制度对某些征税对象和纳税人给予照顾或鼓励而采取的减轻或免除税负的措施。具体来说，税收优惠是国家为了扶持特定地区、行业、企业和业务的发展，或者为了减轻某些有实际困难的纳税人的税收负担，而在税法中给予的某些特殊规定，比如免除部分税款，适用较低的税率等。需要指出的是：从严格意义上讲，税收优惠应当属于税法的一部分，但在实际生活中往往将税收优惠和政策结合在一起称为税收优惠政策。税收优惠政策就是指对特定纳税人和征税对象给予鼓励和照顾的各种规定，主要包括减税、免税、退税、缓缴税款、税额扣除等。

2. 税收优惠的分类

（1）按税收优惠的性质划分，可以分为税基优惠、税率优惠、税额优惠和时间优惠。

税基即税收的计税依据。税基优惠就是指通过直接缩小计税依据来减轻纳税人的税收负担的优惠方式，如税法中规定的起征点、免征额、税项扣除、盈亏互抵等都在不同程度上缩小了征税的基础，都可以归为税基优惠。

税率优惠是指通过降低税率来减轻纳税人税收负担的优惠方式，如增值税的一般税率为 16%，但对农产品规定了 10%的优惠税率，优惠税率就是税率优惠。

税额优惠是指通过直接减少纳税人的应纳税额来减轻纳税人税收负担的优惠方式，税法中关于减税、免税、税收减让、税额免除等规定都属于税额优惠的范畴，如税法中规定，在一定时期内，月销售额 3 万元以内的小微企业免征增值税。

时间优惠是指通过推迟税款的缴纳来减轻税收负担的优惠方式，它主要是利用税法中规定的、可以由企业自己选择的会计处理方法来达到减轻缴税负担的目的，如推迟缴纳税款、加速折旧的折旧方法、通货膨胀时期的后进先出的存货计价方法等。

（2）按税收优惠涉及的税种划分，可以分为企业所得税税收优惠、个人所得税税收优惠、增值税税收优惠、消费税税收优惠、资源税税收优惠等。

（3）按享受税收优惠的纳税人划分，可以分为本国纳税人享有的税收优惠和外国纳税人享有的税收优惠。前者是指只有本国的企业单位、事业单位、团体和个人才能享受的税收优惠。后者是指只有外商投资企业、外国企业和外籍纳税人才能享受的税收优惠。

（4）按享受税收优惠的业务性质划分，可以分为国内业务税收优惠和涉外业务税收优惠。国内业务税收优惠是指纳税人从事国内业务所能享受的税收优惠；涉外税收优惠是指纳税人涉外经济业务享受的税收优惠，如对外投资享受的税收优惠等。

（5）按享受税收优惠的期限划分，可以分为长期优惠和定期优惠。定期优惠是指税法规定的只在特定的时期享受某种税收优惠的优惠政策。比如，2011 年，财政部、海关总署、国家税务总局印发《关于深入实施西部大开发战略有关税收政策问题的通知》（财税〔2011〕58 号），明确了新一轮西部大开发税收优惠政策：自 2011 年 1 月 1 日至 2020 年 12 月 31 日，对设在西部地区的以《西部地区鼓励类产业目录》中规定的产业项目为主营业务，且其主营业务收入占企业收入总额 70%以上的企业减按 15%的税率征收企业所得税。

除了上述分类之外，还可以按法律地位将税收优惠分为法定税收优惠、特定税收优惠和临时优惠，或者按享受税收优惠的程序将税收优惠分为自然享受的税收优惠和经批准享受的税收优惠。比如，个人所得税的免征额即为自然享受的税收优惠。

[例 11－1]

某投资者欲投资 12 000 万元开办一家连锁商业企业，预计资本利润率为 10%，年盈利 1 200 万元。若设在东部地区，不享受企业所得税优惠政策，则须按 25%的税率缴纳企业所得税，预计 2011—2020 年应缴纳企业所得税为：

$$10\times1\ 200\times25\%=3\ 000(万元)$$

税后利润为：

$$10\times1\ 200-3\ 000=9\ 000(万元)$$

如果将该商业企业设在国家鼓励的西部地区，则只需按 15%的优惠政策缴纳企业所得税。假设盈利不变，那么 10 年共应缴纳企业所得税为：

$$10\times1\ 200\times15\%=1\ 800(万元)$$

税后利润为：

$$10\times1\ 200-1\ 800=10\ 200(万元)$$

企业如果设在有优惠政策的西部地区可节税 1 200 万元（3 000－1 800），税后利润增加 1 200 万元。由此可以看出，在投资兴办企业时，选择适当的投资地可以极大地减轻企业的税收负担。但同时又要清醒地认识到，这种简单的数学计算不一定能准确地反映客观经济现实，比如外部环境的迅速变化以及国家税收政策的调整都会影响最终的企业经营利益。例如企业设在东部地区，每年的税前利润可以达到 1 200 万元，10 年企业的税后总利润可能达到 9 000 万元。而在西部地区，由于经济不发达，消费水平低，每年的税前利润可能达不到 1 200 万元，假设只能实现 600 万元，计算的税后总利润如下：

$$10\times600-10\times600\times15\%=5\ 100(万元)$$

虽然国家鼓励投资人到西部地区兴办企业，但如果不能实现企业经济效益的最大化，投资回报率不高，企业还是不愿去投资。再延伸开来讲，真正的纳税筹划不仅要考虑财务方面的因素，还要考虑企业自身所拥有的各种资源、对行业的熟悉程度、进入某个行业的壁垒、是否具有核心竞争力、是否具有良好的发展前景等因素。有时某些行业或某些地区虽然有很好的税收优惠政策，但是由于企业自身的条件所限，发展潜力不大，并不适合企业经营。所以纳税筹划要考虑的因素很多，不单单是税收的优惠政策。对企业来讲，企业自身价值最大化是第一位的，其次才考虑其他问题。税收优惠最多时，企业价值不一定最大，所以要把纳税筹划和企业经营的方方面面结合起来，系统综合地评价投资方案。

11.2　纳税筹划的提出及含义

11.2.1　纳税筹划的提出

市场经济存在竞争，为了在激烈的市场竞争中获胜，经济主体必然会采取各种措施来实现自身经济利益的最大化。对于调节国家和纳税人利益关系的税收，无论税制设计如何合理，也无论最终税负如何公正，对纳税人来说税收始终是一种负担。从会计的角度来看，税收是一种费用，这种费用会影响纳税人实现经济利益最大化的目标。税制有意、无意的设置往往为纳税人提供了调节税收负担的空间，而纳税筹划正是在这样的前提下提出的。纳税筹划是企业应有的社会权利，是企业对其资产、收益的正当维护，也是对社会赋予其权利的具体运用。

一般来说，对经济利益最大限度的追求是市场经济中企业的一种本能，它不会因企业的组织形式、所有制性质、经营状况、贡献大小等的不同而存在差异，纳税筹划是所有企业都应该关注的问题。但需要明确的是，不同于偷税、漏税、逃税，企业进行纳税筹划是法律所允许的，是受法律保护的，而偷税、漏税、逃税是违法行为，要受到法律的制裁，在进行纳税筹划时，纳税人一定要避免进入筹划的误区。

随着社会主义市场经济的发展，税收调节国家和纳税人的利益分配关系的作用越来越突出。当前，税收支出成为企业的一项重要经济开支。因此，在法律允许的范围内充分利用国家的各种税收优惠政策，结合企业自身的经营特点，以企业利益最大化为目标，对企业的生产经营活动以及投资理财等事项进行事前合理的纳税筹划，逐步成为企业经营决策的重要内容，也越来越被企业接受和采纳。

对于企业缴纳税款来说，权利和义务是对等的。依法缴纳税款是企业应尽的义务，而利用各种税收优惠政策，通过合法的途径进行纳税筹划，以此实现减轻纳税负担、维护经济利益的目的是企业应当享有的权利。许多企业对税收政策的理解不全面、不透彻，导致未能享受某些税收优惠政策或未能享受到位，或者未能正确选择纳税时机，或者在确定企业类型、核算方式、经营方式时未能实现税负节省的最佳方案。通过纳税筹划，企业不仅能够尽到纳税的义务，而且可以确保企业利用合法手段，行使保护自身合法权益的权利。对于企业来说，纳税筹划有广阔的发展空间和前景。

对于企业来说，纳税筹划不仅可以促进企业加强经营管理，而且可以帮助企业加强财务核算尤其是财务管理和成本核算。纳税筹划是一项复杂的系统工程，在一定时期内，税收的政策法规有其一定的适用性、相对的规范性和严密性。为了实现节税的目的，企业在税法允许的范围内进行经营方案、投资方案、纳税方案等方面纳税筹划的同时，必须增强自身的经营管理、财务管理和财务核算能力，以更好地筹划方案。

企业进行纳税筹划还有助于国家政策的实施。税收是政府调节经济的重要杠杆，政府根据市场规律制定的产业政策、经济政策等无一不在税收法规上得到充分的体现。在市场经济条件下，国家宏观调控直接作用于市场，而政策目标的实现有赖于作为市场主体的纳税人对国家政策做出积极的反应。国家通过税种的设置、税率的确定、课税对象的选择和课税环节的规定体现宏观经济政策，纳税人通过纳税筹划对自己的税收事务进行处理是实现税收宏观调控职能的重要条件。

11.2.2 纳税筹划的含义

什么是纳税筹划？印度税务专家雅萨斯威（Xawawy）在《个人投资和纳税筹划》一书中指出，纳税筹划是“纳税人通过财务活动的安排，以充分利用税收法规所提供的包括减免税在内的一切优惠，从而获得最大的税收利益”。荷兰国际文献局《国际税收辞汇》中提到：“纳税筹划是指纳税人通过经营活动或个人事务活动的安排，实现缴纳最低的税收。”美国南加州梅格斯（Meigs）博士在与人合著的、已发行多版的《会计学》中指出：“人们合理而又合法地安排自己的经营活动，使之缴纳可能最低的税收，他们使用的方法可称为纳税筹划……少缴税和递延缴纳税收是纳税筹划的目标所在。”他还认为：“在纳税发生之前，有系统地对企业经营或投资行为做出事先安排，以达到尽量地少缴所得税，这个过程就是纳税筹划。”

综上，可以将纳税筹划概括为：在不违反国家法律规定的前提下，通过对企业投资、经营、理财活动的事先筹划和安排，尽可能地取得一定的税收利益。其要点在于“三性”：不违法性、筹划性、效益性。

1. 不违法性

不违法性是指纳税筹划不能违反税收法律的规定。违反法律规定，逃避税收负担，属于偷逃税，要坚决反对和制止。比如，某企业采取少列本期收入、多列本期支出的方式降低本期的应纳税所得额，达到降低本期纳税额的目的。这种办法在内容和手段上违反了税法规定，属于偷税而不是筹划。征纳关系是税收基本关系，法律是处理征纳关系的共同准绳。纳税义务人要依法缴税，负责征税的税务机关也要依法征税，纳税人偷逃税是触犯法律的行为。不过在不违反法律的前提下，有多种纳税方案可供选择时，纳税人做出选择低税负的决策是无可非议的，征税人不应反对。

2. 筹划性

筹划性亦称前瞻性，是指事先规划、设计、安排。在经济活动中，纳税义务通常具有滞后性。企业交易行为发生后才缴纳增值税，收益实现或分配之后才缴纳所得税，财产取得之后才缴纳财产税，这些在客观上提供了对纳税事先做出筹划的可能性。另外，经营、投资和理财活动是多方面的，税收规定也是有针对性的。纳税人和征税对象的性质不同，税收待遇也往往不同，这从另一个方面为纳税人提供了可选择较低税负的机会。如果经营活动已经发生，应纳税额已经确定而去偷逃税或欠税，都不能认为是纳税筹划。

3. 效益性

效益性是纳税筹划的最终目的，是选择最佳方案的最重要指标。效益性有两种表现形式：一是当前利益，表现为获得较大的净现金流量；二是长远利益，表现为股东财富最大化或企业价值最大化。当前利益是长远利益的表现，计算当前利益时，不仅要考虑各种方案在经营过程中的显性收入和显性成本，而且要考虑机会成本和筹划成本。在当前利益的表述上，有人认为应以企业利润为指标，但考虑资金的时间价值后，用净现金流量来表述更为精确。因为现代理财学有一个重要结论：资产的内在价值是其未来现金流量的现值。根据这一观点，企业的内在价值是企业未来现金流量的现值，所以用净现金流量作为纳税筹划目标的体现更合适。因此，在使用纳税筹划的效益性指标时，要谨防两种常见的错误：(1) 以企业利润作为效益指标。虽然在一定时期内企业利润和企业净现金流量相等，但毕竟未考虑资金的时间价值，与能获得资金时间价值（加速折旧、推迟纳税）的纳税筹划方法无法比较。(2) 以税负最小化作为纳税筹划的效益指标。税负的减少并不必然使企业的价值最大化，如果净现金流量的增长大于税收的增长，多纳税也是划算的。

[例 11-2]

普金股份软件公司属于境内居民企业，前几年聘用了一批高素质的软件开发人员，占员工总人数的20%左右。由于业绩突出，每年公司给每人发放100万元左右的奖金，无论按“工资薪金所得”还是“全年一次性奖金所得”缴纳个人所得税，公司年终为每名软件开发人员代扣代缴的个人所得税都在40万元以上，员工实际到手的金额不到60万元。员工意见较大，公司总经理陈军为此事十分发愁，应该怎么办呢？

2016年9月22日，财政部、国家税务总局联合下发《关于完善股权激励和技术入股有关所得税政策的通知》（财税〔2016〕101号），规定：非上市公司授予本公司员工的股票期权、股权期权、限制性股票和股权奖励，符合规定条件的，经向主管税务机关备案，可实行递延纳税政策，即员工在取得股权激励时可暂不纳税，递延至转让该股权时纳税；股权转让时，按照股权转让收入减除股权取得成本以及合理税费后的差额，适用“财产转让所得”项目，按照20%的税率计算缴纳个人所得税。

股权转让时，股票（权）期权取得成本按行权价确定，限制性股票取得成本按实际出资额确定，股权奖励取得成本为零。

2017 年 1 月 5 日，经公司董事会审议通过并向税务机关备案，公司按一定标准分别授予这些软件开发人员一定数量的股票期权，预计每年增值收益在 100 万元左右。3 年后，这些员工股票期权所得负担的个人所得税大幅降低，平均每人减少 20 万元以上，极大地提高了员工的积极性。

在实行股票期权奖励前，员工的年终奖适用 3%～45%的 7 级累进税率征税：

$$100\times45\%-1.3505=43.6495(\text{万元})$$

实行股票期权奖励后，员工获得 100 万元奖励，只负担个人所得税：

$$100\times20\%=20(\text{万元})$$

个人所得税降低了 43.649 5－20＝23.649 5 万元，税负降低了 54.18%（23.649 5/43.649 5）。

[例 11－3]

普金股份软件公司股东李明有一集成电路布图设计专有权，想技术入股公司，技术取得成本 100 万元，市场评估价值 800 万元。如果以 100 万元成本价值入股公司，李明感觉有点吃亏，公司的市场价值也没有得到体现；如果以 800 万元评估价值入股公司，李明要缴纳的个人所得税很多：（800－100）×20%＝140 万元。怎么办？公司总经理陈军很纠结。

按照现行税收政策，企业或个人以技术成果投资入股，应就评估增值部分缴纳所得税，并允许在 5 年内分期纳税。为加大对创新创业的支持力度，鼓励企业和个人实施科技成果转化，2016 年 9 月 22 日，财政部、国家税务总局联合下发《关于完善股权激励和技术入股有关所得税政策的通知》（财税〔2016〕101 号），规定：对技术成果投资入股的税收政策进行调整，在现行税收政策基础上，增加递延纳税的政策选择。企业或个人选择技术成果投资入股递延纳税政策的，经向主管税务机关备案，投资入股当期可暂不纳税，允许递延至转让股权时，按股权转让收入减去技术成果原值和合理税费后的差额计算缴纳所得税。同时规定，无论投资者选择适用哪一项政策，被投资企业均可按技术成果评估值入账并在税前摊销扣除。上述优惠政策将大幅降低企业和个人技术成果投资入股税收负担，积极促进科技成果转化。

2016 年 9 月 25 日，普金股份软件公司总经理陈军和股东李明经过协商，一致同意李明将集成电路布图设计专有权以市场评估价值 800 万元增资公司，并取得普金公司支付的对价股票，同时选择适用递延纳税优惠政策。经向当地主管税务机关备案，股东李明投资当期可暂不纳税，允许递延至转让股权时，按股权转让收入减去技术成果原值和合理税费后的差额计算缴纳所得税；公司可按技术成果评估值 800 万元入账并在税前摊销扣除，减少企业所得税：800×25％=200 万元。

11.3　纳税筹划的操作平台

纳税筹划操作平台是指经济主体在纳税筹划时所凭借的空间，即经济主体依靠什么开展纳税筹划活动。纳税筹划的原理基于五大平台，即价格平台、优惠平台、漏洞平台、弹性平台、空白平台。其中价格平台的可操作性最强，对税收的影响最大，在此基础上进行纳税筹划带来的效果更好。

11.3.1　价格平台

市场经济的核心体现为经济主体产权界定清晰，拥有自主定价权，价格不再是国家一手包办。众所周知，价格可以围绕价值上下波动，而这种波动取决于市场的供求状况、政治经济形势及国家的宏观经济政策等。只要价格的波动存在，生产经营者就有权根据自己企业生产经营的实际情况进行价格决策，在国家有关法规允许的情况下，选择对自己企业来说税负最低的交易价格。

1. 价格平台基本原理

价格平台是指纳税人利用市场经济中经济主体的自由定价权，以价格的上下浮动作为纳税筹划的操作空间而形成的一个范畴，其核心内容是转让定价。

转让定价是纳税筹划的基本方法之一，广泛地应用于经济生活之中。转让定价是指在经济活动中，有经济联系的企业各方为均摊利润或转移利润，在产品交换或买卖过程中不是依照市场买卖规则和市场价格进行交易，而是根据它们之间的共同利益，或为了最大限度地维护它们之间的收入，进行的产品或非产品转让。在这种转让中，根据双方的意愿，产品的转让价格可在税法允许的一定幅度内高于或低于市场上由供求关系决定的价格，以达到少纳税目的。关联企业之间进行转让定价的方式很多，主要有以下几种：

（1）利用商品交易的筹划。关联企业间商品交易采取压低定价或抬高定价的策略，转移利润或收入，以实现从整体上减轻税收负担。有些实行高税率增值税的企业，在向低税率的关联企业销售产品时有意压低产品的售价，将利润转移到关联企业。

（2）利用无形资产的筹划。无形资产是指企业长期使用而没有实物形态的资产，包括专利权、非专利技术、商标权、著作权、土地使用权等。无形资产价值的评定比较困难，很难有统一的标准。关联企业可以通过无形资产的特许权使用费转让定价来调节利润，追求税收负担最小化。有些企业将本企业的生产专利、生产工艺技术、管理标准、商标或特许权等无偿或低价提供给一些关联企业，以达到转移利润、少缴税的目的。

（3）利用租赁业务的筹划。按照租赁资产所有权相关的风险和报酬是否转移分类，租赁分为融资租赁与经营租赁两种形式。关联企业之间在进行租赁机器设备交易时，利用自定租金来转移利润。如处在高税负地区的公司以较低价格租赁设备机器给低税负地区的关联企业，以实现少缴税的目的。

2. 价格平台模型分析

通过价格平台基本原理的分析，可以从理论上证明：两个关联企业之间转让定价，以及非关联企业之间通过某一方的关联企业进行价格转移，将利润从高税区向低税区转移，可以使关联企业整体负税减少。

假定 A 企业所得税税率为 X，B 企业所得税税率为 Y，而且满足 $X>Y$。按照正常价格进行交易，A 企业的利润为 P_A，B 企业的利润为 P_B。则 A，B 两家企业应纳企业所得税为：

$$T=P_AX+P_BY$$

假定 A，B 两家企业为关联企业，双方约定按内部协商价格进行交易，具体操作措施为：A 企业低价把产品卖给 B 企业，B 企业高价把产品卖给 A 企业。这样交易后，A 企业的利润为 P'_A（显然 $P'_A<P_A$），B 企业的利润为 P'_B（显然 $P'_B>P_B$），而且满足 $P'_B-P_B=P_A-P'_A$，即 A 企业减少的利润就是 B 企业增加的利润。则 A，B 两家企业应纳企业所得税为：

$$\begin{aligned}T'&=P'_AX+P'_BY\\T'-T&=(P'_A-P_A)X+(P'_B-P_B)Y\\&=(P_B-P'_B)X+(P'_B-P_B)Y\\&=(Y-X)(P'_B-P_B)\end{aligned}$$

由于 $P'_B-P_B>0$，$Y-X<0$，因而 $T'-T<0$。

以上公式证明：当两家企业的所得税税率不同时，将利润从税率高的企业向税率低的企业转移有利于降低关联企业整体税负。

［例 11－4］

甲公司位于中国东部地区，企业所得税税率 25%，乙公司是甲公司设在西部地区的子公司，企业所得税税率 15%，甲公司将产品销售给乙公司，市场可接受的销售价格为每单位 50～60 元。如果甲公司按 60 元的价格出售产品给乙公司，则甲公司的税前利润 500 万元，乙公司的税前利润 300 万元；如果甲公司按 50 元的价格出售产品给乙公司，则甲公司的税前利润 300 万元，乙公司的税前利润 500 万元。甲公司应该按哪个价格销售产品？

如果按 60 元的价格出售产品，甲公司税前利润 500 万元，乙公司税前利润300万元：

甲公司应交企业所得税＝500×25％＝125(万元)
乙公司应交企业所得税＝300×15％＝45(万元)
集团公司利润总和＝500＋300＝800(万元)
集团公司应交企业所得税总和＝125＋45＝170(万元)
集团公司税后净利润＝800－170＝630(万元)

如果甲公司按50元的价格出售产品给乙公司，则甲公司的税前利润300万元，乙公司的税前利润500万元：

甲公司应交企业所得税＝300×25％＝75(万元)
乙公司应交企业所得税＝500×15％＝75(万元)
集团公司利润总和＝500＋300＝800(万元)
集团公司应交企业所得税总和＝75＋75＝150(万元)
集团公司税后净利润＝800－150＝650(万元)

所以甲公司应按50元价格出售产品给乙公司，集团公司税负将减少20万元（170－150），净利润将增加20万元（650－630）。

11.3.2 优惠平台

优惠平台是指纳税人进行纳税筹划时所凭借的国家税法规定的优惠政策形成的一种操作空间。税收优惠政策是国家利用税收调节经济的具体手段，其作用的发挥依赖于经济主体对这些政策的利用，因而国家对纳税人利用优惠平台进行纳税筹划是支持的。没有一个国家的税制中没有税收优惠政策，无论税收制度如何更替，税收法律如何健全，税收优惠政策都会存在，因此利用优惠平台进行纳税筹划有着广阔的空间。如国家为了促进某些行业或地区的发展，给予在这些行业或地区进行生产经营活动的企业或个人以必要的税收优惠政策。企业可以积极创造条件、满足条件来享受这些优惠政策。

[例11-5]

李军是黎明公司的财务总监，在2014年12月25日大体概算公司2014年度应纳税所得额200万元。他对公司2015年1月的一项100万元科研设备的购进计划提出了自己的建议：将2015年1月的设备购进计划提前到2014年年底执行。公司经过研究采纳了李军的建议。请分析公司为什么这样做。

如果公司不改变设备购进计划，2014年度公司应交企业所得税：

200×25％＝50(万元)

根据财政部、国家税务总局2014年10月20日发布的《关于完善固定资产加速折旧企业所得税政策的通知》（财税〔2014〕75 号）规定：对所有行业企业 2014 年 1 月 1 日后新购进的专门用于研发的仪器、设备，单位价值不超过 100 万元的，允许一次性计入当期成本、费用，在计算应纳税所得额时扣除，不再分年度计算折旧。

公司在 2014 年底购进 100 万元的科研设备，根据财税〔2014〕75 号文件规定，100 万元的设备购置费用可以一次性计入当期成本、费用，在计算应纳税所得额时扣除。则公司 2014 年度应交企业所得税：

(200－100)×25%＝25(万元)

李军的建议使公司当年节税：

50－25＝25(万元)

11.3.3 漏洞平台

税收上的漏洞是征纳双方的一个矛盾聚焦点。对于征管方来说，漏洞的直接经济后果是税款的流失，因此要想方设法堵塞漏洞；对于纳税方而言，受利益的驱使必然会利用漏洞来降低税负。国家的税收法律法规尽管经过严格的立法程序，但不可能一开始就十全十美，需要在实践中不断完善。漏洞在一国的税收之中是必然存在的，所谓漏洞平台正是建立在税收实务中征管方的漏洞上的操作空间。按照税收法治程序，可将其分为立法环节的漏洞与执法环节的漏洞。相对而言，利用立法漏洞进行纳税筹划具有一定的安全性；而利用执法漏洞进行筹划风险很大，容易导致偷税漏税。

[例 11－6]

黎明公司是 2006 年成立的一家商品流通企业，主营业务是销售空调，该公司在进货时不但要与空调生产厂家签订购销合同，而且要签订代理安装维修合同。安装维修合同规定：空调生产厂家委托黎明公司代理用户安装维修等售后服务，每售出一台空调，厂家付给黎明公司 300 元安装维修费。购销合同规定：销售 1 000 台以内，厂家给黎明公司每台返利 100 元；1 000 台以上，每台返利 150 元。黎明公司将 300 元的安装维修费作为服务收入，交纳 5%营业税，即交纳 15 元（300×5%）的营业税（“营改增”之前）；返利作为其他业务收入，增加应纳所得税所得额，只交纳企业所得税。

“营改增”前，从空调生产厂家支付安装费用这方面分析，说明厂家给商家的价格中包含安装费用。那么，商家给消费者的价格中也包含了安装费用，经销商没有也不能另外收取安装费用。所以，生产厂家支付给商家的安装费用应视为价格的返还，因此，不能视同商家独立安装取得的劳务收入征收营业税（除非是商家以外的单位从事该项安装业务取得收入）。而此费用返还与商家销售并安装的产品数量有关，《国家税务总局关于商业企业向货物供应方收取的部分费用征收流转税问题的通知》（国税发〔2004〕136 号）规定，对商业企业向供货方收取的与商品销售量、销售额挂钩（如以一定比例、金额、数量计算）的各种返还收入，均应按照平销返利行为的有关规定冲减当期增值税进项税金，不征收营业税。这样，黎明公司取得每台空调 300 元的安装维修费就要依法缴纳增值税，应纳增值税额 51 元（300×17%）是以前的 3.4 倍（51/15）。上述返利需要缴纳增值税和所得税。由此可见，随着税制的完善及征管漏洞的减少，避税筹划的空间日益减少。但反避税和避税是“道高一尺，魔高一丈”的动态博弈过程，上述案例仍可进行避税筹划。

假如 2017 年黎明公司共销售空调 1 000 台，取得安装服务费 300 000 元（300×1 000），无论是按“修理修配”征收增值税，还是按冲减进项税金的方法计算，企业应负担 51 000 元（300 000×17%）的增值税款。2018 年，黎明公司为了加强对安装维修服务业务的管理，经纳税筹划，决定成立一个独立核算的安装维修服务部——双友安装维修服务部，属于小规模纳税人，专门从事安装维修服务业务，并领取了营业执照，办理了税务登记证，独立申报纳税。此外，从 2018 年起改变合同的签订方式，黎明公司与空调生产厂家签订购销合同后，再让空调生产厂家与双友安装维修服务部签订安装维修服务合同，空调生产厂家将安装维修服务费直接支付给双友安装维修服务部。

“营改增”后，按现行有关税法规定，双友安装维修服务部取得的安装维修服务费收入属于增值税的征收范围，按 3%的税率计算缴纳增值税。如果 2018 年双友安装维修服务部取得的安装维修服务费收入仍是 30 万元，只需交纳 9 000 元（300 000×3%）的增值税，与 2017 年负担 51 000 元的增值税相比，税负减少了 42 000 元（51 000－9 000），税负减轻了 82.35% [42 000/51 000 或(17%－3%)/17%]。

黎明公司可通过提高空调的进货价格和安装维修服务费等手段，来降低高增值税税率的税基，进而降低公司的总税负，但这种方式有点牵强，容易招致税务机关的反避税。

11.3.4　弹性平台

弹性平台筹划是指利用税法中税率的幅度来达到减轻税负效果的筹划行为，主要集中在资源税、土地使用税、车船税和城建税等税种上。弹性平台的存在是因为税收调节政策保留了一定幅度，调节幅度大致有三种类型：一是税率、税额幅度；二是鼓励优惠幅度；三是限制惩罚幅度。因此，利用弹性平台纳税筹划应该明确指导思想，那就是在利润最大化原则下追求税率最低、优惠最多、惩罚最小。税收讲究公平与效率两大原则，不同的客观情况必然要求不同的税收政策，而税率正是税收调节政策的核心并保留一定幅度的存在。正是税率幅度的存在为弹性平台提供了法律依据。

在税额幅度类型中，资源税税目、税率有多类，城镇土地使用税实行四级有幅度的差别税额，车船税分多类税目税率。城市维护建设税采用地区差别比例税率，纳税人所在地区不同，适用税率的档次也不同，具体规定是：纳税人所在地在城市市区的，税率为7%；纳税人所在地在县城、建制镇的，税率为5%；纳税人所在地不在城市市区、县城、建制镇的，税率为1%。

[例 11－7]

一外资汽车生产企业准备在中国华北地区新设一家汽车制造厂，经过一番考察，选定三个地区：北京市、天津市、离京津较近的河北省农村，这三个地区各有优劣。对于具体选择哪个地区，企业比较纠结。

经过纳税筹划分析，最终决定选择离京津较近的河北省农村，理由是：土地租金较低；城市维护建设税税率较低，只有1%；城镇土地使用税额较低。

11.3.5 空白平台

空白平台是一个动态筹划平台，是利用税法应该规定而没有规定的税收空白进行筹划的操作空间。税法不可能尽善尽美，总有一些未规定穷尽之处，这就决定了空白平台的存在。税法是不断补充完善和丰富发展的，这使得税收空白在社会经济的发展过程中越来越小，纳税人利用空白平台筹划的难度越来越大。

[例 11－8]

地处某省城的大华房地产开发公司（增值税一般纳税人）按普通住宅标准建造了一栋4 000平方米的商品房，该项目于2015年3月正式动工建设，2016年9月正式完工，10月开始销售。现有两种销售方案：

方案一：按照2 000元/平方米的价格出售，假设土地增值税扣除项目金额为672万元，企业所得税允许税前扣除金额亦为672万元。

方案二：按照2 100元/平方米的价格出售，其他同方案一。

企业该采取哪种销售方案呢？

房地产销售主要涉及的税种有增值税、城市维护建设税、教育费附加、城镇土地使用税、契税、印花税、企业所得税、土地增值税等。

增值税。国家税务总局2016年第18号公告《房地产开发企业销售自行开发的房地产项目增值税征收管理暂行办法》第八条规定：一般纳税人销售自行开发的房地产老项目，可以选择适用简易计税方法按照5%的征收率计税。一经选择简易计税方法计税的，36个月内不得变更为一般计税方法计税。房地产老项目是指：（一）《建筑工程施工许可证》注明的合同开工日期在2016年4月30日前的房地产项目；（二）《建筑工程施工许可证》未注明合同开工日期或者未取得《建筑工程施工许可证》但建筑工程承包合同注明的开工日期在

2016 年 4 月 30 日前的建筑工程项目。

城市维护建设税和教育费附加。以增值税为计税依据，依所在地区分别适用 7%，5%，1%计征城市维护建设税，依 3%计征教育费附加。

城镇土地使用税。城镇土地使用税是在城市、县城、建制镇和工矿区范围内，对拥有土地使用权的单位和个人以实际占用的土地面积为计税依据，按规定税额、按年计算并分期缴纳的一种税。计算公式：年应纳税额 $=\sum$（各级土地面积×相应税额）。（房地产开发企业自用、出租、出借本企业建造的商品房，自房屋使用或交付之次月起计征城镇土地使用税和房产税。）

契税。契税是以所有权发生转移变动的不动产为征税对象，向产权承受人征收的一种财产税。计税依据：土地使用权出让、转让以及房屋买卖的成交价格、核定价格、交换价格差额和"补缴的土地使用权出让费用或者土地收益"等。征收范围：包括国有土地使用权出让、土地使用权转让（包括出售、赠与和交换）、房屋买卖、房屋赠与和房屋交换。契税是一种财产税，由财产承受人缴纳。计算公式：应纳税额＝计税依据×税率（适用税率为 3%～5%）。

印花税。印花税是对在经济活动和经济交往中书立、领受印花税暂行条例所列举的各种凭证征收的一种兼有行为性质的凭证税。印花税的计税分为从价计税和从量计税两种。计算公式：应纳税额＝计税金额×税率，应纳税额＝凭证数量×单位税额。凡进行房屋买卖的，签订的购房合同应按产权转移书据所载金额 0.05%缴纳印花税。

企业所得税。基本税率为 25%。

土地增值税。土地增值税是以转让房地产取得的收入减除法定扣除项目金额后的增值额作为计税依据，并按照四级超率累进税率进行征收。计算公式：应纳税额＝增值额×适用税率－扣除项目金额×速算扣除系数。

表 11－1 为土地增值税税率表。

表 11－1　　土地增值税税率表

级数	计税依据	适用税率	速算扣除率
1	增值额未超过扣除项目金额 50%的部分	30%	0
2	增值额超过扣除项目金额 50%、未超过扣除项目金额 100%的部分	40%	5%
3	增值额超过扣除项目金额 100%、未超过扣除项目金额 200%的部分	50%	15%
4	增值额超过扣除项目金额 200%的部分	60%	35%

注：纳税人建设普通住宅出售的，增值额未超过扣除金额 20%的，免征土地增值税。

其中，扣除项目金额如下：

（1）取得土地使用权所支付的金额。包括纳税人为取得土地使用权所支付的地价款和按国家统一规定缴纳的有关费用。具体为：以出让方式取得土地使用权的，为支付的土地出让金；以行政划拨方式取得土地使用权的，为转让土地使用权时按规定补交的出让金；以转让方式取得土地使用权的，为支付的地价款。

（2）开发土地和新建房及配套设施的成本。包括土地征用及拆迁补偿费、前期工程费、建筑安装工程费、基础设施费、公共设施配套费、开发间接费用。这些成本允许按实际发生额扣除。

（3）开发土地和新建房及配套设施的费用。包括销售费用、管理费用、财务费用。根据新会计制度的规定，与房地产开发有关的费用直接计入当年损益，不按房地产项目进行归集或分摊。为了便于计算操作，《土地增值税实施细则》规定，财务费用中的利息支出，凡能够按转让房地产项目计算分摊，并提供金融机构证明的，允许据实扣除，但最高不能超过按商业银行同类同期贷款利率计算的金额，其他房地产开发费用按取得土地使用权所支付的金额及房地产开发成本之和的5%以内计算扣除。凡不能按转让房地产项目计算分摊利息支出或不能提供金融机构证明的，房地产开发费用按取得土地使用权所支付的金额及房地产开发成本之和的10%以内计算扣除。

（4）旧房及建筑物的评估价格。这是指在转让已使用的房屋及建筑物时，由政府批准设立的房地产评估机构评定的重置成本价乘以成新度折扣率后的价格。由当地税务机关参考评估机构的评估确认价格。

（5）与转让房地产有关的税金。这是指在转让房地产时缴纳的城市维护建设税、印花税。因转让房地产缴纳的教育费附加，也可视同税金予以扣除。

（6）加计扣除。对从事房地产开发的纳税人，可按取得土地使用权所支付的金额与房地产开发成本之和加计20%扣除。

方案一：按照2 000元/平方米的价格出售，假设土地增值税扣除项目金额为672万元，企业所得税允许税前扣除金额亦为672万元。

销售收入＝0.2×4 000＝800(万元)

增值率＝[(800－672)/672]×100%

＝19.05%＜20%(无须缴纳土地增值税)

企业所得税＝(800－672)×25%＝32(万元)

企业的税后利润＝800－672－32＝96(万元)

方案二：按照2 100元/平方米的价格出售，其他同方案一。

销售收入＝ 0.21×4 000＝840(万元)

房屋每平方米提高100元销售价格后，按简易计税办法多缴纳的增值税：100×4 000×5%＝20 000元；企业多负担的城市维护建设税和教育费附加：20 000×(7%＋3%)＝2 000元；多缴纳的印花税：100×4 000×0.5‰＝200元。由于增值税属于价外税，由买方负担，不属于扣除项目的内容，但印花税、城市维护建设税和教育费附加属于扣除项目的内容，因此方案二的扣除项目金额为：672＋0.2＋0.02＝672.22 万元。

增值率：［(840－672.22)/672.22］×100％＝24.96％＞20％，需缴纳土地增值税，增值税税率为 30％，应交土地增值税额：(840－672.22)×30％－0＝50.33 万元。

房地产企业利润＝房地产企业销售收入－销售成本－销售税金及附加－管理费用－销售费用－财务费用－所得税费用。这里所说的销售税金及附加包括城市维护建设税、教育费附加、土地增值税及其他视同税金处理的各种费用。

企业所得税＝(840－672.22－50.33)×25％＝29.36(万元)

企业的税后利润＝840－672.22－50.33－29.36＝88.09(万元)

比较方案一比方案二的利润：

96－88.09＝7.91(万元)

可见，方案二的销售价格虽然提高了 100 元/平方米，但是税后利润下降了 7.91 万元。所以，企业应该采取第一种销售方案。

《中华人民共和国土地增值税暂行条例》规定，纳税人建造普通标准住宅出售，增值率未超过扣除项目金额 20％的，免征土地增值税。增值额超过扣除项目金额 20％的，应就其全部增值额按规定计税，这里的 20％的增值额就是临界点。根据土地增值税临界点的税负效应，实际工作中，房地产开发企业首先要测算增值率（增值额与允许扣除项目金额的比率），然后设法调整增值率，其中一个重要环节就是要合理确定商品房销售价格。

较高的销售价格并不一定能增加企业净利润，如在销售过程中增值率略高于两级税率档次交界的增值率，通过适当降低价格可减少增值额，从而降低土地增值税的适用税率，减轻税负，增加企业利润，同时，降低房屋的销售价格也减轻了顾客的增值税负担。因此，降低房地产销售中土地增值税负担的关键就是控制房地产的增值率。在足额计算扣除项目的基础上，要特别注意在制定房地产的销售价格时，处于土地增值税临界点附近的情况。企业在遇到这种情况时，一定要进行必要的筹划。

11.4　企业纳税筹划应注意的问题

11.4.1　纳税筹划要从企业整体来考虑

纳税人在进行纳税筹划活动时，有时部分可行的方案放到经济活动的整体来看或许就不可行了。因此，纳税人在进行纳税筹划时必须从整体来考虑企业的税负和经济利益。

(1) 在进行纳税筹划时，纳税人不能仅仅盯住个别税种的税负高低，更要着眼于整体税负的轻重。有时某个税种的税负降低了，但企业的总税负增加了。

(2) 进行纳税筹划时，纳税人应注意税收和非税收因素，综合评价税收筹划方案。有的纳税筹划方案尽管节省许多税款，但同时增加了很多其他费用支出，如企业人工费用、咨询费用、注册费用、机构设置费、运费等，那么这种筹划方案就不是好的筹划方案。

(3) 纳税筹划方案应该实现的目标是企业价值最大化，而不是税收负担的最小化。如果某个筹划方案的税负虽然较高，但是所获经济效益要大于多支出的税收负担，那么这种方案没有理由放弃。

(4) 纳税人进行筹划时应该具有长远战略发展的眼光。有的纳税筹划方案可能会使纳税人短期内税负减轻，但不利于企业的长远发展，这种筹划方案显然不是最佳的。

(5) 纳税筹划方案要具有可操作性，不具有操作性的筹划方案是没有实际意义的，同时纳税筹划方案不能违反国家的法律法规。

11.4.2 纳税筹划应进行成本收益分析

成本收益分析就是对于具体的企业提出的多个纳税筹划方案，详细地列出每种方案可能发生的全部预期成本和实现的全部预期收益，通过科学全面的比较分析，选出最优的筹划方案。考虑到货币的时间价值，在分析这些成本和收益时应该用科学的判断指标，即应该用这些数值的现值指标。

$$净收益=总收益现值-总成本现值 \tag{11-1}$$

$$收益成本比=总收益现值÷总成本现值 \tag{11-2}$$

纳税筹划是企业总体决策的一项重要内容。从广义上讲，纳税筹划决策关系到企业生产、经营、投资、理财、营销、管理、利润的分配等所有活动；从狭义上讲，纳税筹划决策可以只涉及某一个产品、某一项投资、某一个税种、某一项任务的合理运用。纳税筹划方案的设计要注意把握宏观政策，着眼微观实施，坚持有利原则，还要对筹划方案进行综合的成本效益分析。

11.4.3 纳税筹划要了解主观认定与客观行为的差异

虽然在理论上纳税筹划、避税及偷逃漏税有不同的含义，能够进行区别，但是在实践中，要具体准确地分辨某一行为究竟属于纳税筹划行为还是偷税行为却比较困难，一般要经过税务机关的认定和判断，而认定和判断又因主观与客观条件的不同而有不同的观点和结果，因此，企业在设计纳税筹划方案时，应该从企业和税务部门两个方面思考问题，尽可能了解税务部门的观点，考虑周全。

11.4.4　纳税筹划应当密切关注税法的变化

当前这一轮税制改革涉及的税种主要有六个：增值税、消费税、环境保护税、资源税、个人所得税和房地产税，作为配套改革又修订了税收征管法。法律法规是决定企业权利与义务的依据，也是企业安全的保障。过去成功的筹划方案随着税法的修订可能已不再适用。因此，企业进行纳税筹划方案的设计时，必须密切关注税法修订的趋势或内容并适时调整筹划方案，以使企业的纳税筹划行为符合国家的法律规定。

11.4.5　纳税筹划需要企业管理者、财会人员、税务代理人员三方的密切配合

企业管理者对纳税筹划的需求和积极性最高，但缺乏税务、财会知识，无法独自设计税收筹划方案；企业财会人员对企业的具体情况十分了解，但缺乏纳税筹划的能力和积极性；中介机构税务代理人员有着较强的税收专业知识和税收筹划能力，但对企业的具体情况缺乏了解。所以，纳税筹划需要企业管理者的大力支持、企业财会人员的积极参与配合、中介机构税务代理人员的尽心尽力，三者相互结合才能取得成功。

思考题

1. 根据本章所学内容并结合本章案例，谈谈你对纳税筹划的认识和理解。
2. 纳税筹划的操作平台有哪些？企业如何有效地利用这些平台以提高企业效益？
3. 简述纳税筹划与偷税、漏税、逃税的区别。
4. 如何通盘考虑纳税筹划？

案例分析

李丹于某年在某市投资 1 000 万元成立了一家有限责任公司，经过 10 年的发展，公司已达到中等规模并在行业中有一定知名度。为了扩大经营规模，李丹准备新购置一栋写字楼，价格为 5 000 万元，增值税 500 万元（按 10%计），总价款 5 500 万元。预计年营业收入 15 000 万元，年利润总额 500 万元（不考

虑写字楼折旧、租金支出)，20年后，写字楼的市场价格预计12 000万元（含税价格)。现在有两个方案可供投资人李丹选择：

1. 李丹将5 500万元的现金直接增资公司，再以公司名义购买写字楼，写字楼属于公司固定资产，20年后公司以市场价格将写字楼卖给李丹。

2. 李丹以个人名义购买写字楼，以年均300万元的价格租给公司使用，写字楼属于李丹个人资产。

思考：李丹应选择哪个方案？

第12章

股利分配与股利政策

[引导案例]

七成上市公司分红，仅31家股息率跑赢银行一年期定存。近年来，监管部门陆续出台多项政策鼓励现金分红，上市公司通过分红来提高中小投资者的黏度，稳定投资者群体，资本市场中，很多上市公司从“铁公鸡”变成了“现金奶牛”。

根据东方财富Choice统计数据，截至2015年5月6日，沪深两市共有1 969家上市公司发布了分红送转预案，共有1 914家上市公司涉及现金分红（部分公司也包含股票送转），拟派发现金红利（含已派现）合计约7 391.79亿元，同比增长4.11%。其中，有55家公司只送转股票，拟每10股派发现金红利超过10元的上市公司一共有15家，拟每10股派发现金红利超过1元的公司有1 042家，另外有857家公司现金分红不足1元。

数据显示，2014年参与现金分红的上市公司要多于往年。2013年，沪深两市共有1 908家公司宣布分红方案，其中，现金分红的公司有1 868家。2012年，沪深两市仅有1 809家公司宣布分红方案，其中，现金分红的公司有1 778家。

在投资实践中，股息率是衡量企业是否具有投资价值的重要标尺之一。可查数据显示，2014年，银行一年的定期存款利率最高为3.3%，多数银行实行3%的一年定期存款利率。《证券日报》记者通过数据分析了两市上市公司的股息率，依据2015年5月5日的收盘价计算，从沪深两市1 908家可统计到的股息率来看，仅有31家公司的股息率超过3%，占比仅为0.02%，而剩下的1 877家上市公司的股息率均低于3%。方大特钢的股息率排名第一，为9.5%；格力电器排在第二名，股息率为5.6%；上汽集团的股息率为5.04%，排在第三名。而被称为分红“现金奶牛”的贵州茅台的股息率仅为1.81%，排在A股上市公司股息率第118位。中国一重的股息率仅有0.008 7%，在可统计到的上市公司中最低。

对于上市公司积极参与分红一事，在香颂资本执行董事沈萌看来，主要有两方面的原因。一方面是上市公司留存收益如果不分红，则很难找到其他投资渠道，加上上市公司融资门槛低，导致上市公司给投资者的回报逐渐增多。另外，很多上市公司控股股东都是通过杠杆进行资本运作，分红也有利于减轻股东的现金流压力。另一方面是随着监管层对市值管理、信息披露、分红等新思路的推动，以及注册制后大量新股上市的竞争，上市公司也可能希望通过不断分红来提高中小投资者的黏度，稳定投资者群体。

值得警惕的是，一些上市公司的分红尤其是高送转分红，原本是业绩持续向好、股价处在高位的上市公司为了摊薄每股盈利而实行的，是公司对业绩的持续增长充满信心的表现。然而，一些业绩差甚至出现亏损情形的公司也慷慨推行高送转。例如 2015 年年初，＊ST 海润欲推出每 10 股转增 20 股的分红方案。一周之后，公司发布令人大跌眼镜的预亏公告：预计 2014 年实现归属于上市公司股东的净利润为－8 亿元左右。一方面是巨亏，另一方面是高分红预案。如此强烈对比引发市场关注：上市公司“过度分红”背后的动力是什么？

上市公司的大股东可以借高送转股价上涨的东风，实现减持套现的目的。如推出 10 股转增 20 股的赛象科技，在股价一路大涨中，大股东不断减持，根据计划其减持目标高达 5 700 万股股份，占总股本的 28.76%。此前宣布 10 股转 20 股派 0.6 元的万邦达，控股股东和公司董事、监事相继减持。此外，美邦服饰、东阳光科等公司均在发布高送转公告后连续遭到股东套现减持。

2013 年之前，分红少融资多曾是 A 股市场中一大顽疾，如今，随着监管部门对分红政策要求日趋严格以及投资者维权意识的提高，分红不再稀缺，但是“过度分红”给中小投资者带来的“陷阱”应该引起监管部门的重视。高送转不应该成为一些公司用来为大小非套现护航的工具，利润分配乱象应该结束了。

网易财经 2016 年 9 月 2 日讯：2015 年上市公司分红榜中，43 家公司拟每 10 股派 10 元以上，55 家上市公司实施了转增股本方案，天润数娱、彩虹精化、爱康科技、吴通控股均 10 股转增 30 股。据网易财经统计，截至 2016 年 6 月 30 日，有 124 家公司自上市以来未分过红（该数据包含新股、次新股），成为名副其实的铁公鸡。

中新网 2016 年 12 月 12 日电：日前，证监会副主席姜洋在 2016 央视财经论坛暨中国上市公司峰会上发表讲话指出，今年以来，2 017 家上市公司实施现金分红，金额超 8 000 亿元，比 10 年前增长逾 10 倍。

据中国网财经记者统计，截至 2015 年年报披露，A 股有 210 家公司连续 10 年未发过“红包”，其中连续 20 年未派现的有 34 家，绿景控股、神州高铁、浪莎股份、华建集团、上海凤凰等公司更是超过 22 年“一毛不拔”。

资料来源：夏芳．七成上市公司分红　仅 31 家股息率跑赢银行一年期定存．证券日报，2015-05-06；2016 年股票市场回顾：上市公司首破 3 000 家　圈钱凶猛吝啬分红．http://stock.cngold.org/c/2016-12-30/c4726261.html.

思考：

1. 上市公司分配股利是为了回报股东，还是为了方便大股东减持套现？
2. 为什么有些公司派发高现金股利，有些公司派发低现金股利，还有些公司“铁公鸡”不分红？影响因素有哪些？
3. 高送转股利政策对谁最有利？
4. 股利分配向市场传递什么信号？对公司股票价格有何影响？
5. 股利分配的形式有哪些？配股和送股有何区别？

股利分配与股利政策是财务管理在收益分配管理方面的两大重要内容，对各方经济利益的满足和企业的良性发展有重要的促进作用。

12.1 股利分配概述

12.1.1 股利及其分配

1. 股利

股利是股息和红利的总称，是指股份公司按发行的股份分配给股东的税后利润。其中，股息是指公司根据股东出资比例或持有的股份，按照事先确定的固定比例向股东分配的公司税后利润；红利是公司除股息之外根据公司盈利的多少向股东分配的公司税后利润。股息率是固定的，而红利率是不固定的，由股东大会根据股息以外盈利的多少做出决议。

股票有普通股与优先股之分，因而股利也有普通股股利和优先股股利之分。优先股股利的支付方法通常在公司章程里规定，分配时按公司章程规定的办法支付。因此，这里讨论的股利仅指普通股股利。

就性质而言，股利是公司历年实现的累积盈余中的一部分。法律规定股利只能从公司历年累积盈余中支付。公司的会计账面上保有累积盈余是股利支付的前提。根据这一规定，公司分派股利一般情况下就是对累积盈余的分配。也有一些国家或地区允许将超面值缴入资本（即资本公积）列为可供股东分配的内容，但是，相当于普通股股票面额或设定价值的股本是不能作为股利分派给股东的。这是“资本保全”原则的核心内容之一。

2. 股利分配

公司向股东分派股利称为股利分配。股利分配是企业利润分配的一部分，属于公司税后净利润分配。股利分配涉及的方面很多，如股利支付程序中各日期的确定、股利支付比率的确定、股利支付形式的确定、支付现金股利所需资金的筹集方式的确定等。其中最主要的是确定股利的支付比率，即用多少盈余发放股利，将多少盈余为公司所留用（称为内部筹资），因为这可能对公司股票的价格产生影响。

3. 股利分配原则

股利分配要符合公司财务管理目标，实现公司价值最大化，须遵循以下原则：

（1）无盈余不分配。该原则是为了维护公司的财产基础及其信用能力。股利分配的基础或前提是公司有盈余，如果当年没有可供分配的利润，一般不得向股东分配股利。

企业无利润时原则上不分配股利，但股份有限公司为了维护企业股票信誉，经股东大会特别决议，也可用盈余公积分配股利。但必须符合下列条件：用盈余公积弥补亏损后，该项公积金仍有结余；股利不能超过股票面值的6%；分配股利后，法定盈余公积不得低于注册资本的25%。

（2）依法分配。公司分派股利应遵循《中华人民共和国公司法》（以下简称《公司法》）、公司章程及有关法规确定的利润分配程序和制度，以保障各方经济利益的满足和企业发展的需要。

（3）同股同权、同股同利。股利分派时，分派日期、分派金额等要素在各股东之间不得有差别。同股同权、同股同利不仅是公司发行股份时应遵循的原则，也是公司向股东分配股利应遵守的原则。

4. 股利分配顺序

根据《公司法》第166条规定和《中华人民共和国企业所得税法》第5条和第18条规定，股份公司利润分配的顺序是：

（1）弥补以前年度亏损。根据现行法律规定，公司发生年度亏损，可以用下一年度的税前利润弥补，下一年度税前利润弥补不足时，可以在5年内延续弥补；5年内仍然不能弥补的亏损，用税后利润弥补。

（2）提取法定盈余公积。法定盈余公积按税后利润的一定比例计提，计提比例为10%，提取累计额已达到注册资本的50%时可以不再提取。

在计算提取法定盈余公积的基数时，不应包括企业年初未分配利润。

如果年初未分配利润为正数，即历年累积盈利，则

当年提取的法定盈余公积＝当年税后净利润×盈余公积提取比例

如果年初未分配利润为负数，即历年累积亏损，且最早亏损年度到当年为止年限在5年内，那么，公司税前利润按税法规定首先用于弥补亏损，补亏后尚有利润的按规定缴纳企业所得税，再按税后剩余利润的一定比例提取盈余公积。

$$\text{当年提取的法定盈余公积}=\left(\text{当年税前净利润}-\text{年初累积的 5 年内未弥补亏损}\right)\times\left(1-\text{所得税税率}\right)\times\left(\text{盈余公积提取比例}\right)$$

需要注意的是，用税前利润弥补亏损只能持续 5 年，5 年后须用所得税税后利润弥补亏损。累积亏损年限在 5 年以上，当年提取的法定盈余公积为：

$$\text{当年提取的法定盈余公积}=\left(\text{当年税后净利润}-\text{年初未弥补亏损}\right)\times\text{盈余公积提取比例}$$

（3）提取任意盈余公积。公司可根据股东大会的决议提取任意盈余公积，提取比例由公司股东大会或公司章程确定。法定盈余公积和任意盈余公积的区别在于各自计提的依据不同，前者以国家法律法规为依据，后者由企业的权力机构自行决定。

公司提取的法定盈余公积和任意盈余公积，经股东大会批准可用于弥补亏损、转增资本、发放现金股利或分配利润等。

（4）向股东分配利润。经过上述分配后，可向股东分配股利。当年期末公司可供股东分配的利润为：

$$\text{可供分配利润}=\text{当年实现的净利润}+\text{年初未分配利润（或减年初未弥补亏损）}+\text{其他转入}-\text{提取的盈余公积}$$

可供分配的利润首先分配给优先股股东，剩余利润供普通股股东分配。

5. 股利分配程序

[例 12－1]

2016 年 6 月 23 日，重庆啤酒股份有限公司宣告 2015 年度利润分配实施方案。红利分配对象为截至 2016 年 6 月 29 日 15：00 上海证券交易所收市后，在中国证券登记结算有限责任公司上海分公司登记在册的重庆啤酒股份有限公司全体股东。

分配方案：公司以 2015 年 12 月 31 日的总股本 483 971 198 股为基数，每 10 股派现金红利 2 元（含税），共计为 96 794 239.60 元。利润分配实施完成后本公司可供分配利润为 328 374 522.39 元。

利润分配具体实施日期：

股权登记日：2016 年 6 月 29 日

除息日：2016 年 6 月 30 日

红利发放日：2016 年 6 月 30 日

股利分配的程序如下：

（1）拟定和批准股利分配方案。我国法律规定，公司股利分配首先由董事会拟定分配方案，也称股利分配预案，股东大会审议通过后实施。也就是说，股利的派发权属于股东大会，但派发股利的具体方案由董事会提出，经股东大会认可，即可确定实施。

（2）股利分配方案实施日程安排。公司股票是可以转让的，为了确定哪些人可以领到股利，必须在发放股利前确定一些日期界限。这些日期界限对于注重当前收入和注重资本利得的人都十分重要。

①宣告日。是指董事会将股利发放情况予以公告的日期。重庆啤酒公司股东参加分配的资格是：红利分配对象为截至 2016 年 6 月 29 日 15：00 上海证券交易所收市后，在中国证券登记结算有限责任公司上海分公司登记在册的本公司全体股东。

股利宣告日后，公司承担了向股东支付的法定义务。宣告日前，股东无权要求支付股利。公司因宣派股利而承担了债务，在会计上应当减少留存利润并确认负债。宣告日后，公司在市场上流通的股票可以带利销售，即以包含股利的较高的价格出售。

②股权登记日。是指有权领取股利的股东资格登记截止日期。只有于登记日在册的股东可以参与当年股利分配。在股权登记日以后购买股票的新股东无权参与本次分配。也就是说，新股东如果希望获取本次股利，就必须在股权登记日前购入股票，否则，股利仍然由原股东领取。

③除息（权）日。是指除去现金股利（股票股利）的日期，也就是领取股利的权利和股票相互分离的日期。重庆啤酒公司的除息（权）日是 2016 年 6 月 30 日。在 2016 年 6 月 30 日前，股利包含在股票的价格之中，该股票称为含权股（含息股），持有股票就享有获取股利的权利；2016 年 6 月 30 日后，股利权与股票相互分离，股票价格会下降，此时，股票称为除息股或除权股。

④股利支付日。又称红利发放日、付息日，是指将股利实际支付给股东的日期。重庆啤酒公司的股利支付日是 2016 年 6 月 30 日。以登记在册的股东为准，即使股东在 2016 年 6 月 30 日前已经将其所持股票抛售，仍有权获得股利。

12.1.2 股利分配形式

在国外成熟的资本市场上，上市公司的股利分配形式有现金股利、股票股利、财产股利、负债股利以及清算股利。我国法律规定，股份有限公司只能采取现金股利和股票股利两种形式，股票股利包括送红股、公积金转增股本。

1. 现金股利

现金股利亦称派现，是股份公司以货币形式发放给股东的股利，是股利支付的最主要、最常见的形式。现金股利的发放取决于公司的经营业绩和股利政策。

现金股利的发放通常会影响公司的股价，在现金股利支付日，公司股票的开盘价会按现金股利的金额下跌。

发放现金股利，需要协调股东需求与公司发展之间、股东与股东之间的矛盾。通常考虑以下因素：

（1）股东的偏好。不同的股东对现金股利的偏好是不同的，有些股东偏好高现金股利，有些股东则看重公司长远发展，偏好低现金股利，期待获得股票增值的收益。因此，公司在决定现金股利时必须充分协调不同股东的意愿。

（2）公司投资的需要。公司投资需要的资金是通过对外筹资解决，还是通过内部盈余解决，需要考虑公司综合资本成本最低、资本结构最优以及对外筹资的风险等因素。处于成熟期、经营稳定和信誉好的公司，应当采取现金股利的方式；处于成长期或投资项目风险较大的公司，则应尽量不发或少发放现金股利。

（3）现金供应量。公司可供分配的利润不等同于可以用现金方式发放的股利，现金股利的高低受公司现金供应量的限制。发放现金股利，还要考虑公司的现金供应量、现金流出对公司生产经营的影响。

$$\text{可用于投资、分派股利的现金}=\text{经营活动的现金净收入}+\text{投资活动取得的现金净收入}-\text{偿还借款等现金支出}\pm\text{非经常性项目现金净额}+\text{公司对外筹资额}$$

2. 股票股利

股票股利又称送股，是公司以本公司的股票代替现金股利向股东分红的一种形式。所送红股是由公司利润转增资本形成的，属于无偿增资发行股票。

股票股利是按股东所持股份的比例分派的，股东持有的股份数量虽然增加了，但股东所拥有的公司权益没有变化。对公司来说，只是将公司账户上的一部分留存收益转化为股本，公司的资产及负债并未受到影响。

股票股利的形式主要有送股、转增等。

（1）送股。是指公司将股利转为股本，按股东所持有股票的一定比例派送股票给股东的股利分配方式。例如：每 10 股送 4 股，则股东每持有 10 股股票就可无偿分到 4 股股票。送红股的实质是公司将盈余转化为资本金，即将留存收益项目转换到股本和资本公积项目中。

当公司处于成长期、有较多的可盈利的投资项目、扩大经营规模，或开拓新产品、新市场时，为了保留更多现金，往往以送红股的方式进行股利分配。送股对股东来说实际上是一种再投资，不仅可以免缴股利所得税，还可以通过资本市场获得资本利得。

（2）转增。是指公司将资本公积按照股东持有股票的一定比例转增为股本。转增股本也是一种送股形式，是以公积金送股，其实质是把公司的净资产拆细。

转增股本的资金来源于股东权益本身，并不直接增加股东收益，因此不属于利润分配的范畴。公司为什么要转增股本呢？原因在于转增股本具有分配的效果。如果公司的发展速度较快，转增股本有助于迅速扩大公司的资本金规模，股本规模扩大的效果与用利润送股的效果一致，可以避免公司现金的流出，将公司的股价限制在一定的范围内，有利于将来进一步从资本市场上筹资。而且，转增股本与公司的盈余状况关系不密切，即使公司盈余不多，也可以采用转增股本的方式，向市场传递公司分配的信号。

一般来说，股票股利的价值按公允市价确定，其假定是公司以现行市价出售股票取得现金，并将现金作为股利发放。如果不考虑股票市价波动，股票股利发放前后股东所持有的股票总价值不变。按我国法律规定，在股票市价高于面值的情况下，从会计角度看，送红股实际上是将公司的留存收益项目金额转为股本和资本公积项目金额。

在我国，发放股票股利后的股票价格按除权日前一日的股票收盘价为基准进行除权，除权价通常为除权日的开盘价。

$$发放股票股利之后每股收益=\frac{发放前每股收益}{1+股票股利发放率}$$

$$发放股票股利之后每股价格=\frac{发放前股价}{1+股票股利发放率}$$

[例 12－2]

A 公司年终利润分配前的有关资料如表 12－1 所示。

表 12－1　　A 公司财务报表　　单位：万元

项目	金额
年初未分配利润	2 000
本年税后利润	4 000
普通股股本（1 000 万股，每股 1 元）	1 000
资本公积	200
盈余公积	800
所有者权益合计	8 000
每股市价（元）	30

该公司决定：本年按规定比例 10%提取盈余公积，5%提取任意盈余公积，发放股票股利 10%，并且按发放股票股利后的股数派发现金股利，每股 0.1 元。

假设股票的每股市价与每股净资产成正比，股利分配后的盈余公积、股本、股票股利、资本公积、现金股利、未分配利润数额和预计的普通股每股市价分别是多少？

本年可供分配的利润＝2 000＋4 000＝6 000(万元)＞0

法定盈余公积余额＝800＋4 000×15％＝800＋600＝1 400（万元）

股本余额＝1 000×（1＋10％）＝1 100（万元）

股票股利＝30×1 000×10％＝3 000（万元）

资本公积余额＝200＋（30－1）×1 000×10％＝3 100（万元）

现金股利＝1 000×（1＋10％）×0.1＝110（万元）

未分配利润余额＝2 000＋4 000－600－3 000－110＝2 290（万元）

利润分配后所有者权益合计＝2 290＋3 100＋1 400＋1 100＝7 890（万元）

利润分配前每股净资产＝8 000/1 000＝8（元）

利润分配后每股净资产＝7 890/1 100＝7.172 7（元）

利润分配后预计每股市价＝30×7.172 7/8＝26.90（元）

发放股票股利的优点：第一，没有现金流出，不会减少公司现金持有量，满足公司更多的现金需要。股票股利实际上是股东向公司增加投资，所以，新建或正在扩展中的公司往往会借助分派股票股利而少发现金股利。第二，扩张公司股本，降低公司的股价，吸引更多的投资者。股票股利的发放增加了公司流通在外的股份数，扩张了公司的股本，扩大了将来进一步增资扩容的空间。股票股利降低了公司的每股收益，使公司股价降低，有利于吸引更多的投资者投资，有利于公司进一步增发新股。第三，股票股利具有信息传播作用，会给股东传递公司继续发展的信息，增强投资者的信心，让他们认为公司今后会有更大的发展，进而促使股价填权甚至上涨。

发放股票股利的不利影响在于：如果公司采用稳定的现金股利政策，发放股票股利后会增加现金股利发放数量，在公司利润增长率下降的情况下可能造成公司资金紧张，而且会使每股收益降低，可能会导致公司股价下跌。

股东得到股票股利有利有弊。好处在于：股东把股票股利视为公司成长、财务健康的标志；如果公司发放股票股利后依然维持原有的现金股利水平，则股东以后可以获得更多的现金股利收入；市价下降使得公司股票能够吸引更多的投资者；不影响股东的现金使用，股东需要现金时可以出售一部分股票；现金股利需要缴纳所得税，股票股利不需要纳税，即使将来出售股票需要缴纳资本利得税，其税率也较低。不利之处在于：无法获得公司的资产；股权比例不变；投资的市场价值不会增加，股份数量增加带来的财富会被每股市价下降抵消；因股票股利减少了留存利润，将来的现金股利受到限制。

3. 财产股利

财产股利就是用现金以外的资产支付股利，主要有实物股利和证券股利两种形式。财产股利多发生在那些建设周期长、资金周转缓慢、风险大的公司，这是因为建设时间长，公司一时不能盈利，但又要保证股利的发放以吸引投资者。

实物股利是发给股东实物资产或实物产品，一般用自己公司的产品发放，多用于额外股利的分配。用自己公司的产品等实物作为股利向股东分红，这样做既扩大了产品销路又保留了现金。实物股利不会增加公司的货币资金支出，当公司现金支付能力不足时多采用这种股利分配形式。实物股利会减少公司的净资产，影响公司的偿债能力。

证券股利是以其他公司的证券代替货币资金股利发放给股东。由于证券的流动性较好，仅次于货币资金，因此投资者愿意接受。对于公司来说，把证券发放给股东，既发放了股利，又实际保留了对其他公司的控制权。

4. 负债股利

负债股利是指用本公司的债券或应付票据代替现金股利的股利分配形式。虽然股东没有得到现金收益，但是通过享有的债权可以获得利息，也可达到股东的投资目的。

以本公司的债权为股利分发给股东，股东又成为公司的债权人。这种方式会使公司负债增加、资产净值减少，但是公司的资产总额不变。具体有两种操作方式：一是本公司直接开出应付票据；二是发行公司债。这两种形式都是带息的公司票据，有明确的到期日。对公司来说，负债股利增加了支付利息的财务负担。对股东来说，收到货币资金的时间延长了，但是可以获得额外的利息收益。所以，这种形式通常是在公司已经宣布发放现金股利而现金不足时采用的一种权宜之计。

5. 清算股利

清算股利是减少实收资本的一种特殊的分派，其本质上并不是分配利润，而是返还资本，多见于准备停止经营或缩小经营规模的企业，采矿企业、油田发放的股利也常包括清算股利。

12.2 股利理论

股利理论是研究如何制定公司股利政策，股利分配与公司价值、股票价格之间的关系的基本理论。股利理论需要回答：公司为什么要支付股利？公司发放股利是否影响公司价值或股票价格？公司应当支付多少股利，以协调股东当前利益和公司长远发展之间的矛盾？

12.2.1 “在手之鸟”理论

“双鸟在林，不如一鸟在手。”“在手之鸟”理论认为，投资者天生反感风险，而且风险将随时间延长而增大，因而投资者认为通过保留盈余再投资而获得的资本利得的不确定性要高于股利支付的不确定性，当期股利的增加更为现实和至关重要。与实际能拿到手的股利相比，增加留存收益后再投资得到未来收益的风险大得多。所以，投资者宁愿目前得到较少的股利，也不愿等到将来再收回不确定的较多的股利或获得较高的股票出售价格。

投资者的上述思想会产生下述结果：公司如果保留利润用于再投资，那么未来的收益必须按正常的市场回报率与风险溢价之和进行贴现。也就是说，投资者不仅要求获得市场水平的投资回报，而且要求公司为他们承担的风险支付报酬，否则，在同样价值的现金股利与资本增值之间，投资者将选择前者。这一观点也因此被形象地概括为“在手之鸟”理论。

“在手之鸟”理论强调了股利发放的重要性，反映了传统的股利政策的精髓，为股利政策的多元化发展奠定了理论基础。

12. 2. 2　完美资本市场下的 MM 股利无关论

MM 理论在一系列严格的假设条件下将公司价值和股利政策因素引入线性模型，得出了以下重要结论：

（1）在完美的资本市场中，股票价格反映了所有可以利用的信息，获得非正常利润的机会是不存在的，投资者只能得到经过风险调整后的平均市场收益。

（2）在严格的假设条件下，股利政策不会影响企业的价值或股价。单就股利政策来说，无所谓最佳，也无所谓最差，与公司价值无关。公司的价值完全由公司资产的盈利能力和风险组合或其投资政策决定，公司盈余与保留盈余之间的分配不影响公司价值。

（3）投资者并不关心他们的收入是来自资本利得还是股利收入，也就是不关心股利政策，因为股利政策与股票价格没有关系。如果股利支付率太低，股东就可出售一部分股票，以弥补股利支付的不足；如果股利支付率太高，可以购入一些股票，以扩大投资。

（4）股利政策实际上是公司的一种融资策略。公司可采用两种方式筹措长期资金：一是对外发行股票，同时将内部未分配利润作为股利分发；二是采取内部融资，使用留存盈余，相应减少股利，且不再对外发行股票。MM 理论认为，对外融资后的普通股每股现值加当期股利恰好等于当期股利支付前的普通股每股市价，即外部融资引起股权稀释造成的普通股市价的下跌，恰好被当期股利补偿。换句话说，第一种融资方式向投资者提供的是股利收入，而第二种融资方式为投资者提供的是资本利得。两种收益的唯一区别是性质不同，但数额相等。因此，支付股利实际上就如同一只手付出钱，而另一只手又把钱如数收回。投资者不会在乎收到的是股利还是留存收益，股利的支付不会影响企业的市场价值。

MM 理论有三个重要假设：

（1）存在一个完美的资本市场。完美资本市场有以下四个方面的特征：

①没有足以影响市场价格的证券买者和卖者。

②无信息不对称，信息可以免费获得。

③不存在交易成本。

④没有个人或者公司所得税存在。

（2）完全的确定性假设。这一假设有两层含义：一是每个投资者对未来的投资机会和公司利润有完全把握，从而有把握预计未来的股价和股利；二是由于这种确定性，所有的公司都发行相同的有价证券，即普通股。

（3）理性行为假设。这一假设的含义有二：一是投资者更喜欢盈利而不是亏损；二是增加的财富是现金形式还是股票资本增值，对投资者来说没有差别。

这些假设实际上假定市场是完美无缺的，所以MM理论又被称为完全资本市场理论。这一理论成立的关键是假设市场存在一种套利机制。这一机制可以将支付股利与从外部筹资两项业务产生的效益和成本相互抵销。在一定时期，公司产生的盈余是一定的，股东的财富也是一定的。当公司做出投资决策后，公司就必须确定股利支付率。如果公司决定发放股利，则投资项目所需资金就需要通过发行新股筹集，此时就存在套利过程。宣布支付股利会使股票价格上升，但发行新股会使股票价格下跌，而套利的结果是，股东的股利所得正好被股票价格的下跌抵销。股利支付和筹资后的每股市价等于支付前的每股市价。据此，MM理论认为，股东对留存收益和发放股利没有任何偏好，因而股东的财富不受公司现在和将来的股利政策的影响。公司的价值完全取决于公司未来的盈利能力和风险。

在MM理论假设条件下，通过套利行为，“整个资本市场在任何一个时段，任何一种股票的投资报酬率必须是一样的”。即投资报酬率 r_t 相等，用公式表示为：

$$r_t=\frac{d_t+P_{t+1}-P_t}{P_t} \tag{12-1}$$

将公式变形，则

$$P_t=\frac{d_t+P_{t+1}}{1+r_t} \tag{12-2}$$

式中，P_t 为当前期初股票价值；P_{t+1} 为第 $t+1$ 期期初的股票价值；d_t 为公司第 t 期的现金股利。

为了考察股利政策对企业价值的影响，需要将股票估价转换为企业估价。

设：V_t 表示第 t 期期初公司价值；$n(t)$ 为企业在第 t 期期初股票数量；P_{t+1} 为第 t 期期末股票价值；$D(t)$ 为公司第 t 期的现金股利总额，即 $D(t)=n(t)\times d_t$。则有

$$V_t=n(t)P_t=\frac{D(t)+n(t)P_{t+1}}{1+r_t} \quad (12-3)$$

[例 12 - 3]

A，B 两家公司从事相同的行业，规模、投资机会相同，拥有的资产都是 2 000 万元，这些资产每期产生的营业现金流量都是 200 万元，投资报酬率都是 10%，且保持不变。投资者对两家公司要求的投资报酬率都是 10%。两家公司在期间 t 都面临一个净现值为 200 万元的投资机会，假定 A，B 公司在第 t 期期初发行在外的普通股都是 100 万股，发行价都是每股 20 元。

(1) A 公司计划用全部收入投资，不发放现金股利。

(2) B 公司计划将全部收入用于发放股利，投资所需资金通过发行股票解决。

A，B 两家公司采用不同的股利政策，期末公司价值是否一致？

A 公司股利支付为 0，在第 t 期期末即第 $t+1$ 期期初的市场价值为股本加投资项目净现值，为 2 200 万元（2 000+200），股本不变，则每股价值为 22 元(2 200/100)，将这些数据代入公式（12 - 1），可得投资收益率为：

$$r_t=\frac{0+22-20}{20}=10\%$$

将这些数据代入公式（12 - 3），得出 A 公司第 t 期期初的公司价值：

$$V_t=\frac{0+100\times22}{1+10\%}=2\,000(\text{万元})$$

B 公司股利支付额为 200 万元，每股股利为 2 元。为满足投资要求，需要发行股票筹资 200 万元。那么需要发行多少股？股价是多少？根据 MM 理论假设和上述资料，已知 B 公司在第 t 期期末现存资产总价值为 2 000 万元，由此得知每股股价为 20 元。这样可以按每股 20 元发行 10 万股普通股筹资 200 万元。由此可知，在第 t 期期末即第 $t+1$ 期期初，B 公司发行在外的股票数量为 110 万股，公司总价值为 2 200 万元。根据这些数据，同样可以证实 B 公司获得的投资报酬率为 10%。

B 公司发放现金股利总额为 200 万元，每股股利为 2 元，期初期末股价不变，则

$$r_t=\frac{2+20-20}{20}=10\%$$

而且

$$V_t=\frac{200+100\times20}{1+10\%}=2\,000(\text{万元})$$

于是，下面两种做法对投资者来说没有区别：(1) 保留盈余不分配，用于

净现值为正的投资项目；(2) 全部收入用于发放现金股利，投资所需资金通过发行股票筹资来满足。第一种情况下，原始投资者获得了报酬率为10%的资本利得，他们的持股比例不变。第二种情况下，原始投资者在第 t 期获得10%的现金股利，但原始持股比例下降了，稀释比例为：1 000÷1 100＝0.91。

在完美资本市场中，没有必要期望投资者更倾向于哪种股利政策，股利政策是无关的，因为它不影响公司的价值。

12.2.3 不完美资本市场下的股利理论

不完美资本市场下的股利理论是指放松 MM 理论严格的假设条件下的股利理论，认为股利政策与公司价值相关。

1. 税差理论

税差理论认为：现实中资本利得所得税与现金股利所得税之间存在差异，不同税收等级的投资者对股利支付率有不同要求。由于股利的所得税税率高于资本利得的所得税税率，因此，投资者更愿意公司留存收益而不是支付股利，通过推迟获得资本收益而延迟缴纳所得税。由于资本利得税要递延到股票真正售出时才会发生，同时考虑到货币的时间价值和风险价值，即使股利和资本利得这两种收入征收的税率相同，实际的资本利得税也比股利收入税率要低。

[例 12-4]

假设现金股利的个人所得税税率为30%，资本利得的所得税税率为0。现有A，B两家公司，有关资料如下：A公司当前股票价格为100元，不支付股利，投资者期望一年后其股票价格为115元。因此，股东期望的资本利得为每股15元。则股东税前、税后期望收益率均为15%。

$$期望收益率=\frac{115-100}{100}=15\%$$

B公司在当年年末支付10元的现金股利，除此以外，其他情况与A公司相同。其股票扣除股利后的价格为105元（115－10）。由于B公司股票与A公司股票风险相同，B公司的股票也应当或能够提供15%的税前收益率。

(1) 在现金股利纳税、资本利得不纳税的情况下，B公司的股票价格应为多少?

(2) B公司支付了现金股利，应提供多少税前收益率才能补偿纳税义务给股东造成的价值损失?

已知现金股利的所得税税率为30%，则股东从B公司获得的税后现金股利所得为：

$$10\times(1-30\%)=7(元)$$

B公司股东每股预期价值为：

105＋7＝112(元)

此时，B 公司股票预期价值 112 元小于 A 公司股票预期价值 115 元，差额正好是缴纳的 3 元（10×30%）个人所得税。

为提供 15%的税后收益率，B 公司现在每股价值应为股票预期未来价值的现值：

$$每股价格=\frac{112}{1+15\%}\approx 97.39(元)$$

$$B公司股票的税前收益率=\frac{112-97.39}{97.39}\approx 15\%$$

A 公司没有支付现金股利，税前收益率为 15%；B 公司提供了现金股利，但预期税前收益率达到 15%时，才能补偿纳税义务给股东造成的价值损失。

2. 股利信号理论

股利信号理论的主要观点是：由于信息不对称，企业管理者拥有更多的关于企业前景的信息。这种情况下，股利成为企业管理者向外界传达其掌握的有关企业前景信息的一种手段。如果企业管理者预测未来收益好，则会提高股利支付水平，这等于向市场传递了利好的信息；如果预测未来收益较差，则股利支付水平会下降，或继续维持较低的股利支付水平，这等于向市场传递了利少的信息。在投资者看来，随着股利水平变化而引起的股票价格的变动，说明了股利政策的公布包含着重要的信息，这就是股利信息内容。根据该理论，在实务中公司制定股利政策时，应当注意避免股东对公司股利政策的误解。

股利信号理论目前已被许多学者认可，但仍然存在一些问题。主要是该理论不能完全说明当公司的股利政策变化，特别是股利发放额和股利支付率同时发生变化时，公司股价是否随之变化；无法解释公司为什么不采用其他成本更低的方式向市场传递公司的信息；不能解释公司不分红而成长性和业绩都很好的现象。高速成长企业（行业）的股利支付率一般都很低，如微软公司只在 2002 年每股发放了 16 美分的股利，以前从未发放过股利，而这类企业往往有很好的业绩。有些公司由于没有正现值的投资项目而采取高派现的股利政策，信号理论却做出了相反的解释和预测。

12.3 股利政策

12.3.1 股利政策的含义及其评价指标

[例 12－5]

南方公司是一家大型钢铁公司，公司业绩一直很稳定，其盈余的长期成长率为 10%。2014 年公司税后盈利为 1 000 万元，当年发放股利 200 万元。2015 年，公司面临一投资机会，预计盈利可达到 1 500 万元，而该公司投资总额为 1 000 万元，预计 2016 年以后仍会恢复 10%的增长率。公司的目标资本结构负债/权益为 4∶5。现在公司面临股利分配政策的选择，可供选择的股利分配政策有固定股利支付率政策、剩余股利政策以及固定或稳定增长的股利政策。

如果你是该公司财务顾问，你会建议南方公司选择哪种股利政策？理由是什么？

1. 股利政策

股利政策是公司为实现一定的目标，在平衡企业内外部相关利益的基础上，对于净利润如何分配而采取的基本态度和方针政策。广义的股利政策有以下方面：(1) 是否支付股利；(2) 股利支付比率的高低；(3) 股利支付形式；(4) 股利政策类型选择；(5) 股利发放程序，如发放频率、股利宣布日、登记日、除息日和发放日的确定等。

股利政策的核心是确定股利和留存收益之间的比例关系，也称狭义的股利政策。

2. 股利政策的评价指标

投资者在投资某公司股票时，通常会评价公司的股利政策是否符合投资需求，评价股利政策的指标有以下两个。

(1) 股利支付率。股利支付率也称股息发放率，是指公司发放的现金股利占税后利润的比重。其计算公式为：

$$P_d=\frac{D}{E}\times100\%$$

或

$$P_d=\frac{DPS}{EPS}\times100\%$$

式中，P_d表示股利支付率；D 表示现金股利总额；E 表示年度收益总额；DPS 表示每股股利；EPS 表示每股收益。

股利支付率和留存收益率存在如下关系：

股利支付率＋留存收益率＝1

股利支付率反映公司的股利分配政策和股利支付能力。对普通股股东来说，该指标比每股净收益更直接地体现当前利益，表示从每股收益中分得多少。

(2) 股利报酬率。股利报酬率是按股票市价计算的投资人实际可获得的报酬率。计算公式为：

$$R_s=\frac{DP}{P_0}\times100\%$$

式中，R_s表示股利报酬率；DP 表示收益额；P_0表示股票初始投资额。其中：

收益额＝收回投资额＋全部股利－(原始投资额＋全部佣金＋税款)

12.3.2　股利政策决策的影响因素

1. 限制因素

(1) 法律因素。一般来说，各个国家的法律如公司法、证券法等，对公司分配股利都有类似的限制性规定。①资本保全规定。公司支付股利不能减少公司资本总额。如果一个公司因支付股利而引起资本减少，则不允许支付股利。用资本发放股利，实质上是资本抽回的一种特殊形式。任何导致资本减少的股利发放都是非法的，董事会应当对此负责。这样规定的目的是保证公司有足够的资本，以保护债权人的权益不受损害。②净利润的限制。法律规定公司年度累计净利润必须为正数时才可以发放股利，以前年度亏损必须足额弥补。③企业积累的限制。我国公司法规定，在向股东支付股利前，必须依法提取法定盈余公积，并鼓励公司提取任意盈余公积。其目的在于：一是“以丰补欠”，在公司盈余时有所积累，发生亏损时可用以前的积累弥补；二是发放股利，维护公司的形象；三是为企业实现内部资本扩张做准备。

(2) 债务契约因素。公司必须有充分的偿债能力才能发放现金股利，不允许公司在现金有限、偿债能力不足的情况下，为取悦股东而发放现金股利，否则，属于违法行为。

公司不具备偿债能力不得发放股利，主要涉及以下情形：一是公司资不抵债，即公司出现大量亏损，致使负债超过资产；二是债务到期不能偿还，例如公司没有出现资不抵债，但公司的资产流动性差，财务陷入困境而无力还债。

为了保证公司的偿债能力，维护债权人的利益，通常在债务契约中有限制公司股利分配的条款。这些条款通常规定：在贷款未偿还之前不得用盈余发放股利；只有当公司的盈利达到某一水平时，公司才可以发放现金股利；股利发放额必须限制在某一盈利额或盈利百分比上；公司的流动比率、收益利息倍数及其他安全比率未达到规定数值，也不得发放股利；公司的最低存款余额达到要求。有的条款还涉及股利宣布、发放日期等，如规定只有某一日期以后所累积的盈余才能用于发放现金股利。

当存在这种限制时，公司的股利政策必然会受到影响。有时，公司管理者也愿意存在这种限制，因为这样就不用向股东详细分析解释保留盈余的利弊得失，只需公布借款合同有此限制即可。另外，在优先股发行中，发行合同通常规定：在未清偿优先股股利之前，不得支付普通股股利。

(3) 现金充裕性约束。公司的现金情况是影响股利政策的一个重要因素。公司发放现金股利必须有足够的现金。如果公司没有足够的现金，则其发放现金股利的数额必然受到限制。当公司现金不充裕时，就应留有一定量的现金，少派发现金股利，避免公司偿债能力的削弱。

影响现金可用量的因素是公司资产的变现能力。公司资产的流动性强，可以采取较高的股利支付率分配股利，反之，就需采取低股利支付率的股利政策。一般来说，公司不应该也不会为了单纯追求低股利支付率而降低企业的资产流动性，削弱公司的应变能力，承担较大的财务风险。另外，未使用的举债能力也可以弥补公司现金的不足。

(4) 政策约束。中国证监会 2013 年 11 月 30 日发布《上市公司监管指引第 3 号——上市公司现金分红》，对上市公司的分红政策做了明确规定。第四条指出："上市公司应当在章程中明确现金分红相对于股票股利在利润分配方式中的优先顺序。具备现金分红条件的，应当采用现金分红进行利润分配。采用股票股利进行利润分配的，应当具有公司成长性、每股净资产的摊薄等真实合理因素。"第五条规定："上市公司董事会应当综合考虑所处行业特点、发展阶段、自身经营模式、盈利水平以及是否有重大资金支出安排等因素，区分下列情形，并按照公司章程规定的程序，提出差异化的现金分红政策：(一) 公司发展阶段属成熟期且无重大资金支出安排的，进行利润分配时，现金分红在本次利润分配中所占比例最低应达到 80%；(二) 公司发展阶段属成熟期且有重大资金支出安排的，进行利润分配时，现金分红在本次利润分配中所占比例最低应达到 40%；(三) 公司发展阶段属成长期且有重大资金支出安排的，进行利润分配时，现金分红在本次利润分配中所占比例最低应达到 20%；公司发展阶段不易区分但有重大资金支出安排的，可以按照前项规定处理。"

2. 公司因素

(1) 公司的投资机会。公司在确定其股利政策时，需要对未来的发展趋势和投资机会做出分析与判断，以作为制定股利政策的依据之一。成长中的公司，投资机会较多，资金的需求量也较大，因此多采用低股利支付率政策，较少发放或不发放现金股利；处于成熟期甚至衰退期的公司，投资机会较少，资金需求量较小，往往采用较高的股利支付率和较低的留存收益比率。

(2) 资本成本及资本结构的弹性。公司对综合资本成本最低和资本结构最佳的追求在很大程度上影响股利政策，公司应保持一个相对合理的资本结构和资本成本。理论上讲，当企业的综合资本成本最低时，企业价值最大。如果债务资本有较大的变化，而综合资本成本的变化很小，说明公司资本结构的弹性大；如果债务资本有较小的变化，而综合资本成本的变化较大，说明公司资本结构的弹性小。资本结构弹性小，说明负债比率的变化对资本成本的影响大，因此，股利分配即保留盈余的数额取决于现有的资本结构比例。资本结构弹性大，说明负债比率的变化对资本成本的影响不大，多分或少分股利对资本成本的影响不大。如果公司现有资本结构中债务资本的比率较大，即使债务资本成本低于权益资本成本，也不应采取高股利支付率的股利政策。

（3）偿债能力。偿债能力是股份公司确定股利政策时要考虑的一个基本因素。股利分配是现金的支出，而大量的现金支出必然影响公司的偿债能力。因此，公司在确定股利分配数量时，一定要考虑现金股利分配对公司现有及将来偿债能力的影响，保证在现金股利分配后公司仍能保持较强的偿债能力，以维护公司的信誉和借贷能力。

企业偿还债务主要有两种形式：一是用现有货币资金偿付；二是用发行债券、发行股票等取得的资金偿还到期债务。如果采用第一种方式偿还债务，则应尽量减少股利分配额。如果有较强的筹资能力，能够随时筹集到所需要的资金，可较多地支付股利。规模大、经营好、获利丰厚的公司，通常能比较容易地筹集到所需资金；而新设立、规模小、经营不善、获利较差的公司，筹集外部资金的能力较差，筹资成本较高，应减少股利的发放额。

（4）股利的信号作用。在成熟的资本市场上，股利的信息传递作用在一定程度上会影响公司的股价和资本成本。稳定的股利政策向投资者传达公司的经营情况稳定的信号。如果股利波动很大，投资者会觉得公司的经营风险很大，则要求的投资报酬率会提高，也会引起公司股票价格下跌。靠股利过活的股东希望有稳定的股利政策，如果股利经常波动，这些投资者就不愿意持有这样的股票，也会引起股票价格下跌。当公司的股利下降时，会使投资者产生公司的经营前景不妙的看法，从而引起公司股价下跌，增加公司的资本成本。因此，公司的股利政策应考虑历史延续性和稳定性，若进行重大调整，应充分估计这些调整对公司的声誉、股价、负债能力、信用等方面带来的一系列后果，再做出决定。

（5）公司的经营状况及盈余状况。公司的经营状况和盈余状况对股利政策也有重大影响。如果公司的盈利能力强，盈余稳定，则可以采取高股利政策，给股东以优厚的回报；如果盈利能力强，则应采取低股利政策，以保证公司的发展。如果公司的经营周期变动明显，则可以采用低正常股利加额外股利的政策。在繁荣阶段，除支付正常股利外，还可以支付额外股利；在萧条阶段，仅支付较低的正常股利，以维护股东的投资信心。

3. 股东因素

股东意愿在很大程度上制约着公司的股利分配。具有不同需求的投资者对公司股利政策的要求是不一致的。公司的股利政策未必能使每个股东都满意，但公司的股利政策必须兼顾不同类型投资者的意愿，妥善处理股东、企业管理者和公司发展等各方之间的矛盾。

（1）为保持公司的控制权而要求少分股利。如果公司大量发放现金股利，当公司需要现金时就需要重新筹集资金。如果公司采取发行普通股的方式筹资，则流通在外的普通股数量就会增加，这不仅会使普通股每股收益和股票市场价格下降，而且会导致公司控制权的重新分配，可能会使原有股东的控制权被稀释，这是以取得控制权为投资目的的股东所不愿意的，因此，这些股东一般会选择少分现金股利而多留盈利。这一因素在股票集中的企业中显得尤其重要。

（2）为避税而要求少分股利。由于个人所得税税率高于资本利得税率，因此，比较富有的投资者希望公司少分现金股利，以后能获得税负较低的资本利得。当公司的绝大部分股东比较富裕时，股利政策倾向于少发现金股利。

（3）为取得固定收入而要求较高的股利支付率。如果公司的股东多是低收入者，可能要依赖现金股利生活，低收入者的个人所得税税率低，因此，这些股东会重视当前的收入，一般不大关心税负的高低，更关心股利支付率的高低。

（4）为规避风险而要求较高的股利支付率。有些股东认为目前的现金股利是金额确定的收益，而留存收益导致的股价上涨带来的资本利得是不确定的，存在较大的风险。为规避风险，这些股东往往要求现在支付较多的股利，而对未来的资本利得不感兴趣。

12.3.3 股利政策的类型

1. 剩余股利政策

剩余股利政策是指公司的盈余应当优先满足公司投资的需要，如果满足投资需要后还有剩余，则用剩余的盈余发放股利；如果没有剩余盈余，则不发放股利。剩余股利政策的假定前提是：当企业再投资的收益率高于投资者在同样风险下的其他投资的收益率时，大多数投资者愿意将应分股利留在公司用于再投资，而不是要求分配股利。

剩余股利政策一般适用于公司初创阶段，有以下优点：留存收益优先保证再投资的需要，有助于降低再投资的资金成本和保持最佳的资本结构，实现企业价值的长期最大化。剩余股利政策也有以下缺点：（1）每一年的股利发放额会随当年投资机会和盈利水平的波动而波动，各年的股利发放水平高低不一，甚至在相当长的时期内不发放股利，这就有可能降低投资者对公司的信任度，影响公司的股价，甚至影响公司的长远发展。（2）股利发放与投资机会的多寡呈反方向变动：投资机会越多，股利发放越少；反之，投资机会越少，股利发放越多。而在投资机会维持不变的情况下，股利发放额将随公司每年盈利的波动同方向波动。（3）剩余股利政策不利于投资者安排收入与支出，也不利于公司树立良好的形象。

剩余股利政策的决策步骤如下：

（1）根据公司的投资计划确定公司的最佳资本预算。

（2）根据公司的目标资本结构及最佳资本预算预计公司所需要的权益资本数额。

(3) 尽可能用留存收益来满足资金需求中所需增加的股东权益数额。

(4) 留存收益在满足公司股东权益增加的需求后，如果有剩余再用来发放股利。

[例 12-6]

圆通股份公司 2015 年的税后净利润为 5 000 万元，公司尚处于初创期，产品市场前景看好，产业优势明显。公司确定的目标资本结构为负债资本 60%，股东权益资本 40%。2016 年该公司有较好的投资项目，净现值大于 0，投资额为 6 000 万元。如果该公司采用剩余股利政策，应当如何融资和分配股利？

首先，确定按目标资本结构需要筹集的股东权益资本：

$$6\ 000\times 40\%=2\ 400(\text{万元})$$

其次，确定应分配的股利总额：

$$5\ 000-2\ 400=2\ 600(\text{万元})$$

因此，圆通股份公司还应当筹集的负债资金为：

$$6\ 000-2\ 400=3\ 600(\text{万元})$$

2. 固定股利政策

固定股利政策是指公司在较长时间内每股支付固定股利额度的股利政策。它不随公司盈余的变化而调整，不管公司的盈余如何，每股均支付一定金额的股利。在公司盈利发生一般变化时，并不影响股利的支付，而是使其保持稳定的水平；只有当公司对未来利润增长确有把握，并且这种增长被认为不会发生逆转时，才会增加每股股利。

固定股利政策适用于一般投资者，尤其是谨慎投资者。固定股利政策有以下优点：可以向投资者传递公司的经营状况稳定的信息，有利于投资者有规律地安排股利收入和支出，有利于股票价格的稳定。固定股利政策的缺点是：可能会给公司造成较大的财务压力，尤其是在公司的净利润下降或者现金紧张的情况下，公司仍要支付固定的股利，容易导致现金短缺，财务状况恶化，影响公司的未来发展。

3. 固定股利支付率政策

固定股利支付率政策是公司长期按一个固定的股利支付率从净利润中支付股利的政策。

固定股利支付率政策适用于稳定发展的公司和公司财务状况较稳定的阶段。固定股利支付率政策的优点：使股利与企业盈余紧密结合，盈余多的年度股利发放额也多，反之则少，体现了“多盈多分，少盈少分，不盈不分”的原则，公平地对待每一位股东；保持股利与利润间一定的比例关系，体现了风险投资与风险收益的对称原则。

固定股利支付率政策的缺点：(1) 公司财务压力较大。固定股利支付率政策下，现金分派股利是刚性的，公司实现利润越多，派发股利也就应当越多。但是，实现利润多只能说明公司盈利状况好，并不能表明公司的财务状况就一定好，这必然给公司带来相当大的财务压力。(2) 缺乏财务弹性。固定股利支付率政策下，公司丧失了利用股利政策的财务方法，缺乏财务弹性。(3) 确定合理的固定股利支付率难度很大。股利支付率定低了，不能满足投资者对现实股利的要求；股利支付率定高了，会使大量资金因支付股利而流出，公司又会因资金缺乏而制约其发展。可见，确定公司较优的股利支付率是具有很大难度的工作。(4) 向市场传递的信息容易成为公司的不利因素。如果公司每年收益状况不同，固定股利支付率政策将导致公司每年股利分配额的频繁变化。波动的股利向市场传递的信息就是公司未来收益前景不明确、不可靠等，很容易给投资者带来公司经营状况不稳定、投资风险较大的不良印象。

4. 稳定增长股利政策

稳定增长股利政策是指在一定时期内公司的每股股利发放额稳定增长的股利政策。一般情况下，每股股利会随着公司盈利的增加而平稳增长。

稳定增长股利政策适用于成熟的、生产能力扩张的需求减少、盈利充分并且获利能力比较稳定的公司。从公司发展的生命周期来考虑，稳定增长期的企业可采用稳定增长股利政策，成熟期的企业可借鉴固定股利政策。而对于那些规模比较小、处于成长期、投资机会比较多、资金需求量相对较大的公司来说，这种股利分配政策并不适合。

稳定增长股利政策的缺陷表现为两个方面：一是公司股利支付与公司盈利相脱离，造成投资的风险与投资的收益不对称；二是它可能会给公司造成较大的财务压力，甚至侵蚀公司留存利润和公司资本。公司很难长期采用该政策。

5. 低正常股利加额外股利政策

这种股利政策是介于固定股利政策和固定股利支付率政策之间的股利政策。公司先规定一个正常的、较低的固定金额的股利，当盈余增加较多时，再增发额外的股利。

采用这种股利政策，即使公司不景气，盈利较少，或者公司需要较多的留存收益，也能够维持股利的正常发放。具体何时增发额外股利，做法不一，有的公司在每年的前三个季度按正常的固定股利发放，在第四季度根据公司情况增发额外股利。

低正常股利加额外股利政策的优点是：在公司盈余较少或者公司投资需要较多的内部资金时，公司仍然可以发放正常的低额股利，股东不会产生失落感，有利于稳定公司的股价；在公司盈余较多时，可以适度增发股利，增强股东对公司的信心，使公司的股价稳中有升，有利于吸引依靠现金股利的投资者。其缺点是：如果公司经常增发额外股利，容易使股东将额外股利也认为是正常股利，当某一年度不发额外股利时，容易使股东产生公司业绩下滑的印象，从而影响公司股票的价格。

低正常股利加额外股利政策既吸收了固定股利政策对股东投资收益保障的优点，同时又摒弃了其对公司造成的财务压力方面的不足，在资本市场上颇受投资者和公司的欢迎。

12.3.4　股利政策决策

1. 股利政策决策的步骤

（1）确定公司可供分配的现金余额及预测未来可供分配的现金余额。这些数据可以通过分析企业当期各项现金收入、支出，预测企业未来一定时期内各项现金收入、支出等经营情况获得。准确预算未来年度的投资性资本支出，根据公司预期的资本结构测算出投资需要的权益性资本。具体测算可用下列公式：

$$\begin{aligned}\text{可供分配股利的现金} &= \text{本期经营活动的现金收入} + \text{投资现金收入} - \text{偿还借款本金} - \text{经营活动各项现金支出} \\ &\quad - \text{投资性权益资本支出} \pm \text{非经常性项目现金净额} \end{aligned} \tag{12-4}$$

一般情况下，公司分配现金股利的总额不能超过至本年度止累积实现的净利润。

（2）确定合适的目标股利支付率。在考虑以下因素的基础上，确立一定时期内的目标股利支付率：①公司现行股利政策的惯性；②可比公司的股利支付率范围和股东组合情况；③本公司股东组合及其意愿；④公司未来一定时期内利润增长趋势。首先拟定股利支付率的范围，然后分析上述因素的影响，提出一个可行的目标股利支付范围。

（3）确定股利支付额。理论上讲，公司支付的现金股利额应等于满足所有净现值为正的投资项目之后的剩余现金额。但在实际工作中，由于各种因素的影响，资本预算与实际存在偏差。因此，现金股利支付总额应进行适当调整，以应对经营活动中的不确定性支出。如果预算期内公司盈利大幅增加，公司应当保持稳定或增长的股利政策，向市场传递经营良好的信号。

（4）分析不同股利分配形式的影响。股利政策具有信息传递功能，不同的股利分配形式所给出信号的影响也是不同的。比如，将现金股利改为股票股利，是否会给投资者一个消极的信息；发放股票股利是公司财务困难造成的，还是其他原因所致；当公司现金较多时，是直接发放股票股利还是采用股票回购，采用股票回购形式是否会传递股东认为公司缺乏投资机会的信号；等等。考虑公司可以采用的分配形式时，还应分析交易成本、股东偏好及税收政策对股东收益的影响等，提出对公司、对股东损害最小的分配形式。

（5）分析不同股利政策的影响。公司应提出若干股利政策备选方案，并分析不同股利政策对以下方面的影响：未来现金流量状况是否能满足公司需要，未来盈余能否支持拟实施的股利政策，公司的财务负担能力，股利政策对资金筹集的影响，投资者对拟实施的股利政策的反应。

（6）拟定股利政策。以上各个方案及其分析结论提交公司董事会和股东大会讨论通过后实施，并定期检查是否达到预定目标。

根据上述股利政策决策步骤，回答例 12-5 提出的问题。

（1）测算各类股利政策的股利支付情况。

维持固定股利支付率政策：

2014 年度股利支付率＝200/1 000＝20％

则　2015 年度支付股利额＝1 500×20％＝300(万元)

采用剩余股利政策：

内部权益资本融资额＝1 800×5/(5＋4)＝1 000(万元)

则　2015 年度支付股利额＝1 500－1 000＝500(万元)

采用稳定增长股利政策：

2015 年度支付股利额＝200×(1＋20％)＝240(万元)

（2）分析股利政策的影响。

在进行股利分配时，剩余股利政策将优先考虑投资机会的选择，其股利支付额会随着拟投资项目的资金需求而变动。因为公司每年面临不同的投资机会，所以会造成股利较大的变动，不利于公司股价稳定。

固定股利支付率政策按固定比率支付，股利会随每年盈余的变动而变动，使公司股利支付极不稳定，不利于公司市值最大化目标的实现。

稳定增长股利政策的股利发放额稳定增长，有利于树立公司良好的形象，使公司股价稳定，有利于公司长期发展。需要注意的是，实行这一政策的前提是公司的收益必须稳定且能正确地预计其增长率。

（3）拟定股利政策方案。根据上述分析，南方公司应选择稳定增长股利政策。

[例 12-7]

科通公司是一家从事电子产品生产的企业，股本均为普通股，现有 1 000 万股，公司经营状况稳定良好，利润逐年稳步增长。公司计划 2015 年 3 月 20 日召开董事会会议，讨论未来 5 年内公司的股利政策。会议召开前夕，公司董事长要求财务总监提出适当的股利分配方案。财务总监收集了科通公司与可比公司近 10 年的股利分配情况，整理如表 12-2 所示。

表 12-2　　**科通公司与可比公司 10 年股利分配资料**　　单位：元

年度	每股股利	每股盈余	股利支付率（%）		可比公司股利支付率（%）		股利增加		
			科通公司	可比公司	最高	最低	季度	从	到
2005	0.40	1.20	33.3	39.4	57.3	21.9	Ⅰ	0.09	0.10
2006	0.46	1.32	34.8	41.0	51.2	20.7	Ⅱ	0.10	0.12
2007	0.54	1.50	36.0	40.9	48.3	24.8	Ⅱ	0.12	0.14
2008	0.64	1.85	34.6	41.7	44.2	27.9	Ⅰ	0.14	0.16
2009	0.72	2.07	34.8	43.2	46.1	22.2	Ⅰ	0.16	0.18
2010	0.84	2.45	34.7	41.2	51.1	23.6	Ⅰ	0.18	0.21
2011	0.96	3.10	34.3	35.2	48.6	24.7	Ⅰ	0.21	0.24
2012	1.12	3.73	31.0	37.2	54.1	25.3	Ⅰ	0.24	0.28
2013	1.28	4.01	30.0	38.2	52.9	22.1	Ⅰ	0.28	0.32
2014	1.44	4.25	31.9	44.2	53.7	18.6	Ⅰ	0.32	0.36
10 年增长率	14.40	15.40							
10 年平均			33.5	40.2					

表 12-2 显示，科通公司最近 10 年平均股利支付率为 33.5%；可比公司（竞争者）的股利支付率在 18.6%～57.3%之间，平均为 40.2%。

表 12-3 为科通公司未来 5 年的财务预测。

表 12-3　　**科通公司未来 5 年财务预测**

年度	2014	2015	2016	2017	2018	2019	合计
每股盈余（元）	4.25	5.00	6.00	7.20	8.50	10.00	
股份数（万股）		1 000	1 000	1 000	1 000	1 000	
可以分配的盈余（万元）		5 000	6 000	7 200	8 500	10 000	36 700
折旧及其他非现金支出（万元）		1 200	1 400	1 600	1 900	2 200	8 300
可供再投资或分配的现金（万元）		6 200	7 400	8 800	10 400	12 200	45 000
每股营业现金净流量（元）		6.2	7.4	8.8	10.4	12.2	
资本投资需求（万元）		4 500	5 400	7 400	7 200	9 000	33 500
剩余资金（万元）		1 700	2 000	1 400	3 200	3 200	11 500

财务总监根据公司的历史和预测资料，在分析了其他影响股利政策的因素后，着重考虑了以下问题：(1) 增加股利发放是否会增加股东的价值？(2) 现行股利支付率是否合适？(3) 与其他公司相比，本公司的股利支付率应为多少合适？(4) 对公司的股东来说，现金股利和股票回购哪个更合适？(5) 由于在未来存在较大的资本支出，公司能否暂时削减股利？或者为保存现金而改为股票股利？分析这些问题有助于确定公司的股利政策。

（1）可供分配的现金额。5 年的预期盈利为 3.67 亿元，可供分配的现金总额为 4.5 亿元，董事会暂定的 5 年内的资本预算总支出为 3.35 亿元，预期剩余资金为 1.15 亿元。预算期内有一项较大的投资支出。

（2）拟定目标股利支付率。资料显示：科通公司最近 10 年平均股利支付率为 33.5%。经过计算，最近 5 年平均股利支付率为 32.38%。可比公司（竞争者）的股利支付率在 18.6%～57.3%之间，平均为 40.2%。基于以上分析，财务总监认为，公司的股利支付率在 30%～40%之间是恰当的。考虑到将来还有较大量的资本预算支出，实际执行的股利支付率应当比行业平均水平低一些。

（3）确定股利支付金额。科通公司 5 年的预期盈利为 3.67 亿元，按拟定的股利支付率计算，预期盈利中有 1/3 可以分配。

详细分析公司股东的构成，有助于了解股东对股利政策的态度。但是，详细分析可能浪费时间、开支巨大，目前难以做到。所以，只要公司的股利政策表述清楚又可稳定实施，仍会吸引投资者。

基于上述分析，财务总监提出了三个备选方案，如表 12－4 所示。

表 12－4　　股利政策备选方案（普通股）

	2014 年数额	预计数额					合计
		2015 年	2016 年	2017 年	2018 年	2019 年	
原股利政策							
每股股利（元）	1.44	1.44	1.44	1.44	1.44	1.44	
股利支付率	33%	29%	24%	20%	17%	14%	
剩余资金（万元）		1 700	2 000	1 400	3 200	3 200	11 500
股利支出（万元）		1 440	1 440	1 440	1 440	1 440	7 200
现金余（缺）（万元）		260	560	(40)	1 760	1 760	4 300
可选股利政策 A							
每股股利（元）	1.44	1.70	1.70	1.70	1.70	1.70	
股利支付率	33%	34%	28%	24%	20%	17%	
剩余资金（万元）		1 700	2 000	1 400	3 200	3 200	11 500
股利支出（万元）		1 700	1 700	1 700	1 700	1 700	8 500
现金余（缺）（万元）		0	300	(300)	15 00	1 500	3 000
可选股利政策 B							
每股股利（元）	1.44	1.68	1.88	2.00	2.64	3.30	
股利支付率	33%	34%	31%	28%	31%	33%	
剩余资金（万元）		1 700	2 000	1 400	3 200	3 200	11 500
股利支出（万元）		1 680	1 880	2 000	2 640	3 300	11 500
现金余（缺）（万元）		20	120	(600)	560	(100)	0

（4）分析不同股利政策的影响。

①维持原股利政策。表 12－4 显示，如果公司维持这个比例，则股利支付率会平稳下降，同时会有较多的现金余额。

②采用股利政策 A。从 2015 年开始，每股股利由 1.44 元增加到 1.70 元，并保持不变，则股利支付率会下降。

③采用股利政策 B。从实际出发，公司更重视 2015 年的股利分配，而政策 B 的每股股利较以前仅增加了 0.24 元，鉴于公司的盈利预期，这种增加应当是合理的。政策 B 在 2018 年和 2019 年大量增加股利分配，对这种增加还应继续评价。

所以，财务总监向董事会建议采用政策 B，他估计宣布股利政策后，很可能对公司的股价产生积极影响。实际的实施结果也是如此。

12.4　股票分割与股票回购

12.4.1　股票分割

1. 股票分割与股票股利

股票分割又称拆股，即将一股面值较大的股票换成数股面值较小的股票的行为。

股票分割不是股利支付方式，但是，其产生的效果与股票股利发放有许多相似之处。二者既有相同之处，也有不同之处。

股票分割与股票股利发放有以下相同点：股票分割与股票股利发放都会增加普通股股数，通常情况下股票分割增加更多；股票分割与股票股利发放都会引起每股收益和每股市价下降，通常情况下股票分割下降更多；股票分割与股票股利发放后，股东持股比例不变，公司的资产总额、负债总额、股东权益总额不变。

股票分割与股票股利发放有以下不同点：股票分割后股票面值变小，股票股利发放后股票面值不变；股票分割后股东权益结构不变，股票股利发放后股东权益结构发生变化；股票分割不属于股利支付方式，而股票股利属于股利支付方式。

股票分割给投资者带来的不是现实的利益，但是投资者持有的股票数增加了，给投资者带来了今后可多分股息和更高收益的希望，因此股票分割往往比增加股息派发对股价上涨的刺激作用更大。

2. 股票分割对于期权、分红的影响

一旦进行股票分割，期权行使价格会降低，持有的期权数量会增加。例如，D 公司看涨期权行使价格为 60 元，如果公司按 1∶10 进行股票分割，则期权的行使价格变为 6 元，期权覆盖的股票数量由 1 股增加到 10 股。大于 10%的股票分红也会进行相似的调整。

3. 股票分割对公司的意义

100%的股票股利和 1∶2的股票分割都会使公司流通在外的股票数量增加一倍，但是，这并不影响公司的流动性、资本支出计划、公司的财务杠杆等变量。股票分割对公司仍有特别的意义：股票分割向市场传递了公司成长预期良好的信息，进一步增强投资者对公司的信心；股票分割使公司的股价降到一个范围内，有利于吸引更多的中小投资者。而且，公司的投资者更为分散，有助于防止少数小集团的股东通过委托代理权，实现对公司的控制；股票分割有助于公司兼并、合并政策的实施，当一个公司兼并或合并另一个公司时，首先对自己的股票进行分割，有助于增加对被兼并方股东的吸引力。

4. 股票分割对股东的意义

股票分割对股东具有重要意义：股票分割有可能增加股东的财富，股票分割后，每股股利一般会下降，如果每股股利下降的幅度小于股票分割幅度，股东可以多获得现金股利；股票分割会向投资者传递公司未来利好的信息，这一信息会增加投资者的求购需求，使公司的股价上涨，进一步增加股东财富。

如果有些公司认为公司股价过低，为了提高股价，可以采用反分割即股票合并的方式，将面值较低的数股股票合并为一股面值较大的股票，从而提高公司的股价。

12.4.2 股票回购

1. 股票回购

股票回购是指上市公司利用现金等方式，从股票市场上购回本公司发行在外的一定数额的股票的行为。回购的股票可以注销，可以作为库藏股。绝大多数情况下，公司将回购的股票作为库藏股保留，不再属于发行在外的股票，不参与每股收益的计算和分配。库藏股日后可移作他用，如发行可转换债券、雇员福利计划等，或在需要资金时将其出售。需要注意的是，公司持有的其他公司发行的股票、本公司尚未发行的股票、本公司已发行后又回到公司手中但已经注销的股票，不能视为库藏股。

在我国，股票回购是在股权分置改革的背景下，为了解决国有股比例过大和内部人控制等股权结构不合理的问题，于 20 世纪 90 年代引入的。2005 年 6 月 16 日，证监会颁布了《上市公司回购社会公众股份管理办法（试行）》，指出上市公司回购社会公众股份是指上市公司为减少注册资本而购买本公司社会公众股份并依法予以注销的行为。自此，我国上市公司股票回购有序展开。2015 年股市异常动荡，民间称之为“2015 股灾”，为了救市，2015 年 7 月 6

日，证监会号召上市公司回购股票，稳定股价，许多公司纷纷入市，在一定程度上抑制了股价下跌。

2. 股票回购的动机

关于股票回购的动机，理论上出现了多种假说，这些假说归纳起来有以下几种：提升每股收益假说、财务杠杆假说、税差假说、财富转移假说、信号传递假说、控制权市场假说、自由现金流假说、财务灵活性假说、股票期权假说。这些假说对股票回购进行了理论解释，但都经不起仔细推敲，有待进一步完善。

市场上股票回购的动机主要有以下几种：(1) 抵御收购，巩固对公司的既定控制权；(2) 调整公司资本结构，充分发挥财务杠杆的作用；(3) 稳定或提高公司的股价；(4) 用于员工持股。

《公司法》规定，公司只有在以下四种情形下才能回购本公司的股份：减少公司注册资本；与持有本公司股份的其他公司合并；将股份奖励给本公司职工；股东因对股东大会做出的合并、分立决议持异议，要求公司收购其股份。

股票回购的另一个重要动机是增加股东现金红利。例如，经历了 20 世纪五六十年代快速增长的 IBM，在 70 年代中期出现大量的现金盈余，1976 年末现金盈余为 61 亿美元，1977 年末为 54 亿美元。由于缺乏有吸引力的投资机会，公司决定回购股票，增加现金红利。1977 年和 1978 年 IBM 共斥资 14 亿美元回购本公司股票，使得股利支付率由 20 世纪五六十年代的 1%～2% 猛增到 1978 年的 54%。据统计，1985—1989 年期间，IBM 用于回购本公司股票的资金达到 56.6 亿美元，共回购 4 700 万股股票，平均红利支付率为 56%。美国联合电信器材公司在 1975—1986 年期间一直采用股票回购、增加股东现金红利政策，使公司股票价格从每股 4 美元上涨到每股 35.5 美元。

股票回购可以增加股东的资本利得，在资本利得税税率低于现金股利所得税税率的情况下，股东将得到纳税上的好处。

3. 股票的回购方式

《上市公司回购社会公众股份管理办法（试行）》第九条规定：上市公司回购股份可以采取以下方式之一进行：证券交易所集中竞价交易方式；要约方式；中国证监会认可的其他方式。股票的回购方式有：

(1) 按照股票回购的地点划分，可分为场内公开收购和场外协议收购。场内公开收购是指上市公司把自己等同于任何潜在的投资者，委托在证券交易所有正式交易席位的证券公司，代自己按照公司股票当前市场价格回购。这种方式的透明度比较高，但很难防止价格操纵和内幕交易，在国外较为成熟的股票市场上较为流行。场外协议收购是指股票发行公司与某一类（如国家股）或某几类（如法人股、B 股）的投资者直接见面，通过在店头市场协商来回购股票的一种方式。协商的内容包括价格和数量以及执行时间等。这种方式的缺陷就在于透明度比较低，有违股市“三公”原则。

（2）按照筹资方式划分，可分为举债回购、现金回购和混合回购。举债回购是指企业通过向银行等金融机构借款的办法来回购本公司股票，目的是防御其他公司的敌意兼并与收购。现金回购是指企业利用剩余资金来回购本公司的股票。企业既动用剩余资金，又向银行等金融机构举债来回购本公司股票，称为混合回购。

（3）按照资产置换范围划分，可分为出售资产回购股票、利用手持债券和优先股交换（回购）公司普通股、债务股权置换。出售资产回购股票是指公司通过出售资产筹集资金回购本公司股票。利用手持债券和优先股交换（回购）公司普通股是指公司使用手持债券和优先股换回（回购）本公司股票。债务股权置换是指公司使用同等市场价值的债券换回本公司股票。

（4）按照回购价格的确定方式划分，可分为固定价格要约回购和荷兰式拍卖回购。前者是指企业在特定时间发出的以某一高出股票当前市场价格的价格水平，回购既定数量股票的买入报价。为了在短时间内回购数量相对较多的股票，公司可以宣布固定价格要约回购。它的优点是赋予所有股东向公司出售其所持股票的均等机会，而且通常情况下公司享有在回购数量不足时取消回购计划或延长要约有效期的权力。与公开收购相比，固定价格要约回购通常被认为是更积极的信号，其原因可能是要约价格存在高出市场当前价格的溢价。但是，溢价的存在也使得固定价格回购要约的执行成本较高。

荷兰式拍卖回购首次出现于 1981 年托德造船公司的股票回购。此种方式在回购价格确定方面给予公司更大的灵活性。在荷兰式拍卖的股票回购中，首先公司指定回购价格的范围（通常较宽）和计划回购的股票数量（可以上下限的形式表示）；而后股东进行投标，说明愿意以某一特定价格水平（股东在公司指定的回购价格范围内任选）出售股票的数量；公司汇总所有股东提交的价格和数量，确定此次股票回购的“价格-数量曲线”，并根据实际回购数量确定最终的回购价格。

（5）可转让出售权回购。指实施股票回购的公司赋予股东在一定期限内以特定价格向公司出售其持有的股票的权利。所谓“可转让”，是指这一权利一旦形成，就可以同依附的股票分离，而且分离后可在市场上自由买卖。执行股票回购的公司向其股东发行可转让出售权，那些不愿意出售股票的股东可以单独出售该权利，从而满足各类股东的需求。此外，因为可转让出售权的发行数量限制了股东向公司出售股票的数量，所以这种方式还可以避免股东过度接受要约回购的情况。

（6）特定目标的股票回购，有时也称“讹诈赎金”或“绿色邮包”。当公司从单个股东或一组股东手中购回其持有的相当数量的公司普通股时，会进行特定目标的股票回购。这样的股票回购经常是溢价成交，而且回购并不适用于其他股东。特定目标的股票回购作为反兼并的一种手段，可以促使收购者把股票出售给目标公司并赚取一定的利润，放弃进一步收购的计划。

思考题

1. 股利理论的发展说明了什么？有何现实指导意义？

2. 从财务管理目标的角度看，你认为制定股利政策的目的是什么？

3. 2007 年前，我国许多上市公司采用不分配的股利政策，原因是什么？

4. 有人说，剩余股利政策在于保障优先投资权，因为这将有利于利润最大化目标的实现，因而，企业的税后利润应首先满足投资的需要，如有剩余再向投资者分配。说说你的看法。

5. 你认为股票回购的动机是什么？如何正确认识股票回购？

案例分析

苹果公司股利政策

苹果公司创立于 1976 年，到 1980 年，公司研制生产的家用电脑已经销售 13 万多台，销售收入达到 1.17 亿美元。1980 年苹果公司首次公开发行股票上市。上市以后，公司快速成长，到 1986 年，销售收入达 19 亿美元，净利润达 1.54 亿美元。1980—1986 年，苹果公司的净利润年增长率达到 53%。1986 年苹果公司与马克公司联合进入办公用电脑市场，其主要竞争对手是实力非常强大的 IBM。尽管竞争非常激烈，但 1987 年苹果公司仍然取得了骄人的成绩，销售收入实现了 42%的增长。但是，人们对苹果公司能否持续增长表示怀疑。为了增强投资者的信心，特别是吸引更多的机构投资者，苹果公司在 1987 年 4 月 23 日宣布首次分配季度股利，每股支付现金股利 0.12 美元，同时按 1∶2 的比例进行股票分割（即每 1 股分拆为 2 股）。

股票市场对苹果公司首次分配股利反应非常强烈，宣布分配股利的当天，股价就上涨了 1.75 美元，在 4 个交易日里，股价上涨了约 8%。在之后的三年多里，苹果公司的经营业绩保持良好的增长，到 1990 年实现销售收入 55.58 亿美元，净利润 4.75 亿美元，1986—1990 年，销售收入平均年增长率为 31%，净利润平均年增长率为 33%。但是 1990 年以后，苹果公司的业绩开始逐年下降，1996 年亏损 7.42 亿美元，1997 年亏损 3.79 亿美元。苹果公司的股票价格也从 1990 年的 48 美元跌到 1997 年的 24 美元。尽管经营业绩发生了较大变化，但苹果公司从1987年首次分配股利开始，一直坚持每年支付大约每股0.45美元的现金股利，直到1996年由于经营困难不得不停止。

资料来源：改编自苹果计算机公司股利政策案例. https://wenku.baidu.com/view/6098542258fb770bf78a55d8.html.

思考：你认为：苹果公司为什么在1987年决定首次发放股利，并进行股票分割？苹果公司采用的是何种股利政策？评价这种股利政策的利弊。

第13章

财务失败与财务预警

[引导案例]

2018年8月10日下午，乐视网信息技术（北京）股份有限公司（以下简称“乐视网”）发布公告称，公司存在股票被暂停上市的风险。

乐视网于2004年11月成立于北京中关村高科技园区，最初是一家视频网站，享有国家级高新技术企业资质。2010年8月12日在中国创业板上市，是中国A股最早上市的视频公司。曾获得“中国高科技高成长50强”“亚太500强”“中关村100优高新技术企业”“2013福布斯潜力企业榜50强”“互联网产业百强”“互联网进步最快企业奖”等一系列奖项与荣誉，可以说是视频网站行业当之无愧的“网红”企业。

乐视经营的业务涉及多个行业，可概括为平台、内容、终端、应用四个层面，其中，平台指乐视网、乐视云、乐视LEUI等端口，内容指视频、电影、体育、音乐等，终端包括电视、手机、汽车、自行车、行车记录仪等，应用则由应用商店、乐视商城、众筹金融组成。

2015年，乐视网是创业板当之无愧的明星个股，在资金追捧下，股价狂飙超过5倍，市值高达1 560亿元，董事长贾跃亭一度成为创业板首富。然而，时隔一年，随着资金链断裂的消息传出，欠款、巨亏、裁员等负面消息接踵而至，乐视网商业帝国几乎坍塌，引来投资者一片哗然。2016年年底以来，乐视网出现了崩盘式衰落。2016年亏损2.219亿元，2017年底亏损181.8亿元，2018年8月公告资不抵债，面临退市风险。

早在乐视网发展的鼎盛时期，其主要财务指标（见表13-1）就已经反映出很多问题。

表 13-1　　乐视网主要财务指标

	2017-12-31	2016-12-31	2015-12-31	2014-12-31	2013-12-31	2012-12-31	2011-12-31
资产总额（亿元）	179	322.3	169.8	88.51	50.2	29.01	17.74
负债合额（亿元）	186.5	217.5	131.7	55.08	29.41	16.28	7.173
营业总收入（亿元）	71.0	220	130	68.2	23.6	11.7	5.99
净利润（亿元）	−181.8	−2.219	2.171	1.288	2.324	1.9	1.309
资产负债率（%）	103.72	67.48	77.53	62.23	58.58	56.11	40.42
流动比率	0.55	1.27	1.22	0.81	0.83	0.8	1.02
速动比率	0.5	1.2	1.07	0.65	0.77	0.78	1.01
总资产周转率（次）	0.28	0.89	1.01	0.98	0.6	0.5	0.43
应收账款周转天数（天）	315.16	98.77	72.63	75.04	100.72	84.54	74.32
存货周转天数（天）	29.64	20.58	30.33	27.18	18.69	8.4	5.85
总资产收益率（%）	−72.55	−0.9	1.68	1.86	5.87	8.13	9.33
净资产收益率（%）	−211.4	8.2	16.17	13.83	18.19	16.9	13.06
基本每股收益（元）	−3.481 5	0.29	0.31	0.44	0.32	0.46	0.6
每股经营现金流（元）	−0.661 9	−0.539	0.471 8	0.278 4	0.220 2	0.254 1	0.667 7

1. 偿债能力大幅下降直至资不抵债

乐视网的流动比率从 2011 年的 1.02 降至 2017 年的 0.55，速动比率从 2011 年的 1.01 降至 2017 年的 0.5，难以偿还流动负债。

乐视网的资产总额在 2011 年为 17.74 亿元，2016 年达到最高为 322.3 亿元；其负债总额从 2011 年的 7.173 亿元增至 2016 年的 217.5 亿元。也就是说，乐视网资产规模的扩大主要依赖于负债的增加。但是到 2017 年，资产总额大幅降至 179 亿元，负债也大幅降至 186.5 亿元，负债总额超过资产总额，资产负债率高达 103.72%，资不抵债。

2. 盈利能力突然跳崖式下滑

乐视网的营业收入从 2011 年开始逐年增加，到 2016 年达到 220 亿元的高峰，但是，2017 年跳崖式下滑至 71 亿元，仅为 2016 年的 1/3。

乐视网的净利润在 2016 年为亏损 2.219 亿元，2017 年亏损猛增至 181.8 亿元。

总资产收益率 2011 年最高，为 9.33%，然后逐年下降，2016 年为 −0.9%，2017 年突然降至−72.55%。

净资产收益率在 2015 年最高为 16.17%，2016 年降低为 8.2%，2017 年跳崖式降至−211.4%。

现金流情况也不乐观，每股经营现金流在 2016 年为−0.539 元，2017 年为−0.661 9 元，经营活动产生的现金流不能满足经营支出的需要。

3. 资产利用效率突然下降

乐视网的资产利用效率在 2011—2015 年期间表现不错，但是自 2016 年开始大幅下降，总资产周转率从 2016 年的 0.89 次降至 2017 年的 0.28 次，应收账款周转天数从 2016 年的 98.77 天猛增至 2017 年的 315.16 天，而存货周转天数从 2014 年以来就居高不下。

总之，仅从财务数据判断，自 2016 年以来，乐视网存在负债和杠杆高、偿债能力不足、盈利能力弱等特点。

2018 年 8 月 10 日的公告中指出：公司预计 2018 年 1～6 月亏损达 11.05 亿～11.10 亿元，将导致公司至 2018 年 6 月 30 日归属于上市公司股东的净资产为负。公司董事会和管理层正在竭力解决公司目前的经营困难，但由于关联方债务导致公司资金问题尚无法得到解决，公司经营未能得到全面好转，下半年存在持续亏损的可能性。如经审计后公司 2018 年全年净资产为负，公司存在股票被暂停上市的风险。

资料来源：根据东方财富网相关资料整理.

思考：通过上面的财务分析可知，乐视网由超高速成长到面临退市风险，发生了重大财务危机，显然不是一蹴而就的。那么公司能否建立一套财务预警机制，通过财务预警预知潜在的财务危机，以便公司及时采取措施解决财务危机？

13.1 财务失败及其防范

13.1.1 企业失败与企业破产

1. 企业失败

（1）经济失败和财务失败。“企业失败可以分为经济失败和财务失败两大类。”①

① 余绪缨. 企业理财学. 沈阳：辽宁人民出版社，1996.

经济失败是指企业生产经营所产生的税后收入不足以弥补其成本费用，投资收益率低于资本成本，从而使企业处于经营亏损的状态。企业一旦出现经济失败，应及时采取措施进行挽救，若挽救无效，企业就会面临破产清算。

财务失败是指企业无法偿还到期债务的困难和危机，是企业财务危机的终极表现，进而导致企业破产。财务失败表现在许多方面：企业股价急剧下跌，延期支付货款，总资产和收益急剧下降，严重亏损，现金流量严重不足，无法支付优先股股利，资不抵债。企业财务失败的集中表现是企业不能按时偿还到期债务。

企业失败是从整个企业的角度而言的，既包括经济失败又包括财务失败；而财务失败仅从财务角度出发，是企业财务出现了问题。一般来说，企业失败往往同时存在财务失败，财务失败往往是企业失败的导火索。

（2）技术性失败和经济性破产。根据资产总额与负债总额的关系，企业财务失败分为技术性失败和经济性破产。前者是指企业的资产总额大于负债总额，但是由于财务状况不佳，可用于偿还债务的资金不足，导致企业不能偿还到期的债务，从而引发企业破产。后者是指企业的资产总额小于负债总额，形成资不抵债，最终导致企业不能清偿到期的债务而发生破产。技术性失败可通过非法律程序进行补救，经济性破产往往要通过法律程序才能补救。

最常用的一条判断财务失败的标准是《中华人民共和国企业破产法》对企业破产的定义，另一条是证券交易所对连年亏损、有重大潜在损失的上市公司给予特别处理或退市。

2. 企业破产

企业破产是指企业在生产经营中经营管理不善，负债达到或超过所占有的全部资产，不能清偿到期债务，资不抵债的企业行为。

企业破产的判定标准有三个：（1）现金流量标准——企业清偿不能或支付不能。“不能清偿到期债务”即无力偿债，国际上也称作“非流动性”，又称“现金流标准”。其含义是：债务人已全面停止偿付到期债务，而且没有充足的现金流量偿付正常营业过程中到期的现有债务。（2）资产负债表标准——企业的债务超过资产或资不抵债。资产不足以清偿全部债务，又称“资不抵债”，国际上称作“资产负债表标准”，主要是指企业法人的资产负债表上全部资产之和小于其对外的全部债务。这一标准的依据是，资不抵债表明企业遇到财务困难。但是，由于这一标准依赖于受债务人控制的资料，因此，采用资产负债表标准有一定的局限性。（3）外在行为标准——停止支付。具体表现为：债务人不是财产客观状况不能还债，而是依主观意志做出停止偿债的行为，包括明示、默示等各种行为；债务人对到期的金钱债务停止支付；持续一定期间不清偿债务。

13.1.2 财务危机与财务失败

财务危机是指企业无法偿还到期债务，通常是一个经历多个阶段、由渐进到爆发的过程。财务危机的最初表现是企业的资金不足、债务延期支付；其后表现为企业资金周转不灵、债务违约；然后是企业负债总额超过资产总额、企业丧失清偿能力；最终企业走向清算破产。

综合起来，财务危机至少表现为以下四种形式：第一，从企业的运营情况看，表现为产销严重脱节，企业销售额和销售利润明显下降，多项财务指标严重恶化；第二，从企业的资产结构看，表现为应收账款大幅增长，产品库存迅速上升；第三，从企业的偿债能力看，表现为丧失偿还到期债务的能力，流动资产不足以偿还流动负债，总资产低于总负债；第四，从企业现金流量看，表现为缺乏偿还即将到期债务的现金流，现金总流入小于现金总流出。

从表现形式来看，财务危机和财务失败有相同之处，如财务指标异常、不能偿还到期债务等。但是二者也存在区别：财务危机按危机程度可划分为不同阶段，当财务危机严重到企业无法持续经营时，企业面临破产，即为财务失败。也就是说，财务失败是财务危机的终极表现。

13.1.3　企业财务失败的原因

在正常的市场经济条件下，外部因素对每个企业来说基本上都是公平的，因此，企业财务失败的主要原因在企业内部。

1. 财务原因

(1) 负债过度。负债是导致企业财务失败的主要原因，但不是必然原因。在企业资产收益率高于债务成本的情况下，适度负债不仅不会导致财务失败，反而可以获得财务杠杆效益。但是，如果一个企业过度负债，在权益资本不足的情况下，企业会面临双重困难：增加了偿债负担；企业所有者因企业风险加大要求增加投资收益，债权人会因财务风险加大而要求增加债务成本。这就使企业的财务负担进一步加重，偿债能力进一步降低，不能偿还到期债务的可能性进一步加大。如果企业不能改变这种财务状况，就可能导致财务失败。

(2) 亏损严重。企业亏损，企业的资本不能保值，企业无力清偿到期债务。亏损越严重，现金越缺乏，财务失败越不可避免。

(3) 资产结构或负债结构不合理。企业资产结构中流动性强的资产比重低，或者企业将短期债务资金投资于变现能力差的长期资产，长期资产在全部资产中所占比重过高，就会降低资产的流动性，增加企业偿还债务的负担，造成偿债困难。负债结构中短期债务比重过高，也会造成企业偿债负担。

(4) 信用等级低下。企业信用等级低下，借新债还旧债困难重重，财务危机将难以避免。

2. 经营决策因素

从企业经营角度看，导致企业财务状况逐渐恶化、最终走向失败的是一系列的错误决策。

（1）投资决策失败。投资决策失败会导致企业资金链断裂、财务负担加重。如章末案例中的合俊集团收购决策失败。

（2）筹资决策失败。如企业过度负债、企业资本结构不合理等，将会导致企业偿付能力严重不足。

（3）经营约束失败。如企业的短期行为、财务造假、信用等级低下以及举债艰难等，都会导致企业出现财务危机。

（4）经营管理失败。如内部控制不到位、对成本费用控制不利、产品竞争力不强、应收账款管理不到位、科研投入不足等，这些问题会导致企业经营出现亏损、企业财务负担增加。

13.1.4 企业财务失败的防范

1. 财务失败的预防

为避免财务失败，要采取可行的防范措施，包括：（1）决策科学化。企业应当建立科学的决策制度，任何决策都要执行有关程序，进行合理论证，避免盲目决策。（2）建立完善和运行有效的内部控制与风险防范体系。（3）合理利用举债经营，避免过度负债；负债结构安排合理，避免短期债务过多；合理安排资金的使用，避免大量短期资金投资于流动性差的长期资产。（4）合理配置企业资产结构，流动性强的资产要保持一定比例，保证企业有充分的偿债能力。（5）严格管理为其他企业提供贷款担保，对于偿还能力差的企业，尽量避免为其担保。（6）加强企业科研管理，保证在新产品研发方面的资金投入，为企业未来发展奠定基础。（7）加强日常经营管理。如及时采取措施处理滞销产品，控制日常经营成本费用等。（8）加强对现金、应收账款和存货的管理，尤其是对赊销信用的管理，避免出现不良资产等。

2. 发生财务失败时的对策

企业出现可能发生财务失败的迹象时，管理层应及时采取措施，避免更严重的情况出现。比如，与银行签订新的贷款协议，尽量延长还款期限；及时处理亏损的企业分部和生产线；实行多样化经营，分散企业经营风险；努力提高企业管理水平；不断改善企业营销策略；尽量降低企业人工成本；改善对企业经营成本和生产效率的控制；制定科学的生产经营计划；对各种差异进行严格的分析、考核等。

3. 面临财务失败的补救措施

企业面临财务失败时，应根据其程度不同采取相应的措施进行补救。

（1）增加营运资金。如果企业财务失败不很严重，在企业资产总额大于负债总额的情况下，企业不能偿还到期债务一般是由于缺乏营运资金，主要是现金，这时可采取一些补救措施增加营运资金，以增强企业的偿债能力和维护债权人的利益。如要求所有者增加现金投入，变现一些长期资产，撤销一些业务经营或分支机构等。

（2）债务重组。债务重组是在企业资产总额大于负债总额的情况下应对企业财务失败的重要措施，目的是改变债务结构和减轻债务负担，使企业走出困境。其主要方式有：①改变债务条件，减轻企业的债务负担；②以非现金资产抵偿到期债务；③将债务转变为所有者权益。采取这些措施，不仅可以改变企业长短期债务结构，减轻短期内的债务压力，而且可以减少债务总额。对债权人来讲，债务重组可以避免因要求偿债过急或通过法律程序偿债给债务企业造成更大的财务危机，防止债权人增加更多的坏账损失。债务重组需要债务企业和债权人双方做出让步，为保证这项措施的顺利实施，债务企业应与债权人充分协商并签订债务清偿协议。

（3）财务重组。当企业资不抵债时，通过增加营运资金或债务重组来补救往往难以解决问题。此时，债务企业可进行财务重组。财务重组是指对陷入财务危机但仍有转机和重建价值的企业，根据一定程序重新整顿，使公司得以复苏和维持的做法，是对已经达到破产界限的企业实施的抢救措施。

财务重组包括非正式财务重组和正式财务重组。

①非正式财务重组是指债务企业直接与银行或债权人进行协商，达成协议，做出债务展期或债务和解等安排。第一，债务展期与债务和解。为了防止债务人损害债权人的利益，在实施债务展期或债务和解后，债权人通常采取一些自我保护措施，这些措施有：坚持实施某种资产的转让或由第三方代管；要求债务企业股东转让其股票到第三者代管账户，直至还清欠款为止；债务企业的所有支票应由债权人委员会会签，以保持回流现金用于还清欠款。第二，准改组。准改组不需要法院参与，不解散企业，也不改变债权人的利益，只要征得债权人和股东的同意不立即向债权人支付债务和向股东派发股利，便可有效地实施。

非正式财务重组的优点有：避免了履行手续所需的大量费用，可以减少重组所需要的时间，谈判有更大的灵活性。缺点是：难以达成一致；没有法律的参与，协议的执行缺乏法律保障。

②正式财务重组。正式财务重组是在法院受理债权人申请破产案件的一定时期内，经债务人及其委托人申请，与债权人达成和解协议，对公司进行整顿、重组的一种制度。其基本程序有：向法院提出重组申请，法院任命债权人委员会，制定公司重组计划，执行公司重组计划，经法院认定宣告终止重组。制定重组公司的计划包括下述几项内容：估算重组公司的价值；调整公司的资本结构，削减公司的债务负担和利息支出，为公司继续经营创造一个合理的财

务状况；公司新的资本结构确定之后，发行新的证券替换旧的证券，实现公司资本结构的转换；重组计划通常还包括其他措施。

[例 13-1]

江苏中达新材料集团股份有限公司（以下简称“中达股份”）于 1997 年 6 月 23 日挂牌上市交易，主营双向拉伸聚丙烯薄膜（BOPP）、聚酯薄膜（BOPET）、多层共挤流延薄膜（CPP）三大系列高分子软塑料新型材料。至 2007 年 6 月末，中达股份历经 10 年的发展，总资产由当初的 6 亿元增加到近 50 亿元。

2005 年以来，国内的软塑包装材料行业发展过快，市场呈现供过于求的状况。而国际原油价格的持续飞涨也使原材料价格大幅上升，产品获利空间较小。中达股份前期投资过快，公司的负债偏高，结构不合理。在国家宏观紧缩的货币政策下，利率不断调高，公司财务负担加重。2006 年 9 月，江苏太平洋建设集团资金链断裂，中达股份的大股东申达集团与其存在互保关系，相关债权银行追究申达集团的连带担保责任，而中达股份也为江苏太平洋建设集团提供了 1 亿多元的担保，内外因的积聚使得中达股份的财务危机终于爆发，公司股票于 2007 年 9 月 11 日起紧急停牌。

为什么一家如此规模的企业集团仅仅因为 1 亿多元的担保就陷入了财务困境？

分析财务危机产生的原因，主要有以下几点：

（1）投资决策有误及负债结构不合理。2002 年，中达股份迎来了软塑包装材料行业发展的黄金时期，加上增发股本的成功，使得资本比较充裕。新投资的 5 条生产线均创造了较好的效益。由于行业的前景看好，加上国家将该行业的审批权限下放到地方，进入门槛降低，因而吸引了大量的资本涌入，短短的一两年时间，全国的产能增长了 1 倍，出现了产品供大于求的现象。2004 年，国际原油价格上涨，生产软塑包装材料的主要原材料聚丙烯、聚酯切片的价格也随之上涨，产品的获利能力大幅下降。

在这些不利的行业形势下，中达股份没有进行合理论证，就投资兴建 BOPP 生产线、BOPET 生产线及 CPP 生产线。项目所用资金多为短期借款，形成短贷长投，使得资产结构与负债结构不匹配，资产流动性逐渐降低，短期偿债能力下降，埋下了财务危机的隐患。

（2）资产管理不到位。2002—2004 年，为了迅速占领产品市场，对客户放宽了信用期限，使得应收账款急剧增加，大量占用了有限的流动资金。对于明显亏损的子公司，未能采取有效的措施及时止损。中达股份在发起上市时投入的几条生产线，运行时间较长，设备老化陈旧，致使产品成本偏高，已经出现明显亏损，但由于决策的滞后造成大量的资金损失。

（3）负债结构与资产结构不匹配。中达股份的短期贷款比重大，截至

2007年6月30日，短期贷款24.45亿元，而长期贷款只有2.09亿元。短贷长投的情况比较严重，较多的短期资金用在长期项目上，导致资金无法及时回收。

（4）对外担保不慎造成大量逾期担保。除了高负债，中达股份对外担保的金额也较高，不仅存在大量的体系内担保，而且存在较大的对外担保。2007年上半年，对内对外担保余额共计15.03亿元，占净资产的比例达152.18%，其中直接或间接为资产负债率超过70%的被担保对象提供担保的金额为6.75亿元，担保风险很大。

（5）缺乏必要的预警和监督系统。通常，当企业的资本利润率高于同期银行贷款利率时，适度负债可以获得超额收益，否则将使企业背负沉重的负债负担。2005年，软塑包装材料行业景气度下降，产品获利水平降低，企业净资产收益率明显低于同期银行贷款利率，流动比率低于1，资产负债率超过65%，已经投产的项目远远达不到原来的预期报酬率和现金流水平。这种情况下，中达股份缺乏必要的预警系统，也未采取必要的风险防范措施。

为应对财务危机，中达股份采取了以下举措。

（1）建立银企战略合作关系。债权银行采取的措施有：一是各债权银行统一行动，维持两个不变，即维持2006年8月31日贷款余额与原担保条件不变，一律展期一年，并不作逾期处理，不加罚息。二是减轻公司的财务负担，下浮贷款利率，即在2007年4月1日至2008年3月31日期间，对展期贷款在基准利率的基础上下浮10%。三是债权银行创造条件，将申达集团及相关下属公司的贷款组建为银团贷款方式。

中达股份采取的措施有：一是在原抵押担保的基础上，申达集团的主要股东以其全部资产承担申达集团及相关下属公司贷款的连带担保责任。二是保全资产，公司将尚未抵押的资产及超过抵押债务额之外的已抵押资产，优先抵押给现有债权银行，不再向其他债权人抵押。三是稳定经营，按期付款。四是接受银行的监督，处置闲置资产，减轻财务负担。

（2）债务重组及资产重组。具体步骤如下：第一，重新梳理产业链，将与经营相关的资产加以清理、有效利用，将与经营无关的资产加以处置，剩余资金用于偿还部分债务和补充流动资金。第二，调整负债结构。一是将负债的承载主体按受益对象由中达股份总部划分到相关的下属子公司，使借款与经营业务相配比。二是通过对长期资产现金回收期的测算，将与长期资产相对应的短期借款转为5年期的长期借款，解决短借长用的问题，降低短期偿债的风险。第三，与银行协商一致，对公司的相关贷款在基准利率的基础上下浮10%，以减轻公司负担，提高偿债能力。第四，将银行借款与公司资产相对应，解除长期困扰公司的担保问题，消除互保风险。以资产抵押的方式对借款提供保证，切断公司在原互保情况下形成的担保链，降低公司的或有风险。

13.2 财务失败的预警

[案例思考]

A集团下属一家子公司没有足够的现金流，却不考虑资金风险盲目借贷，结果不能按期归还银行的借款本息，发生了很大的财务危机，给集团造成了恶劣的影响。事后，财务人员对该子公司的财务风险进行评估，得分90分，结论是该公司处于财务危机的红灯区。

A集团为加强企业财务管理，开始实施财务风险预警机制。制度实施后，集团的一家子公司为扩大再生产，需要总公司为其向银行借款提供巨额担保。对于这次重大决策，总公司派人进行了详细评估，发现该子公司的财务风险状况处于财务危机预警区。进一步调查发现，主要原因是收款周期比较长，收款滞后，导致企业垫付了大量的生产性资金；该子公司大量占用流动资金借款，用于固定资产投资。鉴于这种情况，总公司拒绝为该子公司提供巨额担保，并要求该子公司加以改进，建议其采取以下措施：(1) 提高公司的权益融资比例；(2) 加强公司应收账款管理；(3) 控制固定资产投资规模，以防范和化解财务风险。

该子公司召开董事会，积极落实上述建议，推出了增加资本的有关议案。议案经股东大会决议通过后，股东积极投资。由此改善了公司的资本结构，为降低财务风险发挥了重要作用，达到了既防范风险，又解决问题的目的。

思考：财务预警系统具有哪些功能？能否防范和化解企业财务危机，防止财务失败？

13.2.1 财务失败预警系统及其功能

1. 财务失败预警系统

财务失败的预警是通过设置并观察一些敏感性企业财务指标的变化，对企业可能或将要面临的财务危机或财务失败事先进行的预测预报。

财务失败预警系统是企业专门组织预警—报警—排警的有机管理过程体系，它依据企业的财务报表、经营计划及其他相关会计资料，利用财务管理、会计学、统计学、金融学、企业管理等理论，采用比率分析、比较分析、因素分析等定性和定量的分析方法，分析预测企业的经营活动、财务活动等，将企业所面临的经营波动情况和危险情况预先告知企业管理层和其他利益相关方，分析企业发生经营非正常波动或财务危机的原因，挖掘企业财务运营体系中所隐藏的问题，发现企业在经营管理活动中潜在的经营风险和财务风险，并在危机发生之前向管理层发出警告，以督促管理层提前采取防范或预防措施，是为管理层提供决策和风险控制依据的组织手段和分析系统。

2. 财务失败预警系统的功能

财务失败预警系统能实时对公司的生产经营过程和财务状况进行跟踪监控，及时地进行财务预警分析，发现财务状况异常的征兆，并迅速报警，提醒企业管理层及时采取应对措施，避免或减少损失。

财务失败预警系统主要有四项功能：

（1）监测功能。财务失败预警系统能够及时监测、跟踪企业的生产经营过程，将企业生产经营的实际情况同企业预定的目标、计划、标准进行比较，进行核算、考核，找出偏差，并从中发现产生偏差的原因或存在的问题。

（2）诊断功能。财务失败预警系统可以分析财务危机或财务失败的"警情"的程度。它根据跟踪检测的结果，运用现代企业管理技术、诊断技术对公司营运状况的优劣做出判断，找出公司运行中的弊端及其病根，并使管理层知其然，并知其所以然，督促企业制定有效措施，阻止财务状况进一步恶化，避免财务失败的发生。

（3）治疗功能。治疗功能是在监测、诊断的基础上，根据识别出的病根对症下药，更正企业营运中的偏差或过失，使企业回到正常运转的轨道。准确来讲，治疗功能并非财务失败预警系统的本质功能。但是，一个有效的预警系统不仅应该能够找出企业的"症结"所在，而且应该能够提出改进方案和应对措施。

（4）保健功能。通过财务预警分析，财务失败预警系统不仅能及时规避现有的财务危机，而且能通过系统详细地记录其发生缘由、解决措施、处理结果，并及时提出改进意见，弥补公司财务管理及经营中的缺陷，完善财务运行系统，提供前车之鉴，从根本上消除隐患。

13.2.2 财务预警模型

1. 单一变量财务预警模型

单一变量财务预警模型是指使用单一财务变量对企业财务失败风险进行预测的模型。威廉·比弗（William Beaver）于1966年率先运用统计方法建立了单一变量财务预警模型。他运用14种财务比率比较研究了1954—1964年期间的大量失败企业和成功企业的财务状况。1968年10月，他又抽出1954—1964期年间79家破产企业与79家非破产企业的两组财务数据样本进行分析，也就是对每一个破产企业均从其所属行业中选择一个具有相同资产规模的成功企业进行比较分析。以上研究得出如下结论：当一个企业出现下列事项时均可认定为出现了财务危机：（1）破产；（2）拖欠偿还债券；（3）透支银行账户；（4）无力支付优先股股利。他进一步指出，可以有效预测财务失败的比率依次为：

（1）债务保障率＝现金流量÷债务总额

（2）资产负债率＝负债总额÷资产总额

（3）资产收益率＝净收益÷资产总额

（4）资产安全率＝资产变现率－资产负债率

比弗认为，债务保障率的误判率最低，能够最好地判定企业的财务状况；其次是资产负债率，离财务失败日越近，误判率越低。但各比率的判断准确率在不同的情况下会有所差异，所以在实际应用中往往使用一组财务比率，而不是一个比率，这样能取得良好的预测效果。

比弗通过计算 79 家发生财务危机的企业以前各年 13 个财务项目的平均值，得出了以下三个重要结论：

（1）出现财务危机的企业现金较少，应收账款较多。

（2）当现金和应收账款加在一起列为速动资产和流动资产时，财务危机企业与成功企业的差别就被掩盖了。因为现金和应收账款两个项目具有完全不同的性质。

（3）财务危机企业的存货一般较少。

依据上述三个重要结论，在进行企业财务预警分析时应特别注意现金、应收账款、存货三个流动资产项目，对现金、存货较少而应收账款较多的企业更应引起警觉。

2. 多变量财务预警模型

多变量财务预警模型是将选定的多个财务指标赋以不同参数，将其纳入同一线性组合中的一种财务预警模型，其通用表达式如下：

$$Z = W_1X_1 + W_2X_2 + \cdots + W_nX_n$$

或

$$Z = \sum_{i=1}^{n} W_iX_i \tag{13-1}$$

式中，Z 为判别企业财务危机的标准分数；W_i 为各个选定的财务指标参数；X_i 为各个选定的财务指标。

美国纽约大学教授爱德华·阿特曼（Edward Altman）率先采用鉴别分析，以多变量预测模型研究企业失败预警。他选取了 1946—1965 年的 33 家破产的公司和 33 家正常经营的公司，使用了 22 个财务比率来分析公司潜在的财务失败危机。他利用多元判别分析方法逐步萃取 5 种最具共同预测能力的财务比率，建立起一个类似回归方程式的鉴别函数——Z 值模型（Z-score formula）。该模型通过 5 个变量（5 种财务比率）将反映企业偿债能力的指标、反映获利能力的指标和反映营运能力的指标有机联系起来，综合分析预测企业财务失败或破产的可能性。表达式如下：

$$Z=0.012X_1+0.014X_2+0.033X_3+0.006X_4+0.999X_5$$

式中，Z 为判别函数值；

X_1＝(营运资金÷资产总额)×100；

X_2＝(留存收益÷资产总额)×100；

X_3＝(息税前利润÷资产总额)×100；

X_4＝(普通股及优先股市场价值总额÷负债账面价值总额)×100；

X_5＝销售收入÷资产总额。

根据 Z 值模型，Z 值越低，企业发生破产的可能性就越大。通过计算同一企业连续多年的 Z 值能帮助判断该企业是否破产。阿特曼教授在 Z 值模型中提出了判断企业财务失败或企业破产的临界值或切割值：

(1) $Z \leqslant 1.81$：企业已濒临破产，财务状况堪忧。

(2) $1.81 < Z < 2.675$：企业处于灰色地带，财务状况极不稳定，出现破产的可能性较大。

(3) $2.675 < Z < 2.99$：企业有可能发生财务困难。

(4) $Z \geqslant 2.99$：企业暂无财务困难，财务状况良好，发生破产的可能性较小。

阿特曼教授还得出两个重要结论：一是企业越接近破产，可观察到的财务比率越恶化；二是绝大部分严重的财务比率恶化出现在企业破产前两三年。在企业失败前一两年的预测准确率很高；预测期变长，准确率有所降低，距失败前 5 年的预测准确率仅为 36%。

Z 值模型是针对上市公司的研究，故仅适用于上市公司。阿特曼教授选择的 66 家企业样本均集中分布于美国的机械行业，使得该模型有行业局限性。为了弥补 Z 值模型的这种不足，阿特曼教授对 Z 值模型先后进行了两次修正，形成了针对非上市公司的 Z' 值模型和跨行业的 Z'' 值模型（ZETA 模型），形成了 Z 值模型系列，使 Z 值模型的适用范围得到了极大的扩展。

非上市公司的 Z' 值模型表达式如下：

$$Z'=0.717X_1+0.847X_2+3.107X_3+0.420X_4+0.998X_5$$

式中，X_4＝(企业账面价值÷负债账面价值总额)×100，其余指标均与 Z 值模型相同。

其财务预警标准判定分数的临界值范围为：

(1) $Z' \leqslant 1.1$：企业已濒临破产，财务状况堪忧。

(2) $1.1 < Z' < 2.6$：企业处于灰色地带，财务状况极不稳定，出现破产的可能性较大。

(3) $Z' \geqslant 2.6$：企业暂无财务困难。

跨行业的 Z'' 值模型表达式如下：

$$Z''=6.56X_1+3.26X_2+6.72X_3+1.05X_4$$

在 Z'' 值模型中，阿特曼教授去掉了原来 Z 值模型中带有行业色彩的影响因素 X_5，其余指标均与 Z 值模型相同。其财务预警标准判定分数的临界值范围为：

（1）$Z'' \leqslant 1.23$：企业已濒临破产，财务状况堪忧。

（2）$1.23 < Z'' < 2.9$：企业处于灰色地带，财务状况极不稳定，出现破产的可能性较大。

（3）$Z'' \geqslant 2.9$：企业暂无财务困难。

[例 13－2]

1998 年 9 月，经江苏省人民政府批准，中国最大的客车生产企业江苏亚星客车集团有限公司为主发起人，发起设立了扬州亚星客车股份有限公司。1999 年 8 月，公司在上海证券交易所发行了 6 000 万股 A 股股票，股票代码为 600213，成功进入中国资本市场，是当时客车行业少数几家上市公司之一。亚星客车上市以后，从 1999 年就开始出现业绩下滑，主营业务利润由 2002 年的 9 394.38 万元骤降至 2 878.82 万元，降幅高达 69.4%。但直到 2003 年被收购当年才发生巨亏 1.48 亿元，公司 2003 年和 2004 年两个会计年度发生亏损。2005 年 4 月 26 日停牌一天，2005 年 4 月 27 日，公司被宣布为特别处理公司，股票名称由“亚星客车”变更为“＊ST 亚星”。2005 年度公司亏损额为 111 761 699.19 元，至此公司已经连续三年亏损（如表 13－1 所示），2006 年 5 月 18 日公司 A 股股票暂停上市。

表 13－1　　亚星客车 2002—2005 年基本财务数据　　单位：元

指标	2002 年	2003 年	2004 年	2005 年
资产总额	1 161 830 022.09	1 245 957 842.77	1 219 438 056.14	1 110 226 136.43
其中：流动资产	630 155 979.72	707 054 865.01	698 117 712.90	650 279 604.95
负债总额	523 280 469.82	758 090 026.82	802 770 804.23	804 159 886.37
其中：流动负债	510 775 465.95	758 090 026.82	802 770 804.23	804 159 886.37
股东权益	638 549 552.27	480 302 247.18	411 041 072.92	301 168 983.91
其中：留存收益	39 673 764.34	−120 634 142.88	−189 895 317.14	−301 657 016.33
息税前利润	30 405 671.43	−143 339 783.05	−59 370 211.30	−96 427 260.83
股票市价	7.90	5.72	3.91	2.45
期末股东权益的市价	910 902 325.24	671 827 853.33	515 838 628.84	353 062 988.99
销售收入	876 543 604.73	798 720 285.01	795 288 770.95	7 878 529 753.86
净利润	21 298 565.13	−147 557 580.62	−69 261 174.26	−111 761 699.19
折旧	21 261 495.97	19 258 273.10	20 809 092.95	20 327 967.15
利息	−3 325 504.86	−5 720 335.50	−9 879 382.34	−14 641 507.47
经营活动净现金流量	−111 409 463.81	−137 249 226.43	−47 764 596.31	−112 428 655.05

请用阿特曼的 Z 值模型对亚星公司的财务危机进行预警分析。

运用适合上市公司的阿特曼 Z 值模型，分别计算亚星公司 2002—2005 年 4 个年度的 Z 值。其公式为：$Z=1.2X_1+1.4X_2+3.3X_3+0.6X_4+0.999X_5$。计算数值如表 13-2 所示。

表 13-2　　亚星客车 Z 值模型计算结果

项目	2002 年	2003 年	2004 年	2005 年
X_1	0.102 8	−0.041 0	−0.085 8	−0.138 6
X_2	0.034 1	−0.096 8	−0.155 7	−0.271 7
X_3	0.026 1	−0.115 0	−0.048 7	−0.086 9
X_4	1.740 8	0.886 2	0.642 6	0.439 0
X_5	0.754 5	0.641 1	0.652 2	0.709 3
Z 值	2.056 2	0.608 5	0.556 1	0.139 2

依据 Z 值模型的具体判断标准，由表 13-2 中的数据得出以下结论：

2002 年的 Z 值处于灰色地带，财务状况很不稳定，有可能发生财务危机。

2003 年，Z 值下降幅度很大，其值为 0.608 5，处于破产可能性很高的区间。

2004—2005 年，Z 值继续下降，现实情况是亚星客车在 2005 年被 ST。

13.3 财务风险管理与控制

13.3.1 财务风险管理的定义

公司风险管理是各经济主体通过风险识别、度量、分析，并在此基础上采取适宜的措施防范控制风险，用合理经济的手段综合处理风险，最大限度实现保障的科学管理过程。

财务风险管理则是经济主体对其理财过程中存在的各种风险进行识别、度量和分析评价，并适时采取及时有效的方法进行防范和控制，以经济合理可行的方法进行处理，以保障理财活动安全正常开展，保证其经济利益免受损失的管理过程。

从以上定义可看出，财务风险管理的目标是降低财务风险，减少风险损失。这就要求进行财务风险管理决策时处理好成本和效率的关系，从最经济合理的角度处置风险，制定财务风险管理策略。财务风险管理是一个动态的过程，这由风险的动态性决定。因此，在财务风险管理计划的实施过程中，应该根据财务风险状态的变化，及时调整财务风险管理方案，对偏离财务风险管理目标的行为进行修正。财务风险管理的过程包括风险识别、度量和分析评价三个阶段。

13.3.2 财务风险的基本类型

（1）筹资风险。筹资风险是指由于资金供需市场、宏观经济环境的变化，企业筹集资金给财务成果带来的不确定性。主要包括利率风险、再融资风险、财务杠杆效应、汇率风险、购买力风险等。利率风险是指由于金融市场金融资产的价格波动而导致筹资成本的变动；再融资风险是指金融市场上金融工具品种、融资方式的变动，导致企业再次融资产生不确定性，或企业本身筹资结构的不合理导致再融资产生困难；财务杠杆效应是指由于企业使用杠杆融资给利益相关者的利益带来不确定性；汇率风险是指由于汇率变动引起的企业外汇业务成果的不确定性；购买力风险是指由于币值的变动给筹资带来的影响。

（2）投资风险。投资风险是指企业投入一定资金后，因市场需求变化的影响，使得最终收益与预期收益偏离的风险。企业对外投资主要有直接投资和证券投资两种形式。根据我国公司法的规定，股东拥有企业股权的25%以上应该视为直接投资。证券投资主要有股票投资和债券投资两种形式。股票投资是风险共担、利益共享的投资形式；债券投资面临的是被投资者无力偿还债务的风险。与项目投资相关的风险主要是指企业外部经济环境和企业经营方面的问题导致的经营风险，与证券投资相关的风险则是证券投资收益的不确定性。投资风险具体包括利率风险、再投资风险、汇率风险、通货膨胀风险、金融衍生工具风险、道德风险、违约风险等。

（3）经营风险。又称营业风险，是指在企业的生产经营过程中，供、产、销各个环节不确定性因素的影响导致企业资金运动的迟滞，产生企业价值的变动。

经营风险主要包括采购风险、生产风险、存货变现风险、应收账款变现风险等。采购风险是指原材料市场供应商的变动所导致的供应不足的可能，以及信用条件与付款方式的变动导致实际付款期限与平均付款期的偏离。生产风险是指信息、能源、技术及人员的变动导致生产工艺流程的变化，以及库存不足所导致的停工待料或销售迟滞的可能。存货变现风险是指产品市场变动导致产品销售受阻的可能。应收账款变现风险是指赊销业务过多导致应收账款管理成本增大的可能，以及赊销政策的改变导致实际回收期与预计回收期的偏离等。

（4）存货管理风险。如何确定最优库存量是一个比较棘手的问题，存货太多会导致产品积压，占用企业资金，风险较高；存货太少又可能导致原材料供应不及时，影响企业的正常生产，严重时可能造成对客户的违约，影响企业的信誉。

（5）流动性风险。企业的流动性风险从企业的变现力和偿付能力两方面分析与评价。由于企业支付能力和偿债能力不足而发生问题，称为现金不足及现金不能清偿风险。由于企业资产不能确定性地转移为现金而发生问题，则称为变现力风险。

13.3.3　财务风险管理的程序

财务风险管理是一个连续的、循环的、动态的过程。1983 年在美国风险和保险管理协会上，世界各国风险管理专家共同讨论并通过了“101 条风险管理准则”，为世界各国公司所借鉴。一般风险管理分为三个阶段：风险识别、风险度量和风险控制。财务风险管理也由这三个环节组成，核心是风险度量。

（1）风险识别。风险识别是风险管理程序的基础，是指在风险事故发生之前，对风险所作的定性判断。在这一阶段需要运用风险识别的手段，将各种现实的、潜在的风险正确识别出来，然后进行汇总、分类，监测风险的走势。

风险识别的方法包括定性和定量两种。定性方法是从定性的概念来判断企业经营过程中面临何种风险因素、该风险因素的结构及未来发展的性质。定量方法是利用数学和计算机技术，通过企业财务指标的系统分析来提示企业的财务风险。

通过分析企业现金流产生的主要环节，如生产和经营活动收入、投资、融资以及利润分配等，识别企业可能面临的市场风险、投资和融资风险、汇率及利率风险等。从财务风险识别的主要内容来看，包括：企业在生产经营过程中面临哪些财务风险，这些财务风险之间存在何种相互联系；其中影响最大的财务风险是什么；该种财务风险产生的概率及可能的影响有多大；等等。在此基础上，为下一步进行财务风险的度量、评估及实施风险管理措施提供必要的准备。

（2）风险度量。风险度量是指在风险识别的基础上，运用各种方法对风险的大小进行计量的过程。风险度量是风险管理程序最重要的环节，它直接决定了企业对风险的态度和决策结果。

风险度量的方法有很多种，常用的方法有：数理统计法、杠杆分析法和资本资产定价模型。这三种方法在使用范围上各有不同，又有各自的优缺点，在理论和实务界存在颇多争议。数理统计法的优点是科学严密，逻辑性强；缺点是样本的选择和概率的估计要求太高，计算过程复杂烦琐。杠杆分析法直接利用财务报表数据，计算简单，容易理解和掌握，但杠杆系数与风险大小的逻辑关系不清，有时会出现背离的现象。使用资本资产定价模型对风险进行度量时，贝塔系数的计算比较麻烦，需要较强的专业理论知识和经验判断，需要较准确的数理统计数据。所以，此方法适用于统计基础好、统计数据较准确、信誉度较高的大规模企业集团。

（3）风险控制。风险控制的方法分为两类：制度控制和技术控制。制度控制基本上属于管理的范畴，与风险事件相关的组织机构设置、人员配备、制度设计，无一不与风险控制有着千丝万缕的联系，都是风险控制的制度体现。技术控制的方法主要有分散法、转移法和回避法。

需要注意的是，风险管理的程序在理论上似乎是按顺序进行的，但在实际工作中，由于风险会随着环境的变化和事件的进展不断发生变化，因此，风险识别、风险度量和风险控制也要不断调整，不能拘泥于固定的程序。

13.3.4 财务风险管理的内容

1. 筹资风险管理

（1）识别筹资风险。筹资风险来源于偿债风险和收益变动风险两个方面。偿债风险源于企业不能按期还本付息。偿债风险如不能通过财务重组等方式及时加以化解，则可能进一步导致破产清算的风险。收益变动风险主要来源于资金使用效益的不确定性即投资风险，这种不确定性会通过负债的财务杠杆作用产生放大效应。在资本结构一定的条件下，企业从息税前利润中支付的债务利息是相对固定的，当息税前利润增多时，每一元息税前利润所负担的债务利息就会相应地降低，从而给企业所有者带来额外的收益，即财务杠杆利益。相反，当息税前利润减少时，会给所有者造成更大的损失。

（2）评估筹资风险。可选择以下财务指标来评估筹资风险：流动比率、速动比率、已获利息倍数、资产负债比率、财务杠杆系数等。流动比率、速动比率和已获利息倍数越高，筹资风险越小。资产负债比率越高，筹资风险越大。影响财务杠杆系数的因素有息税前利润、资金规模、资金结构、固定财务费用水平等，在其他因素一定的情况下，固定财务费用越高，财务杠杆系数越大，财务风险也越大。

（3）防范与控制筹资风险。第一，提高资金的使用效益，这是防范和控制筹资风险的根本，因为企业还本付息的资金最终来源于企业的收益。如果企业长期亏损，即使现金管理十分有效，也会使企业面临不能按期支付债务本息的财务压力。第二，适度负债，优化资本结构。负债经营犹如一把双刃剑，既可给企业带来更高收益，也可给企业带来较大损失，所以企业一定要做到适度负债经营。要确定负债的“度”是比较复杂和困难的。从理论上讲，可借助最佳资本结构理论来确定，即满足综合资本成本最低和企业价值最大化的筹资额。在实际工作中，“度”的选择要与企业的具体情况相适应。对一些生产经营好、资金周转快的企业，负债比率可以适当高些；对于经营不理想、资金周转缓慢的企业，负债比率应适当低些。第三，合理搭配流动负债和长期负债。流动负债和长期负债的搭配比例应与企业资金占用状况相适应。一般来说，短期资金配置短期资产，长期资金配置长期资产。

2. 投资风险管理

（1）识别投资风险。可采用流程图法、财务报表分析法、现场调查法、事故树分析法、专家论证法等方法识别企业投资的风险。投资风险识别的基本任务是将投资过程中可能面临的不确定性转变为可理解的风险描述。具体步骤如下：

一是发现或者调查风险源。在风险事故发生以前发现引起风险事故的风险源，是投资风险识别的核心。因为只有发现风险源，才能有的放矢地选择风险应对策略，改变风险因素存在的条件。引起风险事故的风险源既有可能是物质方面的和经济方面的，也有可能是社会方面的和政治方面的，还有可能是法律方面的和操作方面的。

二是认知风险源。识别投资风险的风险源之后，需要对风险源进行认识、了解和测定，这是风险识别的关键。不同的风险管理人员认知风险源的能力和水平是不同的。如果风险管理人员缺乏经验，对已经暴露的风险源视而不见，就会导致不该出现的风险事故的发生。风险管理人员认知风险源的能力越强，投资风险管理水平就越高。

三是预见危害。危害是造成投资损失的原因。尽管在不同的环境下产生投资风险事故的形式不同，但是风险事故带来的危害是大致相同的，即造成投资活动收益的减少。无论是什么风险因素引发的风险事故，都会产生比较大的损失，因此，投资风险识别的重要步骤是能够预见到危害，这样才能将产生危害的条件消灭在萌芽状态。

四是重视风险暴露。这是投资风险识别的重要步骤。重视风险暴露，就是重视风险因素与风险事故的关系。投资活动的风险暴露一般包括实物资产的风险暴露、无形资产的风险暴露、金融资产的风险暴露和责任风险暴露。

(2) 评估投资风险。投资风险的大小可用以下财务指标评估。一是经营杠杆系数。该指标反映了项目投资风险的大小。经营杠杆系数越大，投资项目面临的风险越大；反之，则越小。二是投资收益率方差。该指标是指各种可能出现情况下的投资收益率与期望投资收益率的平方差，通常用来评估证券投资风险的大小。如果投资收益率随着时间的推移发生变化，应计算不同时期的投资收益率的综合方差。投资收益率的方差和综合方差越大，说明该证券的风险越大。

(3) 防范与控制投资风险。第一，加强投资方案的可行性研究。企业如果能够在投资之前对未来收益情况进行合理预测，将风险高而收益低的方案排除在外，只将资金投向那些切实可行的方案，就会对防范与控制投资风险产生十分重要的作用。企业进行项目投资时，在突出主业的情况下也应注意多种经营，使多种产业和多种产品在利润和时间上相互补充，以最大限度地分散投资风险。第二，运用投资组合理论，合理进行投资。根据投资组合理论，在其他条件不变的情况下，不同投资项目收益率的相关系数越小，投资组合降低总体投资风险的能力越大。因此，为达到分散投资风险的目的，在进行投资决策时要注意分析投资项目之间的相关性。企业进行证券投资时，可购买不同行业的证券以降低相关系数；如果购买同一行业的证券，应尽量避免全部购买同一家公司的证券。

3. 资金回收风险管理

（1）识别资金回收风险。资金回收风险主要是指应收账款的回收在时间上和金额上的不确定性所导致的风险。一是时间上的不确定性，表现为拖欠风险；二是金额上的不确定性，表现为应收账款无法收回形成坏账的风险。

（2）评估资金回收风险。常用的财务指标包括：第一，应收账款周转率。第二，应收账款回收期。应收账款回收期长，则应收账款周转率低，说明资金回收较慢，资金回收风险较高；反之，则较低。第三，坏账损失率，为本期发生的坏账损失占本期到期的全部应收账款的百分比。第四，应收账款收现率，为本期有效回收的应收账款占本期到期的全部应收账款的百分比。一般来说，坏账损失率越大，应收账款收现率越小，说明企业承受的资金回收风险越大；反之，则越小。

（3）防范与控制资金回收风险。第一，选择合理的销售方式和结算方式。对于财务状况和资信状况好的客户，可采取赊销的方式，并将累计赊销金额控制在信用额度之内，结算时相应采取分期收款、商业汇票等风险较小的结算方式。对于那些信用状况不好、偿债能力差的客户，则尽可能采取现销方式，相应采取汇兑、支票等结算方式。第二，制定合理的收账政策，及时催收货款。第三，建立坏账准备金制度，减少本期虚增的利润，防范资金回收风险带来的不利影响。

4. 收益分配风险管理

（1）识别收益分配风险。收益分配风险是指企业在分配收益的方式、时间和金额上的不同权衡和取舍，给企业的价值带来的不确定性。

（2）防范与控制收益分配风险。第一，制定合理的收益分配政策。妥善处理投资者当前收益和公司发展的关系，避免过度分配。第二，注意回报投资者，给予投资者信心。

[例 13-3]

1996 年 3 月，株洲太子牛奶厂成立；1996 年 11 月 28 日，第一批活性乳酸菌奶饮料产品正式出品，命名为“太子奶”；同年 12 月 28 日，“太子奶”产品获 1996 香港国际名优新产品及技术博览会最高金奖。2004 年 10 月，我国当时最大的活性乳酸菌发酵奶基地——昆山太子奶基地奠基。太子奶集团一举奠定了国内乳酸菌奶饮料行业的龙头地位。

从 2002 年开始，太子奶集团斥资 33 亿元在湖南株洲、北京密云、湖北黄冈、江苏昆山、四川成都兴建五大乳酸菌奶生产基地，成为我国最大的发酵型乳酸菌奶饮料科、工、贸集团。

2007 年初，为摆脱资金困境和尽快上市，太子奶集团引进英联、摩根士丹利、高盛等提供的风险投资 7 300 万美元，占离岸合资公司 30%的股权，其中，英联出资 4 000 万美元，摩根士丹利出资 1 800 万美元，高盛出资 1 500 万美元。同时，双方签了一份对赌协议：在收到 7 300 万美元注资后的前 3 年，如果太子奶集团业绩增长超过 50%，就可调整（降低）对方股权；如果业绩增长未达到 30%，太子奶集团创始人李途纯将失去控股权。

2007 年以来，由于产品成本飙升、其他品牌的挤压以及经常折价销售，太子奶集团的利润越来越少。雪灾、地震、金融动荡、国家宏观经济调控以及三鹿奶粉事件，都给太子奶集团紧绷的资金链带来沉重打击。太子奶集团经营危机全面显现，2008 年太子奶集团的全年销售计划是 36 亿元，可截至 7 月 28 日，只完成了计划的 26.75%。公司开始减产，产量只有原来的 1/4 左右，各基地都没有满负荷生产。因为生产不正常，许多经销商预付了货款后却拿不了货，市场压力极大。而在公司内部，开始出现拖欠员工工资的状况，时间最长的有 6～7 个月，短的也有 3 个月。除此之外，太子奶集团不得不面对还款压力。

2008 年底，因盈利下滑，李途纯将股份转让给三大投行，失去了对太子奶集团的控制权。由于三家投行管理不善，太子奶集团陷入危机。

2009 年 1 月，株洲市政府注资 1 亿元，由新成立的高科奶业托管太子奶集团，从三大投行手中要回 61.6%的股权交给李途纯，并抵押给高科奶业代行股权。

2010 年 6 月，株洲太子奶集团股东通过决议，将根据破产法提出司法重组申请。7 月，株洲市对外界通报，株洲中院依法裁定太子奶集团进入破产清算。

当太子奶集团陷入财务危机之后，财务失败便已成为必然。红极一时的太子奶集团为什么会陷入财务危机呢？

导致太子奶集团财务失败的原因很多，但缺乏财务风险管理是重要因素。

（1）盲目过度投资。太子奶集团的快速扩张超出了其财务资源允许的范围，从而导致营运资金不足。早在 1997 年，创立仅一年的企业在央视的黄金时段广告招标中砸下 8 888 万元，一举获得该年标王。而当时企业的总资产都达不到这个竞标数额，年收入更是不足 500 万元，可见其投资行为有多疯狂。

太子奶集团从 2002 年开始投资 33 亿元，在湖南株洲、北京密云、湖北黄冈、江苏昆山、四川成都兴建了五大乳酸菌奶生产基地，据称年产值达到 300 亿元。表 13－3 的数据显示，太子奶集团 1997—2002 年 6 年的净利润总额才接近 6 100 万元。2003—2007 年净利润现金流量 15 500 万元，在不考虑广告费用、日常支出、财务费用等情况下，经营活动产生的现金流量远远不能满足 33 亿元的投资需求。

食品行业是一个轻资产、重流动性的行业，企业的大量资金投资于周期长、资产需求多的固定资产，所形成的资产又不能产生相应的销售收入，就会导致企业流动资金的缺乏，令生产销售等受到极大的影响。过度投资给太子奶集团带来巨大的投资风险，因此它陷入困境只是时间问题。

表 13-3　　太子奶集团 1997—2007 年销售收入及净利润　　单位：万元

年份	1997	1998	1999	2000	2001	2002	2003	2004	2005	2006	2007	合计
销售额	500	3 500	3 500	3 500	5 000	15 000	20 000	40 000	110 000	125 000	176 000	502 000
利润率	20%	20%	20%	20%	20%	19.33%	20%	20%	10%	10%	−11.36%	
净利润	100	700	700	700	1 000	2 900	4 000	8 000	11 000	12 500	−20 000	21 600

（2）举债融资过度，财务风险巨大。太子奶集团在筹资时较少考虑资本结构和财务风险等，具有较大的盲目性。企业从起家至发家均为举债经营，负债规模异常庞大。同时，资产结构极不合理。太子奶集团大约 80%为固定资产，20%为流动资产，这种资产结构在快速消费品领域极为不当，特别是当外部环境恶化时，很容易导致财务危机。

太子奶集团的困境直接源于花旗银行要求它提前还贷，进而引起其他银行的提前催贷。2007 年 9 月 12 日，花旗银行联合新加坡星展银行、荷兰合作银行等国际六大财团，向太子奶集团提供 5 亿元无抵押、无担保的低息三年信用贷款。至 11 月，这笔资金全部到位。没想到，花旗银行在 2008 年的金融危机中遭受重创，濒临破产。2008 年 10 月，花旗银行向法院提起诉讼，要求太子奶集团提前偿还全部贷款。

根据 2008 年德勤会计师事务所报告，太子奶集团总资产为 26 亿元，债务为 25.4 亿元。在债务结构中，银行债务 13.6 亿元，经销商债务约 4 亿元，供应商债务约 3 亿元，建筑工程款 3.7 亿元，内部集资款超过 0.9 亿元；债权人超过 7 300 人。其负债规模异常大，资产负债率达到 97%。

（3）公司管理混乱，管理层缺乏风险意识。过于自信和风险意识薄弱，使得李途纯在盲目扩张的同时，全然不顾生产能力与实际品牌销售能力之间的互动关系，好大喜功，批地建房，耗尽财力。当时预计，如果五个生产基地建成投产，届时年总产值可达 300 亿元，太子奶集团也将一举登上国内乳酸菌奶饮料行业的龙头位置。殊不知，太子奶集团史上最高的销售收入也不到 18 亿元，与 300 亿元的产值相差巨大。再加上市场容量有限和同行竞争，企业难以达到预期销售额，经营现金流不能支持其投资需要，最终导致财务失败。

太子奶集团的财务失败带给我们以下启示：

（1）加强财务风险管理。企业应该根据宏观经济形势和市场发展变化，强化财务风险分析和预测，利用各种财务风险的预警手段，对企业经营过程中的经营风险和财务风险及时地防范和处理。

（2）保持合理的负债水平。较高的资产负债率往往意味着资产盈利性比较高，但也存在较大的财务风险。因此，企业在筹资和投资过程中要注意优化资本结构，将资产负债率控制在一个比较合理的水平，提升资金运转效率。这样既有利于公司的长远发展，也可以有效防范风险。

（3）加强现金流管理。高度重视企业现金流管理，避免出现营运资本不足、资金链断裂的情况。

（4）加强成本的管理和控制。企业应该优化自身的业务和管理流程，推行全面预算管理，强化各项预算定额和费用标准的约束力。

思考题

1. 为什么说企业失败最终是财务失败？财务失败的最终表现是什么？
2. 财务危机是财务失败的前兆，其主要特征有哪些？
3. 从风险管理的角度看，合理的负债水平意味着什么？是行业平均负债水平吗？
4. 我们看到太多公司破产，避免破产的基本思路是什么？
5. 企业在做大做强的过程中，如何才能避免失败和破产？

案例分析

合俊集团财务失败：自己打败了自己

合俊集团创办于 1996 年，是国内规模较大的 OEM（贴牌加工）型玩具生产商。在世界五大玩具品牌中，有三个品牌（美泰、孩之宝以及回旋球大师）的玩具由合俊集团制造。合俊集团于 2006 年 9 月成功在香港联交所上市，到 2007 年底，销售额超过 9.5 亿港元。然而进入 2008 年后，合俊集团的境况急转直下。2008 年 10 月被香港联交所停牌，成为中国企业实体受金融危机影响而倒闭的第一案。合俊集团关闭了其在广东的生产厂，涉及员工超过7 000 人。

作为一家劳动密集型的加工出口企业，合俊集团在成立之初受益于中国改革开放的优惠政策和低成本劳动力市场，得到迅速发展。随着中国经济的高速发展和中国市场的日益成熟，企业一些原有的优势逐渐消失，加工材料成本不断上升，随着新劳动法的实施，人工成本也随之上涨，而日益激烈的竞争环境使得订单价格很难提高，致使产品的毛利不断下降。

实际上合俊集团的财务问题从 2007 年就开始显现。2007 年合俊集团的销售额同比增长 31%，但毛利率比 2006 年下降 4.87%，其经营活动产生的净现金流量连续三年出现负数，其中，2005 年为－1 381 万港元，2006 年为－1.28 亿港元，2007 年为－1.32 亿港元。

合俊集团对自身的负债能力预计过高，导致债务风险巨大。截至 2008 年 6 月底，合俊集团总资产 8.35 亿元，总负债 5.32 亿元，其中流动负债 5.3 亿元，净负债比率 71.8%。

在此困境下，管理层决定投资矿业，以 3.09 亿港元购买福建天成矿业 48.96%的股份。合俊集团在天成矿业下属大安银矿还没有申请到开采权、自有资金并不充足的情况下，把所有的投资款都付给了天成矿业，造成资金链突然断裂，直接陷入财务失败、破产倒闭的境地。

资料来源：根据网上相关资料整理.

思考：

1. 合俊集团的财务危机表现在哪些方面？

2. 合俊集团存在哪些财务风险？应采取哪些防范措施？

3. 如果建立一套有效的财务风险预警机制，合俊集团是否可以避免财务失败？

图书在版编目（CIP）数据

中级财务管理学/孙茂竹，张志强等主编. —北京：中国人民大学出版社，2018.9
新编 21 世纪财务管理系列教材
ISBN 978-7-300-26059-4

Ⅰ.①中… Ⅱ.①孙…②张… Ⅲ.①财务管理-高等学校-教材 Ⅳ.①F275

中国版本图书馆 CIP 数据核字（2018）第 179833 号

新编 21 世纪财务管理系列教材
中级财务管理学
主编　孙茂竹　张志强　刘东明　张玉周
Zhongji Caiwu Guanlixue

出版发行	中国人民大学出版社		
社　　址	北京中关村大街 31 号	**邮政编码**	100080
电　　话	010－62511242（总编室）		010－62511770（质管部）
	010－82501766（邮购部）		010－62514148（门市部）
	010－62515195（发行公司）		010－62515275（盗版举报）
网　　址	http://www.crup.com.cn		
经　　销	新华书店		
印　　刷	北京市鑫霸印务有限公司		
规　　格	185 mm×260 mm　16 开本	**版　　次**	2018 年 9 月第 1 版
印　　张	19.25	**印　　次**	2024 年 11 月第 11 次印刷
字　　数	368 000	**定　　价**	39.00 元

教师教学服务说明

中国人民大学出版社财会出版分社以出版经典、高品质的会计、财务管理、审计等领域各层次教材为宗旨。

为了更好地为一线教师服务，近年来财会出版分社着力建设了一批数字化、立体化的网络教学资源。教师可以通过以下方式获得免费下载教学资源的权限：

在中国人民大学出版社网站 www.crup.com.cn 进行注册，注册后进入“会员中心”，在左侧点击“我的教师认证”，填写相关信息，提交后等待审核。我们将在一个工作日内为您开通相关资源的下载权限。

如您急需教学资源或需要其他帮助，请在工作时间与我们联络：

中国人民大学出版社　财会出版分社

联系电话：010-62515987，62511076

电子邮箱：ckcbfs@crup.com.cn

通讯地址：北京市海淀区中关村大街甲 59 号文化大厦 1501 室（100872）